リフレクティブな英語教育をめざして

REFLECTIVE

教師の語りが拓く授業研究

吉田達弘
玉井健
横溝紳一郎
今井裕之
柳瀬陽介
編

HITUZI

もくじ

はじめに
吉田　達弘 ………………………………………… 1

Teacher-researcher そのハイフンに生きる―「語り」が伝える教師の学びと成長―
坂本　南美 ………………………………………… 11

"Convenient ALTs" or "Good ALTs"？―ALT の教育実践の参加を支える日本人教師の役割―
津村　正之 ………………………………………… 45

教師が共に成長する時―協働的課題研究型アクション・リサーチのすすめ―
横溝　紳一郎 ……………………………………… 75

リフレクティブ・プラクティス―教師の教師による教師のための授業研究―
玉井　健 …………………………………………… 119

自主セミナーを通じての成長
柳瀬　陽介 ………………………………………… 191

授業を理解することへの2つの接近―授業者として観察者として―
　今井　裕之 ………………………………………………… 233

英語教育実践の現場に研究者が関わることの意味―教師の成長と研究者の成長―
　吉田　達弘 ………………………………………………… 265

質的研究のあり方について
　柳瀬　陽介 ………………………………………………… 309

おわりに
　玉井　健 …………………………………………………… 325

はじめに

吉田　達弘(兵庫教育大学)

　社会の状況が大きく変化し、次から次へと新しい課題が生まれている学校教育の中で、教師という仕事は、これまでにないほどエネルギーを注がなければやっていけない仕事になっています。そんな中で、教師をしていて良かったなあと思えるのは、どんなときでしょうか。おそらく、多くの教師が、児童や生徒が成長していく姿を目の当たりにしたときと答えるのではないでしょうか。どんな形であれ、子どもたちの人生の一時期をともにし、彼らの成長が見えた瞬間、この子(たち)とやってきてよかったなあと、すべての苦労が報われます。翻って、教師自身の成長は、どうとらえられているでしょうか。先輩や上司といった周囲の人々から「君も成長したな」と、ぽんと肩をたたかれることはあります。そんなとき、なんとなく揶揄されている感じがして、なかなか正当な評価に聞こえないということはありませんか。ましてや、自分自身の「成長」を語るなんてなかなかできませんし、やったとしても何とも面はゆく、逆に独りよがりな感じがしてしまうことはありませんか。

　「成長」という言葉は、一般的にポジティブな意味を持ちますが、教師が日々携わる教室では、必ずしもポジティブな出来事、成功やハッピーエンドばかりが起こるわけではありません。むしろ、学校や教室で何かことが起こると、教師はすぐに批判の対象となってしまいます。そうなると、教室での失敗やジレンマを抱え込み、「成長」とはほど遠い心境となってしまいます。しかし、児童・生徒たちが教室でつまずきながらも成長するように、教師も失敗や葛藤、そして、もちろん、成功体験を通して成長していることは間違いありません。私たちは教師の成長についてもっと語るべきですし、教師だけでなく、教育実践に関わる研究者の成長について議論できる土壌を作るべ

きです。

　でも、「成長」って何でしょう。もちろん人によってその意味は異なるでしょう。私たちは「教師はやっぱり経験だよな」としばしば口にしますが、経験を重ねることがすなわち教師の成長だと言えるでしょうか。たしかに、教師にとって経験が重要であることは間違いないのですが、成功も失敗も含めて自らの経験を振り返り、自分がどのように変容してきたかに目を向けたときにはじめて、教師としての自分自身の成長が見えてくるのではないかと私たちは、考えます。

　ここで、「成長」ということを考えるために、大学教員である私が、自分自身の教師教育に対する見方を大きく変えざるを得なかった経験を綴ってみたいと思います。私は、現任校に赴任して、かれこれ10年になります。私の勤務校には、現職教員を中心とした学生が在籍する大学院があります。大学院に入学する学生たちは、それぞれの学校や教室で抱えている問題を解決すべき課題として大学院に入学してきます。私の専門は英語教育なので、解決すべき課題といっても、その範囲は限られてしまうのですが、彼らの課題は非常に現実的で、すぐにでも解決しなければならない課題ばかりです。そして、学生が取り組む課題は、修士論文の研究課題へとつながります。論文を書くということは、「実践の課題」を「研究の課題」に変えていく作業となるのですが、これが学生にとっても、指導する大学教員にとっても、そう簡単ではないのです。私は、指導教員として、できるだけ学生の問題意識に耳を傾けながら、研究テーマの選択について助言したり、研究指導を行ったりすることにしていますが、数年前に以下のようなことが起きました。

　その年、大学院に入ってきた中学校の現職教員であるAさんは、中学生の英語でのスピーキング力の発達について研究したいという課題を持っていました。その内容は、次のようなものでした。「授業では、生徒にスピーキングの活動を与えているが、それをやりっぱなしではなく、生徒が自分の弱点を自己評価し、次の活動でのパフォーマンスを向上させるような指導を行いたい」というものでした。なるほど、いい実践研究のテーマです。私はAさんと話しながら、こういった研究は、どのような活動を行ったときに、生徒がどのようなパフォーマンスを行うかを知ることが重要ですから、第二

言語としての英語(ESL)教育の研究でも多く行われている「タスクをもとにしたスピーキング活動の研究」の枠組みで考えてはどうかと助言しました。この枠組みだと、先行研究も豊富にあり、モデルとなる事例もすぐに見つかるでしょうし、生徒のパフォーマンスに対する見方も、例えば、発話の正確さ(accuracy)、流暢さ(fluency)、複雑さ(complexity)がどのように変動するかという観点で実験を計画することができます。私は、こういった話をしながら、文献をいくつか紹介しました。しばらくして、Aさんは次のような計画を持ってきました。やや具体的な話になりますが、以下のような内容でした。

まず、話す活動として、連続する2コマ漫画を生徒に与え、その漫画の内容を知っている英語を使って描写させます。生徒は、漫画を描写する自分の発話をテープに録音します。その後、生徒は録音された自分の発話を聞いて、文法や語彙の間違いを修正するわけですが、このとき、一人で録音を聞いて間違いの修正を行った上で改めて活動を行うグループ、友達とペアになって録音を聞きながら修正し、再び話す活動を行うグループ、そして、修正を行わず、すぐに次の活動を行うグループの3群に分け、それぞれの条件下での修正具合やパフォーマンスの変化をみる、という計画でした。Aさんは、生徒のパフォーマンスを伸ばすための指導を行いながら、上記のタスクを合計3回実施し、それぞれの条件下で生徒たちにパフォーマンスの修正に取り組ませました。

ところが、学校で実践を行い、データの収集を終えて、大学に戻ってきたAさんが、ある日、暗い面持ちで研究室を訪ねてきました。そして、次のように話してくれました。

> 今、データを分析しているのですが、自分の研究の面白さが分からなくなってきました。子どもたちの間違いの数をカウントしたり、得点の平均値を取ったり、量的に表現することは、研究としては重要なのでしょうが、教師としては、子どもたちが英語の学び手として、どれだけ成長しているのかが見たいのです。

私は、はっとしました。この研究プログラムであれば、先行研究も豊富なので、順調に研究できるのではないかという思い(いや、思い込み)が私にはあったからです。同時に、Aさんの一言から、私自身、大事なことを考えていなかったことに気付かされました。それは、この研究が誰のための研究か、ということです。私は、Aさんが教師として生きている教室のコンテクスト、生徒とのかかわりを考えずに研究の枠組みを提案していたのです。確かに、タスクをもとにした先行研究は、「研究のひな型」としてはうまく使えるかもしれない。しかし、それが、教師という専門家としてのAさん自身の発見につながっていたのか、そして、Aさんが受け持つ子どもたちの学びにプラスになっているのか、そういった問いを突きつけられた思いがしました。指導教員である私に対して、正直に思いを話してくれたAさんも勇気がいっただろうと思います。研究とは何だろうという疑問を抱きつつ、教師としての見方、思いを優先したところに、Aさん自身の成長があったのではないかと思います。

　私たちは話し合い、この研究を、自分自身の教室の実践、生徒たちの学びへ返すことができる研究にしようと決めました。そして、子どもたちの学びや成長とはいったい何なのかを改めて検討しました。幸いにもAさんは、多面的にデータを収集していたので、再度、生徒達の学びの軌跡を丁寧に追っていくことで、パフォーマンスの出来映えだけでなく、ペアワークに見られる生徒同士の人間関係の変容、そして、生徒たち自身の自分の学びに対する気づきの変容を「被験者」としてではなく、固有名を持つ「学び手」として見ていくことができました。

　考えてみると、私が知っているこれまでの修士論文の研究では、研究の対象となる児童・生徒たちを「被験者」と呼び、彼らを「実験群」、「統制群」へ分けていました。そして、教師の指導を「変数」、あるいは、本来、生徒との関係性を構築すべき活動を「介入」とも呼んでいました。そして、これら一連の営みを「実験」と称していました。「成長」などという主観的な用語の入ってくる余地はなかったように思います。これらの表現の違いは、実践と研究の背後にある思考の枠組み(epistemology)に違いから生まれてきているものです。ここで、私たちは、教師による研究が、誰のための何のため

の研究かをよく考えたいと思います。これまでの研究（教師自らが関わる研究も含めて）では、「客観性」や「科学化」を追い求めるがあまり、研究に携わる者が自分自身の立ち位置を外側において、授業や学習を対象化していました。しかし、私は、Aさんとの一件があって以来、教師が自分自身もその当事者として研究の対象の一部になりつつ、その一方で教育の営みを外側から見つめる研究者としての立場を行きつ戻りつすることが重要なのだということを認識させられました。この2つの領域を行き来するときに、教師は、研究と実践の狭間で葛藤を経験すると同時に、今まで経験したことがないような喜びや発見を見いだすでしょう。こういった経験や認識、価値観、感情の変容を記述・解釈し、自らの成長として理解することが重要なのだと思います。そのためにも、伝統的な研究のフォーマットとは違うやり方、つまり、新しい研究のディスコースが必要だ、と私は思います。しかし、少なくとも英語教育研究では、そういったフォーマットが、まだ見あたらず、あったとしても非常に脆弱だと考えられているので、論文を書いたり、研究発表を行っても、主観的な研究だとか、仮説検証や効果の検証になっていないなどと、（不当な）批判をされて終わってしまいます。ならば、自分たちでそのディスコースをつくり出すしかないな、と私は思います。実際、海外の研究を見渡すと、教師自身が自らの成長や日々の経験を「語り」の形で記述し、理論化するナラティブ・アプローチが1つの流れを作り出しています。教師教育に携わる大学教員としての私の仕事はなにかを考えてみると、そういったディスコース作りに力を注ぎ、教師自らが成長を語り、実践の中から理論を作り上げること、そして、すぐれた実践を導くことを支援することなのだと思います。学校教育現場でがんばる教師とともに、研究者が英語教育への理解を深めながら新しいディスコースを生み出してみたいと思います。先の大学院でのAさんとの出来事は、研究者としての私自身の成長を自覚できた一件だったとも言えます。

　さて、本書は、そういったディスコースをつくり出す1つの試みであります。本書の執筆者は、英語教育、あるいは、日本語教育を専門とする大学教員、そして、大学院の修士課程で学びながら、教室での実践を研究した中学校および高等学校の現職教員からなります。いずれの論文も、「○○とい

う実践を行ったら、□□という効果が現れた」という形の論文ではありません。しかし、研究者として、教師として自らの実践（あるいは自分自身）と向き合い、様々な人や物と関わるなかで、自分の認識や実践がどのように変容したのかを綴った文章になっています。

坂本論文、津村論文は、中学校の現職教員として大学院で実践研究を行ったお二人によるものです。坂本論文は、同僚とティーム・ティーチングを行う中で、同僚や生徒がどう成長したかだけでなく、teacher-researcher としての自らがどう成長したかを丁寧に綴った論文です。坂本は、教師として、リサーチャーとして実践を見つめる自分自身のアイデンティティの変化を葛藤しながらも、それを成長と受け止めていきます。そして、Rogoff のレンズのメタファーを援用し、自らのアイデンティティを見事に描写します。津村論文では、自らは実践を行いませんでしたが、ALT と日本人教師とのティーム・ティーチングの実践を研究する中で、ティーム・ティーチングを行う教師たちの信念にずれがあることに気付きます。そして、そのずれをグラウンディッド・セオリー・アプローチを用いて明らかにし、その結果明らかになる当事者の関係性に迫ります。そして、すぐれたティーム・ティーチングに見られる日本人教師と ALT の関係を実践の共同体（community of practice）の理論から分析します。表題の convenient ALT という表現は、なかなかショッキングです。

横溝論文、玉井論文のキーワードは、教師を成長させる方法論としてのアクション・リサーチ、リフレクティブ・プラクティスです。横溝は、「成長」とは何かという問いから論を始め、教師の成長に自己教育力が深く関わっていることを指摘します。そして、自己教育力を育て、同僚性を高めるための具体的な方法論として、課題探究型アクション・リサーチを提唱します。横溝はこれまでも日本語教育の研究の中で課題探究型アクション・リサーチについての論考と実践を数多く行ってきていますが、本章ではその経験を生かして具体的な方法論を示しています。一方、玉井は、「自律的な成長につながる学びは、他者の解釈によるアドバイスや講評ではなく、自らの自身と自身の授業に対する新たな理解だ」として、リフレクティブ・プラクティスの重要性について論じます。リフレクティブ・プラクティスは、自らが自分と

向き合う「内省」と自らの実践への「理解」がベースになります。この2つのことが並大抵でないのは、玉井自身がアメリカ大学院時代に経験したリフレクティブ・プラクティスについての実践について読めば、分かるでしょう。さらに、玉井論文には、玉井とともにリフレクティブ・プラクティスに取り組んだ3名の現職教員(山本、小関、松野)の報告が続きます。例えば、山本は、ジャーナル・ライティングを続ける中で自分の実践と向き合います。さらに、メンターである玉井とのインタビューを次のように表現します。「インタビューは、メンターとの会話を通して自分と対話しているといえる。それまで自分の中にあった断片的な考えが『話す』ことによってまとまり、また新たな考えが生まれてくる。そのような作業だと思う。」玉井論文には、リフレクティブ・プラクティスの具体的な方法が示されており、これから取り組もうという人にとっても役立つ論文です。

　続く3つの論文は、大学で英語教育を研究する3名のものです。柳瀬は、教員の自主セミナーとは何か、そして、そこでの学びは何かを論じています。自主セミナーとは、教員が自らの意志で、身銭を切って、さらに、自分たちで運営する研修セミナーのことですが、柳瀬は自らが関わってきた体験をもとに、自主セミナーの魅力を述べます。ただ、どの研修でも同じかもしれませんが、単に人の技をまねるのではなく、(1)技(HOWだけでなく、WHATもWHYも)を言語化すること、(2)技の使いこなし方を会得すること、(3)技の前提を知ることの必要性を主張します。そして、自主セミナーで柳瀬が出会った達人が達人たる特徴を冷静にかつ論理的に分析します。今井は、教室の研究のあり方をアクション・リサーチのような問題解決型の研究から、Allwrightらが提唱する探求的実践(Exploratory Practice)のような教室生活の質を探求するアプローチへ転換することの重要性を述べます。アクション・リサーチは、教師が自分の問題点、すなわち、「痛み」から研究を始めるわけですが、そうではなく、教師が学習者とともに「その教室という場固有の出来事の理解にたどり着くこと」がまず重要なのだというわけです。今井は、自らが担当する大学院教育の中で、授業に対する多様な見方、多様な声を踏まえた授業の語りができることを目指していますが、このことを踏まえて、今井自身が関わった小学校での英語活動の実践研究を、まさに

教師、研究者、児童ではなく、それぞれの教師、児童の固有名と声の行き交う場として捉えています。そして、最終的に、「子どもたちと一緒にする」英語授業にたどり着いたと述べています。吉田論文も、長期にわたっておこなわれた小学校での英語活動の実践をめぐる論考です。吉田は、研究者として教室での授業を観察しながら、担任教師とのディスカッションあるいは多数の電子メールを交換する中で、双方の授業の見方にずれを感じ、英語教育の専門家としてではなく、小学校の実践に歩み寄ろうとしていきます。また、担任教師もいわゆるベテランでありながらも、これで良いのかという葛藤、また未知の課題に挑戦し、取り組んでいく中で自らの成長を感じていきます。吉田は、こういったお互いの成長の有様、実践の変容を活動理論で分析することを試みます。さらに、参与観察という姿勢から、教室の教師、子どもたちのために自分が関わることの出来るベストは何か、つまり、「関与研究」へと関わり方の姿勢を変えていきます。

　本書は、英語教育研究の新しいディスコースを作る試みと申し上げました。しかし、独りよがりの見方や思い込みを書き綴ったのでは、研究の発展性はないと私たちは考えます。むしろ、書き手に求められるのは、経験や現象に対する解釈を、厳密さや高い信憑性を持ってパブリックにしながら、読者との対話を導くような書きぶり、あるいは、そういったことを可能にするコミュニケーション能力ではないでしょうか。では、具体的にはどのような研究方法があるのでしょうか。この疑問に答えるために、巻末には、柳瀬による「質的研究のあり方に関する報告」を掲載しました。柳瀬は、これまで英語教育研究では、量的研究が主流であったが、質的研究方法を加えることで、実践の営みをさらに豊かにとらえることができると述べています。したがって、「量的研究」対「質的研究」という不毛な対立を超えながら、質的研究とはなにか、どのような方法があるのかを、最近の心理学や隣接領域での文献を読み解きながら、明快に解説・要約しています。これから質的研究に取り組もうとする人のための入門的な報告となっています。

　最後に、本書が世に出されることになった経緯について述べておきます。本書は、2004年におこなわれた第31回全国英語教育学会札幌研究大会で、

本書の執筆者らが行った課題研究フォーラム「教師が変わる授業研究」がきっかけとなって企画が持ち上がりました。その時のメンバーである柳瀬、玉井、今井、吉田に、日本語教育に携わる横溝が加わりました。当初は、「研究者による、英語教育に対するあらたな原理的提案」という主旨で本書は企画されたのですが、「研究者主体の論考だけでなく、学校教育現場で教える英語教師による実践についての語りを加えることで、教師自身が成長できる研究、研究者が変わる研究について議論を深めていこう」と方針が変わりました。このとき、ひつじ書房の松本功社長からは、

> 内省的実践家が重要であるということばだけではなく、内省的実践家が実際に書くとなると、より本格的に理論と実際が融合している必要があるように思います。以前のプランよりも、執筆としてより高次の内容が求められるのだと思います。一歩進んだリアリティが必要だと思います。挑戦しがいがとてもあると思います。

という言葉をいただき、とても励まされました。その後、それぞれのメンバーが関連しながらも、独立した科学研究費補助金によるプロジェクトに参画するなどといった事情で多忙を極めたため、作業がスローダウンしましたが、時間をかけたおかげで、（手前味噌になってしまいますが）教師や研究者の語りを、「より高次の内容」へ、そして「一歩進んだリアリティ」を伴う形にまで高められたのではないかと思っています。

　本書に収められた論文は、いずれもこれまでの言語教育研究で用いられてきた語り口とは違う趣のある文章になっていると思います。読者のみなさんが読み進まれる中で、それぞれの文章の中の出来事をめぐる人々の成長を追体験し、みなさん自身の経験や成長を考える契機となるようなことがあれば、私たちとしては望外の喜びです。そして、本書に収められた語りを出発点として、言語教育研究の新たなディスコース作りにぜひ参加していただきたいと思います。

追記：本文中でAさんと言及したのは、兵庫県高砂市立宝殿中学校に勤務

する的場真弓先生です。的場先生が取り組んだ実践は、修士論文 "Exploring the Nature of Dyadic Interactions between Japanese EFL Learners: Does It Play a Role in Language Uptake?"（2005年度修士論文として兵庫教育大学に提出）としてまとめられた事を追記しておきます。是非ご一読下さい。

Teacher-researcher　そのハイフンに生きる
―「語り」が伝える教師の学びと成長―

坂本　南美（兵庫県立大学附属中学校）

1. はじめに

　私は、これまで英語授業を通して、長い時間を生徒たちと一緒に教室で過ごしてきました。毎日の教室は、私たちにとって当たり前の馴染み深い空間であり、そこでは互いの関係の中で、授業を通した様々な出来事が、日々生まれます。今回、大学院で「教室について考える」機会を得たことで、その「教室」が少しずつ今までとは違って私の目に映り始めていきました。その中で見えてきたものは、驚きを含む新しい発見でもあり、また、あらためて教室を見つめなおして意識した気づきとも言えました。しかしそれは、何かが新しく生まれたというよりも、むしろ、今までとは少し違った教室への新しい視点を持つことで見えるようになったものかもしれません。

　ここでは、研究者としての立場と同時に、ティーム・ティーチングを行う教師の一人として参加した授業実践を通して、その中から見えてきたものを綴り、教室での教師たちと生徒たちの変容を紐解いていきたいと思います。この英語の授業が営まれていた教室について、パートナーの西岡咲子先生[1]と私は互いにいろいろなことを話してきました。授業について交わされた私たちの対話の中で、日々の授業で感じる喜びや葛藤、達成感や戸惑い、生徒たちの学習へのまなざし、授業を通した気づき、また英語授業の意義やそこでの自分たちの目標についても、お互いの視点を通して語り合いました。そして、そこから新しい教室が見え始め、生徒たちが成長していくその様子と同じように、教師たちも成長していく姿が浮かび上がってきました。

　今回の教室には、いつもパートナー教師の西岡先生、生徒たち、そして

teacher-researcher[2] として参加した私自身がいました。本稿では、まず、パートナー教師の西岡先生が授業への視点を変化させながら、生徒の学習に合わせた授業展開を意識し始め、教師として信念を強くしていった様子を捉えていきます。また、教師が授業を変えていくことで、徐々に変容しながら自律した学習を始めていった生徒たち、また学びの共同体が生起し始めた様子を振り返っていきます。そして、今までとは違った立場で授業に参加した私自身の存在についての理解を深めていきます。西岡先生との「語り」を通して、今回の教室に teacher-researcher として入っていた私自身が、異なる4つの視点を持っていたことが浮かび上がってきました。それら4つの役割を交差させながら、私自身が teacher-researcher としてのアイデンティティを構築していった様子を追っていきたいと思います。

2. 研究の始まり

　学校現場において今までいつも私の意識の中にあったのは、授業を通して英語の言語的な学びだけでなく、個人の英語学習を超えた生徒たちの広い学びや気づきにつながるような英語の授業をどのように展開していったらいいのか、という問いでした。生徒たちに英語を通したもっと広い学びを伝えたい。彼らとその学びを共有しながら自分自身も少しずつ世界を広げて教壇に立っていきたい。教師になった時に抱いていたこれらの思いは、今も変わらず私の英語授業への原動力となっています。

　学校の現場では、自分なりに試行錯誤しつつ、英語の授業に国際理解教育の要素を取り入れたり、それらを学校での生徒会活動とリンクさせながら、授業に取り組んできました。そして、教師生活も気がつけば3校目となり、教職13年目を迎えていました。そんな中で、3校目への異動と同時に市内の中学校の国際理解教育部会で幹事長を務めることになりました。それまでは漠然と自己流に英語授業における国際理解教育を行っていたのですが、この活動をきっかけに、各学校での取り組みを共有しながら、もっとどの学校でも無理のない形で継続的に取り組んでいけるようにはならないだろうか、そのためには一体どのようなものが必要なのか、何を整えていけばいいの

か、という問いを持ち始めました。そして、カリキュラムの必要性、地域とのつながり、学校間の連携といった問題を考えるようになっていきました。国際理解教育部会での他校の先生方との出会いを通して、1つの学校だけでの取り組みから、もっと視野を広げて一緒に取り組んでいきたいと考えるようになったのです。

　こうして課題がより具体化されるに従って、学校単位での取り組みや実際の授業ではどのように展開していくのがよいのかといった教師の指導技術の面、またどうやって近隣の中学校へとその活動を伝えていけばいいのかといった連携の面、そして、そもそも英語の授業における国際理解教育の役割とはいったい何なのかという本質的な面へと私の意識は拡張されていきました。

　授業や学校、校外での場面で少しずついろいろな試みにチャレンジしながら、つまずいたり進んだりという時期を経て、私は、心に抱いてきたこれらの課題を解決する糸口を求めて、2006年の4月に兵庫教育大学大学院へ入学しました。大学院では、就学中の2年間、授業履修と並行しながら、各々の研究を修士論文としてまとめていきます。入学した春の4月末、大学院のコース内で行われた初めての研究課題発表会の場で、緊張しながらも発表した私の研究目的は、当然ながら中学校3年間の英語授業のカリキュラムと照らし合わせながら、国際理解教育をどのように行うかというものでした。国際理解教育を組み込んだ英語の授業実践について考え、その理解を深めていくことが、私が取り組んでいこうと決心していた研究課題だったのです。

3.　研究目的の転換

　当初の目的通り2006年7月から2007年3月までの9ヶ月間、私は自分の勤務校で週に一度行われる選択英語の授業に、自らもティーム・ティーチングを行う教師という立場で参加することになりました。共にティーム・ティーチングを行ったパートナー教師の西岡先生は、高等学校、中学校での4年間の講師経験を経た女性の先生です。彼女が担当していた2年生の選択

英語の授業に、私も実践研究を目的とした形で参加させていただく形になりました。私自身が実践に加わるという形をとった理由は、この研究が先ほど述べた課題を解決するアクション・リサーチという形をとっていたからです。

個性的でとても明るい生徒たちとともに、この選択英語の授業はスムーズにスタートしました。授業中に私たちが採り上げる国際理解に関するトピックに対しても、生徒たちは特別な学習というよりもいつもと変わらない学習の雰囲気の中で興味を持ち、この授業実践は当初の「英語教育における国際理解教育の実践研究」という研究目的を満たすべく順調に展開されていきました。実践を通して、私自身も中学校での国際理解教育の意味やその大切さも再確認していきました。

ところが、実際に毎週の英語授業を展開していく中で、パートナー教師である西岡先生、授業、生徒たちの様子に、とても興味深い変化が見られ始めました。私は、国際理解を軸とした実践研究を目的として、生徒たちの様子も含めて教材や活動、授業の流れやカリキュラムをしっかり見ていこうとじっと目を凝らしていました。しかし、私の視野にまず飛び込んできたものは、このプロジェクト型の授業を通して、目の前にいる生徒たちに合わせた新しい授業スタイルを試みていく西岡先生の姿でした。彼女は、彼女自身にとっても新しい試みであるこの実践の中で、授業への視点を変化させながら、自らの授業への信念や考えを徐々に変えていきました。また、教師の変容に合わせて、生徒たちは、授業を通して自分たちの学びに対する捉え方を変化させていきました。そして、グループ活動やペア活動を通して、このクラス全体が学びの共同体としての成長をし始めていきました。教室の中での変化は、粗っぽく書くとこのような感じですが、これらの現象が徐々に私の心を大きく捉えていきました。その様子は、研究を始める時点で生成されるような「こう教えたら生徒はこう変わる」といった仮説に基づいた展開ではなく、1つの教室の中で授業を重ねるごとに、徐々に発生していった変化だったのです。

教室の中で発生したこの変化は、今までの私にとってはあまりにいつもの教室の中に埋め込まれたものすぎて、「一緒に授業を受けてきてクラスのみ

んなが馴染んできたからだね。」といった言葉で片付けてしまいそうな現象なのですが、今回は、なぜこんなにも自然に、しかし確実に彼らは変容しているのだろうかという問いが、私の中に浮かび上がってきました。「英語教育における国際理解教育の実践研究」という問題解決を目指した研究目的のもと、順調に進んできたこの選択英語の授業でしたが、ここにきて新たな問いが私の中で芽生え始めたのです。

教室のこれらの現象の背景にはいったい何があるのか、何が西岡先生を変化させているのか。どうして生徒たちの様子が変わってきたのか、彼らの何が変わったのか。私の中で芽生えた小さな「問い」は、徐々に膨らみ始め、教師として後回しにはできない大切な問いを含んでいるように思えてきたのです。もしかすると、その問いに答えることが教室での営みの理解につながり、授業の原点の理解につながるかもしれないと、思うようになっていきました。

英語授業を通した彼女たちの大きな変容を目の前で見てきたことで、私の中で研究の針は大きく振れ、研究目的は、「教師の成長」へとシフトすることになったのです。さらに、教師として、また研究者として、この教室での学びのコミュニティに参加した私自身の存在についても、より理解を深化させていく方向へと転換されていきました。

4. 授業実践

中学校での私たちの授業は、2006年7月から始まりました。パートナーの西岡先生とは、今回の兵庫教育大学大学院での研修が始まる前の2年間、ともに同僚として同じこの勤務校で教壇に立ってきました。彼女には、実践の2ヶ月前から今回の研究の目的を細かく伝えたうえで話し合いを進めました。そして、私たちの英語の授業は、それまで私自身の課題であった「英語教育においての国際理解教育」への理解を深めていくために、国際理解教育を軸としたプロジェクト型で行うことに決めました。

ちょうどこの授業に入り始めた頃の2006年の6月は、ドイツで行われるサッカーのワールドカップFIFAの話題が世界を賑わせていました。サッカ

一部をはじめ、運動部に所属している生徒の多いこのクラスで、まず初めに取り上げたトピックは、この FIFA とユニセフとが結んだパートナーシップに焦点をあてたものでした。各チームの代表選手がグラウンドの真ん中に揃って"No Racism"と書かれた大きな1つの旗を持ち、笑顔を見せている1枚の写真を授業では紹介しました。授業では、こういったピクチャーカードを用いて、教師がワールドカップの様子をストーリーテリングの形で導入しました。それを受けてリスニングの活動、クラスでのディスカッションへと発展させ、ライティング、さらに生徒たちによるポスター作品作り、文化発表会での校内展示、教室での発表会へと活動をつなげていきました。ワールドカップのトピック以降は、ユニセフの世界各地での活動、英語の授業に教科書で読んでいた絶滅の危機にある動物たち、3学期に教科書で学習する予定の地雷撲滅運動について、そしてクリスマスの頃には、世界に向けたメッセージカードなど、生徒たちの興味や関心に合わせながらトピックを設定していきました。3学期には、アフガニスタンから研修のために来日し、私が通う兵庫教育大学の同じゼミで一緒に学んでおられた高校の先生に、この中学校での授業の様子をお話して、生徒たちへの特別授業をお願いしました。彼は、「アフガニスタンのことを伝えるのも、今回の僕の大切な役目でもあるんだよ。」と快く引き受けてくださいました。そして、地雷についての学習を終えた生徒たちに、アフガニスタンの様子や地雷の問題、人々の生活、学校での生徒たちの学習の様子や授業風景など、生徒たちに身近な話題を落ち着いたやさしい物腰で話してくれました。授業の最後の彼の言葉、「国の復興は教育からなのです。学校からなのです。そこには未来があるから。」という言葉にこめられた静かな強さに、生徒たちとともに私自身も息を飲む思いがしたことを今でも覚えています。その次の授業では、私たちはディスカッションを通して、「私たちは日本にいて何ができるのか。」と話し合いました。「英語がある。英語で何かを伝えることができる。」という生徒の意見から、実際にアフガニスタンの学校の生徒たちへ英語で書いた手紙を送りました。この最後のライティング活動では、女の子たちが「お気に入りだった鉛筆を入れて、そのことを英語で伝えたいと思って。」と小さな包みを持ってきたり、男の子たちが輪になって鶴を折りながら、「英語で折鶴の説明も

ちゃんと書かんとな。」とグループで話したり。授業を通して見えるそんな彼らの表情や笑顔は、いつも私に大切なことを教えてくれました。

5. 教室での変容

　今回の英語授業実践を通したこの研究には、この授業に参加するパートナー教師の西岡先生、生徒たち、そして私自身の三者がかかわっています。ここでは、紙面の関係で、その全てを時間の流れに照らし合わせながら、また細かい分析をたどりながら書くことは出来ません。（詳細にご興味のある方は、ぜひ書き終えた修士論文を読んでいただけたら嬉しく思います。）そこで本稿では、データの分析から見えてきた西岡先生、そして生徒たちの変容を、少しかいつまみながらお伝えしていきます。

5.1. パートナー教師の成長

　今回の授業実践を進めながら、私は西岡先生に2回のインフォーマルなインタビューを行いました。これらはインタビューという形で行われたものでしたが、ティーム・ティーチングを一緒に行ってきた自分たちの授業を振り返りながら行われた私たちの話は、実際には、インタビューというよりむしろ「対話」という形になりました。そこで、その性質をそのままお伝えするために、この研究においての私たちの「インタビュー」を「対話」として記していきたいと思います。それら2つの対話データをグラウンデッド・セオリー・アプローチ[3]という方法を用いて分析していきました。この分析方法では、インタビューの発話データを文脈からいったん切り離すために、文や発話単位でばらばらにします。そして、それぞれの発話にラベルを付け、コーディングします。コーディングされた項目を、カテゴリー分けした上で、作り上げられたカテゴリーどうしの関係を解釈することから理論を構築します。この分析結果から、西岡先生が持っている教師としての授業に対する理論が浮かび上がってきました。

　12月の終わりに行った1回目の対話での彼女の語りは、それまでの授業を振り返りながら自己の授業実践における気づきから始まっています。

6⁴　今までは、英語が苦手な子もいるし、文法的なことを一生懸命教えたり、そういう授業が中心だったかなというふうに思って。とにかくこの文法を頭に入れなあかんとか、この単語を覚えさせるにはどうしたらええやろうとか、そういうことばっかり気を遣ったり。必修の授業だったら、やっぱり他の先生との授業の進度の兼ね合いとか、そういうことも気にしてて、急にばっと進んでしまったりとか。それから一人ひとりの子どもらがどんなことに興味を持っとうかなとか、もうちょっと余裕を持って考える時間っていうのがあまりなかったような。これをとにかく教えこまなあかん、これだけ進まなあかんというのがいつも頭にあって、そればっかり気にしていたような。

10　この話を聞いたときは、まだそんなに経験も浅いし…、中学校で教えていて浅かったんで、自分にちゃんと、そういうふうに一緒に研究とかができるんかなっていう不安が結構あったんですけど。でもやっぱり、このままやったらあかんとか、新しい何か子どもらのために何かいい授業方法ないかなとか、自分でもすごく考えてた時期だったし、自分のためにもすごいいい勉強になるし、子どもたちにとってもすごくいいことじゃないかなと思って。

　西岡先生の語りは、これまでの自己の授業を振り返りながら、この授業実践を始める前の不安と同時にこのプロジェクト型の新しい取り組みの必要性についての認識から話し始めています。しかし、3月の最後の授業を終えた後に書いた彼女のリフレクションには、このプロジェクトを通した彼女の変化が次のように綴られています。

　　ティーム・ティーチングを始めた頃は、坂本先生がおられることですごく緊張して、いつもの自分が出せなかったり、生徒との会話もぎこちなくなっていたように思います。また、自分の授業でもあるのに、先輩である坂本先生に頼りすぎていたように思います。でも回を重ねるごと

にそのぎこちなさもなくなり、先生がいてくださることで生徒一人ひとりに目が行き届くようになり、余裕をもって授業を進めることができるようになりました。そして、二人で授業の振り返りをしたり、今回の授業について話し合ったりするときには、アイデアがどんどんあふれ出して、坂本先生が「パートナー」であると感じるようになりました。

　そして最後のほうでは、授業の大部分を任せて頂き、坂本先生が「見守る」という形をとってくださったことで、私の中でも「これは私の授業なんだ。」「私の伝えたいことを自分の言葉で精一杯伝えていこう。」という気持ちが大きくなっていきました。振り返ってみると、子供たちの反応や変化もとても感じることができたように思います。

　この語りの中でも、また対話の分析からも浮かび上がってきたことですが、彼女はプロジェクト開始後、目の前にいる個々の生徒の学習の様子を常に捉えつつ、生徒たちの学習に合わせた授業展開を意識していました。彼女は上の引用の中で、「これは私の授業なんだ」と言っています。これは、授業中の指導技術を中心としたteachingだけに向けられたものというよりも、むしろ彼女の内面や信念の変容、言い換えれば教師としての学び（learning）へと向けられたものだといえるでしょう。この言葉は、西岡先生が教師としてのやりがいを強く感じ始めていることを示しています。結果として、この経験が、彼女の授業への視点を大きく変化させ、教師としての成長を支えていきました。

　実際の彼女との2回の対話の中では、この教師としての新たな経験が膨らみ始めることで、彼女自身の英語授業の目的や言語教育の目的が、徐々にではありますが、より確かなものとなり、しっかりと語られるようになっていく場面も見られました。学び続ける教師は、自ら変容する可能性を持っています。私は、西岡先生が「教師としての学びに対する所有感（ownership of teacher-learning）」[5] を持つに至ったのだと考えています。

5.2.　生徒たちの変化

　9ヶ月間の授業実践の中で、西岡先生の授業に対する認識が変化するにし

たがって授業自体も趣を変えていきました。初めは授業のやり方に戸惑ったり立ち止まったりする様子を見せていた生徒たちも、ペアやグループでの活動も含めたクラス内でのプロジェクト活動に1つずつ取り組んでいく中で、その学習の様子を徐々に変化させていきました。その様子を西岡先生は次のように語っています(Nは西岡先生、Sは筆者です)。

54N　最初は、もう本当に…、最初5月くらいに、初めて姫路市の紹介文を書こうかって話をした頃は、「え、いやや、そんなん！」みたいな雰囲気で。「書きたくないし。」って。「調べるん大変やし。」とか。「他のクラス…あの、選択で他の教科のほうは楽やのに。」とか。

55S　ライティングって聞いたら、しんどいって、ぱっと思い浮かぶんやろうなぁ。

56N　「これって宿題け？」みたいな感じで。そんなふうに、まぁ、最初、言った頃はそんな感じで。でも、まぁ、いやいやながらも調べてきたりして、こっちからも資料を用意したりして、書いていってるうちに…。最初は本当に全然できなくて、もう日本語を書いて、で、どの単語調べたらいいんかもわからへんし、もう…1から10まで全部先生に聞かな無理っていう子もいっぱいいて、すっごい大変で。(自分自身も)どうしよう…とか、できるんかな…とか思ってたのが、結構、やってみたら、まぁ、姫路市の紹介文は出してない子もたくさんいたんですけど、でも、いい作品が仕上がって。その後にまた「やってみようノート」[6]があって。

57S　「やってみようノート」の…、最初はちょっと難しかったかなぁ、まだ。

58N　はい。最初はまだ…、やっぱり、資料も自分で持って来んかったり。で、どんなこと書いたらええんやろうって悩んでたりとか、(英語に)直すのもしんどそうだったけど。でもまぁ、2回目っていうこともあって、ちょっと要領がわかった感じ。で、ちょっとずつ書けるようになって。

59S で、あのカード[7]？　次がカード？
60N はい。カードは、結構早かった。そんなに文の量もないし、自分が一番伝えたいことを短い文章で書いてる子が多かった。で、最後の（アフガニスタンへの）手紙になったら、もう、そんなに、全部全部教えなくても、もうなんか、今まではこっちが指示して、やっと調べ始めて…だったのが、もう配り始めてる最中でも、もう始めたくてしょうがない感じで。すごく前向きで。

　実は、これらの西岡先生による生徒たちの変化についての認識は、ほぼ同じ内容で、生徒たち自身のインタビューデータや彼らの授業に対する振り返りにもたくさん見られ、今回の授業を通して、生徒たち自身も学習に対する価値観や学習の捉え方を変化させていたことが明らかになってきました。つまり、自分たちの学びへの価値の変化を徐々に体験しながら、クラスの中で学びの共同体が生起し始め、さらに自分たちの学びに対する所有感が芽生えていったのです。そういったプロセスの中で、教室での学習において生徒たち自身が自律していく様子が見えてきました。私はこれを、先に述べた西岡先生の場合と同様に、生徒たちの「学びに対する所有感(ownership of learning)」と呼んでいます。

5.3. 2つの学びに対する所有感

　この授業に参加した教師たちや生徒たちの「語り」を通して見えてきたそれぞれの成長を支えた2つの「学びに対する所有感」の関係がはっきりと見えてくるに従って、授業中の教師と生徒の学び自体が深まり、結果的にこの授業がダイナミックに変容していくことになった、と私は解釈しました。今回の教室で、西岡先生の教師としての学び(teacher-learning)に対する所有感と生徒たちの学び(learning)に対する所有感が、この授業を通して相互作用しながら変化していく様子は、とても興味深いものでした。

　教室での日々の授業を通した変容、それを生み出したもの、そして彼らの成長。2回の対話の中で西岡先生の「語り」の中に見られた気づきを通して、私の目には、今まで見慣れた馴染みのある英語授業が営まれているこの

教室が、これまでとは違った存在として映り始めたのです。

6. Teacher-researcher としての私自身の気づき

　ここまでの教室の変化は、西岡先生と生徒たちのインタビューや記述の分析から明らかになってきたことですが、では、この授業に関わる私自身は一体どのような存在だったのでしょうか。今回の授業が今まで受け持ってきた数々の英語の授業と大きく異なっていた点は、実際に教壇に立ってティーム・ティーチングを行う教師として参加しながらも、同時に、私自身が初めて教室を観察し研究するという目的を持つ立場として、授業に参加していたということです。今まで生徒たちと共に授業を展開してきた親しみ深い教室に、研究者としての視点も持って入るということはいったいどういうことなのでしょうか。

　Freeman (1998) は、teacher-researcher という用語の中の、teacher と researcher の違いを記した上で、その"teacher"と"researcher"とをハイフンでつなぐことの意味ついて触れています。実際に、ティーム・ティーチングを行う教師として、また同時に研究する役割(リサーチャー)も担いながらこの授業に参加する教室では、教師だけをしていたこれまでの体験との違いは思いのほか大きく、教室での自分をどう位置づけたらいいのかと戸惑うといった経験も度々ありました。教室での教師の目的は、授業のマネージメントをしながら、生徒の学びをサポートしていくことです。対してリサーチャーの目的は、教室での学びと教えを対象化し、その関係を明らかにすることでしょう。これらの異なる目的を有する教師とリサーチャーとの間に境界線があり、さらにそれらの行き来が必ずしも容易ではないものだということを私はひしひしと感じていました。そして、そこから、常にこの困難を感じつつも、あえて教室でその境界を行き来しようと試みる teacher-researcher であることの意味とはいったい何なのか、その意義がどこにあるのかという疑問が湧いてきました。この疑問は、次第に私にとってとても興味深いものとなり、その問いの中に隠されている意味やそこに含まれる価値が、これまで私が授業を通して抱いてきた教室での問いかけの答えを導いていく大きな糸口

となるように思えてきたのです。Teacher-researcher として教室に入っていることで、今までとは異なった視点から教室を見ていくことになり、いくつもの問いが生まれ、それまで見えなかったものが、形をもって見えてくるように思えてきました。いったい私にとって教室はどのように見え始めていったのでしょうか。

6.1. Nature of a Teacher-researcher　―ジャーナルを通して―

　今回のこの授業実践では、理解をより深めるため、授業ノートをつけたり、ビデオ記録を残したりと何種類かの形で実践の記録を残してきました。ここでは、それらの記録の中から私自身のジャーナル・ライティングを取り上げていきます。もともと国際理解教育における実践研究を目的としていた私には、ジャーナルというものがどのようなもので何を目的としているのかという知識がほとんどなかったこともあり、それまで行っていた授業記録のように授業内容や次時への留意点を箇条書きで並べる「記録」ではなく、自分たちの授業について「言葉を綴る」この作業に、始めはなかなか馴染めませんでした。「何をどんなふうに書いていくの？」。それがジャーナルを書き始めた当初の印象です。実践を始める時に指導教員の指示で始めたジャーナル・ライティングは、私の中では、実践中のいろいろな出来事を付随的にしたためたもの、という存在で終わっていました。

　ところが、実践が終わった後、この記録を見直すことで大きな発見をすることになりました。西岡先生との対話データの分析を終えた 2007 年の夏、何気なくジャーナルを読み返してみると、当時は全く意識せずに書いていた言葉の中に、西岡先生とのインタビューデータの分析結果に対する理解をより深める要素があちこちに埋め込まれていることに気付いたのです。特に後半の授業について書かれているページには、自分でも驚くほどの様々な発見がありました。

　ここでは、それらの発見をいくつか見ていきたいと思います。毎回、教室の風景や西岡先生の様子、生徒たちの学習、授業を終えた自分の感想などを思うままにしたためてきたジャーナルだったのですが、西岡先生との一度目の対話データをとる 2 学期最後の授業を終えた頃のジャーナルには、次の

ような表現が加えられていました。

12/13

I had been trying to stand next to her [= Ms. Nishioka] with putting my hand on her back. We were colleagues standing on the same point of views, and sometimes I tried to open new doors of teaching with her in the class, and for her. I also tried to understand myself through understanding my view point. She also made me think about the classroom, students and her. Through that I have learned from her a lot. Now… Mm… It is very difficult to describe them! But, <u>I feel I need to think about my position in this class again now.</u>

　2学期の授業を終えて、西岡先生と共に教壇に立つ同僚として、また教師としてこの授業に参加してきたことを振り返る文章ではありますが、最後に自分自身の「この教室での自分の立場をもう一度考えてみる必要があるような気がする。」と括っています。この文章の中では、教師としての感覚、同僚としての視点、研究者としての立場の違いを漠然と感じつつ書いています。しかし、それぞれの境界を行き来しながら授業に参加している自分の存在がまだ見えていないために、教室での自分がどこかぎこちなく感じていたように思われます。
　その後の3学期のジャーナルになると、授業の流れや教室での生徒たちや教師たちの様子を描写しながらも、自分自身の立場についてあれこれと考えながら書いています。しかし、その雰囲気は徐々に変化し、2回目の対話データを取る頃の3学期最後の授業を終えて綴ったジャーナルは次のように締めくくられていました。

3/19

I was really gratified with the class including the students, Nishioka sensei, activities, and some accidents too. I remember that when I taught at school every day, I felt many kinds of conflicts, struggles, puzzles, disappointment, and also accomplishments, joy, and enjoyment. Actually, I often thought that I was not a good teacher. Unconsciously, I knew that I often tried to think of what I wanted to be, and what I needed to be, what I was expected to be in the classroom, but I could not find my clear answer to be a teacher in the language classroom at that time. I always think that I needed to develop toughness, skills, knowledge, and more. I was always supported by students and colleagues in the class, or at school. At school or in the classroom, students made me feel a sense of fulfillment, and they made me special. The class was constructed of all the members. I wonder what it means to be a teacher in the classroom and what I need now. In fact, now, I feel a sense of accomplishment for our teaching, but I feel that I have begun to search for something more. Every spring, this feeling comes up strongly in my mind even when I feel gratified with the class that I taught for a year.

　このジャーナルの中では自分の授業に対する批判的な意識がいつも心の底にあって、もっと教師として凛とした強さや授業でのスキル、英語教育における知識を高めていく必要があるという視点から常に自分の授業を捉えています。その反面で、生徒たちや同僚によって支えられたり、教師としての充実感をもらったりしてきたことを振り返りながら、教室というものが教師や生徒たちの全てのメンバーによって作り上げられる関係から成り立っていることも再確認しています。つまり、私にとって教室という場所は、英語の授業を行う実践の場という意味合いだけではなく、教室にいるメンバーの互いの関係の中で、もっと相互作用的に影響しあう全体的な営みそのものだったのです。それは、教師としてのみの視点に加えて、研究者としての視点を織り交ぜながら教室を捉えていくことではっきりと見えてきたと言えます。
　ジャーナルでは、総体的に教師としての視点で抱いている問いや問題意識、また授業を通して教師として感じることのできた充実感ややりがいなどを綴った場面が多くありました。しかし、ジャーナルに綴り、それを読み直す作業を通して、同僚としての視点、教師としての感覚や信念、研究者としての立場など、それぞれの役割からの視点を交差させることができるように

なったと思います。さらに、一面的な教室への視点から抜け出し、多面的に教室を捉えていくことによって、実践の中で感じてきた様々な葛藤にきちんと向き合いながらそれらを理解していく方向へと進むことができました。

6.2. 教室を見つめる 4 つの立場

　先に述べたように西岡先生と私は、この 9 ヶ月の授業実践の中で、2 学期の授業を終えた 12 月 22 日、また 3 学期を終えた 3 月 26 日の二度にわたってセミフォーマルなインタビューを行いました。この 2 回の対話データが、その分析を通して、私自身の今回の教室での性質を理解する上で、とても興味深い発見をする結果になったのです。2 学期の終わりに行った対話は、私からの西岡先生への次のような質問で始まっています。

　西岡先生と筆者の対話 1（2006 年 12 月 22 日）
　3S　2 学期は選択（授業）に入れてくれて本当にありがとう。この半年くらいずっと一緒にしてきてんけど、今日は、振り返って話を聞かせてね。
　4N　はい。
　5S　では、まず、えっと…。6 月に話をする前の、こう、自分の授業を振り返って、どんな授業だったかな…。どんな授業やったかなとか、どんなことに気をつけてやってきたかな、とかいうのがあったらぜひ聞かせてください。

　一度目の対話は、2 学期のティーム・ティーチングの授業を全て終えた終業式の後、和やかな雰囲気の中で行われています。この対話は、私からの「選択（授業）に入れてくれて本当にありがとう。」という言葉から始まっていますが、この対話を行う前の 6 ヶ月間、私はティーム・ティーチングを行うもう一人の教師として実際に授業を共有してきたにもかかわらず、教室の外からやってきた研究者としての立場から話を切り出しています。通常の「インタビュー」では、この例のように研究者は「インタビューワー」として「インフォーマント」から情報を引き出していくのが役割なのですが、対話

データを細かく分析すると、私自身は対話の中での自分の役割を場面に応じてその性質を大きく変化させながら会話を展開しており、必ずしも常に研究者としての立場から西岡先生との会話を進めているのではないということが明らかになってきました。この研究者としての立場のみを貫けなかった点が、結果的にこのデータがインタビューではなく「対話」となった大きな理由なのですが、対話全体を通してみると、研究者の他にも複数の異なった立場をとりながら、会話を進めていたことは、私にとってとても興味深い気づきでした。私は対話の中に現れる私自身の立場を、発話の性質から、同僚、教師、メンター、研究者といった4つの異なる資質を持つ役割から捉えてみました。

　実際に異なるそれぞれの立場からこの教室を見ていくと、教室はどのように映っていくのでしょうか。それらの違いをふまえたうえで、それぞれの異なる立場に立って今回の教室を見てみると、興味深いことに、たとえそれが同じ一つの教室であっても、各々の視点によって見えてくる教室の風景は少しずつ異なるものとなりました。

　ここで、Rogoff (2003)の用いたレンズを使った表現を借りながら、これらの異なる役割を理解する視点にアレンジし、それぞれ4つの立場から見えてくる今回の教室を映し出してみましょう。

　ここに教室を見る1つのレンズがあります。このレンズは、実際に手に取る人の役割に応じて、その性質が異なってくるとお考えください。まず初めに、「同僚」としてこのレンズで今回の教室を見てみると、私の見る教室の風景の中には、常に西岡先生の存在を感じながら、ティーム・ティーチングの中で互いの役割を意識し合い、常に同じ教室にいる同僚としてのコラボレーションが感じられます(図1)。彼女の肩越しに教室を見たり、また教壇で同じ視点を持った位置に立ったりしながら、共に生徒たちの学習や活動に向き合う立場といえます。今回の語りを通して、また授業を通して多くの場面でこの同僚という立場を感じてきました。

図 1

　続いて、「教師」としてこのレンズを手に取ると、見えるものがさっきのレンズとは変化していきます。教師として、生徒達の個々の学習状況、グループ活動の様子、教室全体の学びを常に意識した視点を持つといえます(図2、図3)。教室全体や個々の彼らの学習の様子を把握しながら、その学習段階をふまえて、授業をアレンジし、一人ひとりの学習をサポートしていく役割です。

 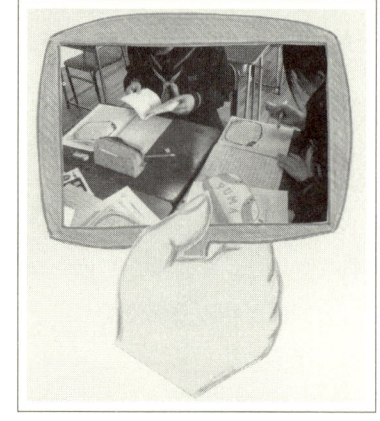

図 2　　　　　　　　　　　　　　図 3

さらに、「メンター」としてレンズを手に取り教室を見ると、教室は上の2つとはまた異なる風景に見えてきます(図4、図5)。このレンズで教室を見るときは、実際にこの授業実践を通して、毎時間の50分の枠の中で、細かく進行していく授業自体に組み込まれている自分自身の存在は、比較的ぼんやりとしたものになり、少し違った視点からパートナーの西岡先生の授業や生徒達との関わりを見守る立場といえます。

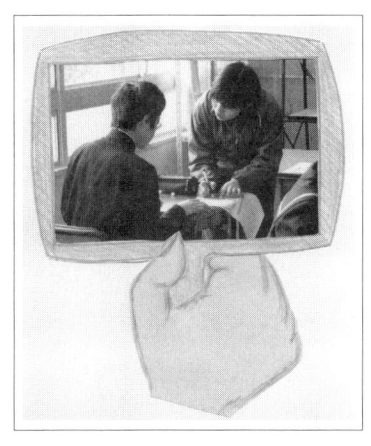

図4　　　　　　　　　　図5

　最後に、研究者としてこのレンズを手に取ると、私の視点から見る教室は、大きく異なって見えます(図6)。この授業実践において、生徒たちや教師に直接的に関わる自分自身の存在はほとんど消え、この教室の中で何が起こっているのかを廊下の窓からそっと観察する視点、研究しようとする視点を持つ役割になると言えます。

図 6

6.3. Natures of a Teacher-researcher ─対話より─

　ここでは、さらに対話データをたどりながら、4つの視点をもつ筆者の立場について理解を深めていきたいと思います。対話データの終わりのカッコの中に記された T は教師、C は同僚、M はメンター、R は研究者をそれぞれ表しています。

6.3.1. 同僚

西岡先生と筆者の対話 1（2006 年 12 月 22 日）

43S　それで夏休みに入って、（ライティングについて）調べる材料がない子は来て、な、頑張り学習[8] みたいな形で 3 日間あったやん。あの時の印象はどう？（R）

44N　はい。やっぱり、あの、調べてきなさいって言っても、やっぱり家にインターネットつながってなかったり、図書館に行こうとか思ってもちょっと離れた所にあったりとか、すぐにやっぱり自分で資料集められない子が多いかなとか思って。やりたいけど、その、面倒くさいというか、そこまでするのはちょっとしんどいっていう子がいるかなっと思って。で、こっちでいくらか用意してやったら、そ

の中で興味持ったことを自分で選んで、そういう子も、なんか積極的にできるかなと思って。
45S　あぁ、なるほどな。何人か来たやん？　少なかったけど。豊崎さんとかも来てたね。思ってた子が来てた？　メンバー的には？（R／T）
46N　でも、来ない…と思ってた子の方が多かった。尾上君とか…。
47S　うん、来てたよな。（R）
48N　尾上君とか、絶対にやって来ないだろうなというのがあって。必修の授業でも受け持ってて、宿題も、まぁわからないのもあるし、やってこないことが多くて。ノートもいい加減だし。まさか、来るとは！　っていうのがあって。でもちょっと、あの、他の頑張り学習のほうに来てたんで、もしかしたらと思ったり。
49S　うん、うん、上がって来たよな！（C）
50N　はい！
51S　そうそう、そうそう。で、結構長いこと…昼までもいたよなぁ、あの子。（C）
52N　はい。来て、一生懸命、書いて…。仕上げて、帰って。
53S　うん、すごいよ。（C）　どうやった？　尾上君を見て。（R）
54N　はい！　もう、なんか、「来た！」って思って。
55S　うん、うん、来た！「来た！」っていうの、嬉しいよなぁ。（C）

　私たち二人は、夏休みに生徒に出した調べ学習とライティングの課題に対して、夏休み中に3日間、そのフォローアップのための補充授業を行いました。何人かの生徒には、西岡先生が休み時間などの授業外の場面で個人的に声をかけてくださったりしていましたが、夏休みには彼ら2年生が部活動の中心となるということも考えて、基本的には自由参加という形をとりました。
　上記のこの場面での会話は、研究者としての立場からこの夏休みの補充学習での印象について西岡先生に尋ねる私からの質問によって始まっています（43）。ところが、話が進むに従って私たちの対話は次第に変化し始めて

いきました。この補充学習への参加を期待しながらも、おそらくやって来ないだろうと思っていた生徒・尾上君の予想外の参加について話題が展開され始めたあたりから（46）、彼が姿を現した時の西岡先生の喜びや彼の学習に対する感動の言葉を反復したり、共鳴したりする言葉が増え、同じ立場で補充学習を行った者同士の連帯感や共感を帯びた表現に変化していきます。つまり、会話自体の性質が同僚同士のものへと変わっています。私自身も、彼が来たこと、そのことが嬉しいのだ（53）と、生徒・尾上君が教室に現れた時の驚きを思い出しながら、彼が一生懸命に作文を仕上げていた姿（51）、彼の補充学習への参加に対する喜びをパートナー同士で互いに共有している様子がうかがわれます。その様子は、ともに授業を行った二人の間において生起する「共感」によってつながっている関係を思わせるものであり、西岡先生と同じ視点から生徒の学びを捉え、西岡先生とともに生徒たちの頑張りに喜び、その感情を共有しながら、互いをサポートしていく立場であると言えます。それは、「研究者」として教室を観察する役割からの言葉というよりも、むしろ「同僚」としての視点を持った存在としての発話でしょう。

6.3.2. 教師

今回、初めて teacher-researcher としてこの9ヶ月間の授業実践に参加してきましたが、授業中の生徒たちとの関わりや休み時間での彼らとの何気ない会話を通して、やはり私の中にしっかりと「教師」としての役割を認識している自分を再確認しました。それは、教師として、教室での生徒達の学びに向き合い、教師としての信念や教育の目的を持ちながら、生徒の学習を助けたり、見守ったり、サポートしたりしていく立場であると言えます。また、「教師」は生徒達のバックグラウンドや彼らを取り巻く学習環境にも意識をおいています。

西岡先生と筆者の対話1（2006年12月22日）
137S　この頃、土田君も、いい感じで、いいムードメーカーになってきたな。ほら、クラスにいい雰囲気作ってるのもあの子かな。いろんな子に声かけたりもして。（T／C）

138N　はい。
139S　いい意味でも悪い意味でも、気持ちのアップダウンがあるから。(T)
140N　はい。ちょっとなんかこじれたら、みんながやってても、なんかぷうっとふくれて、「もう、しぃひん」って言いかねんタイプではあるけど。
141S　そうそう。だけど、あの時はほんまに大きな声で発表できて。辞書を始めたら、使ってたし。実際、今までと比べたら英語もちょっとずつ書けるようになって…。自分のことだけじゃなくって、松下さんの発表にもすごい拍手してたよな。(T)
142N　はい。頑張ってた。

　私たちの授業はプロジェクト型の授業でしたが、生徒たちは、ライティング活動を経てポスター作品を作った後に、まとめとしてクラスでの口頭発表を行う機会を持ちました。これらの活動の流れは、必ずしもすべての生徒がスムーズにこなすことができたというものではなく、初めての活動に対して戸惑ったり、立ち止まったりする生徒もいました。そんな彼らが教室での教師たちに助けられ、また生徒同士で支えあいながら徐々に最終段階へと進んでいく姿はとても印象深いものでした。対話中のこの引用場面での発言では、生徒・土田君の個性や、入学してから今までの学習の様子もふまえた上で、英語学習を通した彼の成長の様子を理解しながら、彼の学びの過程だけでなく、口頭発表での成功や学習態度の変化についても言及しています。私は、この授業を行う前年の１年生時からの土田君と関わっていたのですが、彼との日々のつながりの中でその個性を理解し、その成長を私自身が喜ぶ発言が見られます。実際のデータでは、この場面では、私はとても落ち着いてしっかりとしたトーンで話していますが、彼への理解、彼を取り巻くクラスの雰囲気や学習のコミュニティとしてのこのクラスへの理解が、この発言の言葉の強さを裏付けているのかもしれません。対話の中で見られるこれらの発話は、英語学習の教室で、個々の生徒の学びにおける背景もふまえつつ、個性を理解しながらその学習を見守る視点を持つ存在、つまり「教師」とし

ての役割を担う存在と言えます。これは、純粋な研究者としての教室を研究する立場とは異なった役割として、今回のように teacher-researcher として教室に参加した立場だからこそ、持つことのできる視点であったと言えるのかもしれません。

6.3.3. メンター

　さらに対話を細かく分析する中で、しばしば西岡先生の教室での授業実践における気づきを引き出すような発話を捉えることが出来ました。それは、今までは私の中に意識化されていなかった視点でした。西岡先生との交流を通して、彼女を見守り、励ましながら授業への気づきを引き出していく役割、いわばメンターシップを持った役割といえます。

　西岡先生と筆者の対話 1（2006 月 12 月 22 日）
　147S　じゃあ、発表会を終えた…、発表会は長いスパンやったけど、やってみようノートを始めて、発表会を終えたまでの一言感想は、どんな感じ？(R)
　148N　始めた頃は、あの、全員が最後までちゃんと取り組めるかなっていうすごい不安はあったんですけど、やっぱり書くの苦手な子もいるしなぁとか。ライティングを始めた時はそう思っていたんですけど。でもあの子らを見てたら、みんな一生懸命やってて。班で教えあったりとか。で、子どもが一生懸命やから私も頑張らなって思って。辞書を紹介したりとかしましたよね。やってみよと思って。で、それで、ちょっとネットから資料も用意して、新聞に貼る資料とかも、やっぱり、自分でどうしても集められない子もいるし、こっちで用意したり。
　149N　で、やってて、やっぱり、いろんな面を発見できたし、文を作るの苦手でもレイアウトとか絵で表現したりとか、自分でしっかり調べてきたりとか。1 人ひとりが、やっぱり一生懸命取り組めて…。発見…とか。
　150S　よく見えた？　じゃあ、以前の授業と比べたら、一人ひとりのこ

と、一人ひとりのことがよく見えてきたな？（M）
151N　はい。で、やっぱり、前みたいに40人いたら、一人ひとり発表させるって難しいですけど。みんなが発表するって。でも、今回は全員が、ちゃんと前に出て、発表できて。何人かをあててするんじゃなくて、全員ができたから、みんなを見れて。
152S　そうやな。1人残らずみんな発表したもんな。頑張って。（M）なんか、後から、英語が書けてなかった子の（英文）が増えてたから、Nさんが、あれから一週間の間に、またお昼とか放課後に時間とってしてくれたんやなっと思って、ね。（M）

　前にも述べましたが、西岡先生と私は、この実践の前から同じ中学校に勤めており、互いに気心の知れた関係といえます。当時、彼女は講師として勤務していましたが、授業以外でも生徒のことや部活、学校のこと、時にはプライベートな話もする中で、真剣に英語の教師を目指すひたむきな姿、また生徒たちに向けられる温かいまなざしは、今でも鮮明に覚えています。
　上の引用の場面でも、やはり私の研究者としての視点から問われた問いかけで対話は始まっています（147）が、会話の雰囲気は徐々に変化しています。質問を重ねて研究する研究者としての発話でもなく、生徒の学習に焦点をあてた教師としてのものでもなく、また感情を共有する同僚としてのものでもない、新たな役割を担う立場からの発話へと変わっていきます。その存在に気づいたのは、個々の生徒の個性や学習に目を向けていくことへの彼女の教師としての「気づき」が引き出されていく場面からです。ここでは、授業中の新しい活動に生徒たちが取り組む姿を通して、彼らに向き合う自らの授業を振り返る西岡先生の言葉に耳を傾けています。そして、会話を通して、教師として生徒たちを教室全体の学習として捉える視点に加え、個々の生徒の学びにも視線が向けられていることへの気づきが（148, 149, 151）、自然な形で彼女から引き出された場面となったといえます。彼女との対話を通して徐々に授業実践における気づきを引き出していく、いわばメンターシップを持った役割と言えるでしょう。これは、同じような経験を重ねてきた先輩としての役割ともいえると捉えられるかもしれません。しかし、ここで

は、同じ学校に勤める先輩後輩の関係に見られるような、後を行く後輩たちへ自分の経験から得た智恵や知識を伝達し、自分の学びを引き継いでいこうという姿勢は見られません。むしろ、自分自身の経験からにじみ出てくる色は出さずに、対話を通して西岡先生の学びに耳を傾け、彼女の授業を側で見てその性質を理解しながら、授業を通した**彼女の経験からの学びを引き出し**ていこうとする立場をとっているといえます。今回、この性質を持った私自身の立場を「メンターシップを持つ役割」と捉えていきたいと思います。

　逆に捉えると、西岡先生との対話を通して、私自身の中で徐々にメンターシップが引き出され、表面へ現れてきた形になったとも言えます。この感覚は今まで意識もしたことのないものだったのですが、ここでのmentor-menteeの関係は、相互的なものであり、その間に生起するメンターシップは、その必要性や性格、学びのスタイル、そして当事者の経験や智恵によって築かれ、私たちの間にしか発生しない独特の、また唯一のものとして育まれていくといえるでしょう。

6.3.4. 研究者

　国際理解教育を軸としたこのプロジェクト型の授業に参加した当初の研究目的は、研究者としてこの英語授業の実践研究を行うためでした。実践を通して研究目的はシフトする形にはなりましたが、2回の対話において、やはりこの教室を観察し、研究していこうとする研究者としての姿勢は随所に見られます。次の引用のように、研究者の立場に立って、この授業や生徒たちの学びについて西岡先生に問いかけたり、より深い説明を求めたりする場面がうかがわれます。

西岡先生と筆者の対話2（2007年3月19日）
5S　まず、3学期にした活動で、えっと、アフガニスタン…最初地雷のことをして、で、アフガニスタンのことを、どうだった？　まぁいろんな小物を使って紹介して、まず、ビデオを見て、バシールさん（＝アフガニスタンから日本に来ていた先生）に来ていただいて、話をしてから手紙まで。一連の流れがある中で、活動してきたんだけ

ど、西岡さんの中ではどんな感じやった？(R)

6N 流れはすごくよかった。やっぱり、あの、いろんな小物を持ってきて、生徒が興味を持ったところで、あの、実際のビデオとかを見たりして。いっつもは、なかなか授業に集中できなかったり、いらんことしてる子も、なんか、じーっと画面を見て。で、すごい表情で、悲しそうな表情やったり、(映像の中の)子どもが笑っているところでは、すごい、なんか明るいっていうか、笑顔になったり。そういう表情も見ながら、私も見てて。で、やっぱり、心に実際に響くものがあって。で、こっちが手紙を書こうって無理やりもっていったんじゃなくて、子どものほうから、何ができるかなっていう、いろいろ意見も出て。で、実際手紙を書き出してからも、いやいや書いてるっていう子がほとんどいなくて、もう、自分で、すすんでだーっと日本語で書いていって。で、辞書で一生懸命調べたり、「返事いつ来るかな」とか、そんなことを話しながら友達としてるのを見てて、やっぱりこの流れでよかったかなって。実際に、その、アフガニスタンから来られてる先生の話も聞けて。で、それもあるから、やっぱり、画面の中だけだったことが、また、実際の現実に感じることができて、とてもよかったかなと思って。

7S うん、ビデオ見とう時に、みんなが、表情が、(ビデオの)中の登場する人の表情に合わせて、悲しそうになったり、うれしそうになったりっていうのは、やっぱりあったん？(R)

8N はい。

9S 西岡さんも同じような感じに…？(R)

10N はい。で、何回見てもやっぱり、子どもと同じような気持ちになって。

11S 2本の(ビデオ)の中から、こっちのビデオを選んだのは、何が決め手やったんかな？(R)

12N それは、やっぱりあの、テロこととか、あの子らにとっても、そんなに、あの、昔のことじゃなくて、覚えてる子もいると思うし、で、番組の中の藤原紀香っていったら、やっぱり今ちょうど話題に

なってて、子どもたちの中にも入っていきやすいかなっていうのがあって。
13S　このアフガニスタンの番組が生徒の現状と合ってる感じかな。中の内容とかはどうだった？(R)
14N　はい、えっと、内容もそうだけど、番組の中で(藤原紀香さんが)子どもと接する場面とかがたくさん出てきて、だから、自分たちがもしこうやったらとか、その、自分たちと同じところや違い…今の日本との違いとか、そういうことも、なんか、同じような年代の子だったら、やっぱり、余計に感じるものがあるかなっと思って。

　この授業実践を行う前の私たちは、1年間同じ学年で英語の授業を行ってきた同僚であり、またこの9ヶ月間はティーム・ティーチングの形でともに教壇に立ってきたチームでもあるので、私たちはお互いの人柄や授業スタイル、教師として今まで授業で大切にしてきたことを理解しています。それにも拘わらず、ここではまるで初めて出会ったインタビューワーとインタビューイーの関係のように、教材について話をしています。今振り返ってみると、実際の対話中のこれらの場面では、自分自身の中で多少のぎこちなさは感じるものの、同僚や、教師、メンターとしての視点よりも、西岡先生の授業実践をより理解していくために対象化して捉えていこうといった思いの方が強かったように感じます。これは、研究者として、授業実践を観察、研究する目的での発話であり、比較的授業実践から距離をおいた視点を保ちながら行われた会話といえます。
　Teacher-researcherという立場をとりながらこの英語授業に参加したことで、西岡先生との対話の中でも、授業実践や授業ごとに綴ってきたジャーナルの中でも、私自身がこれらの4つの役割を交差させている様子が浮かび上がってきました。

6.4.　Working at the hyphen　―ハイフンに生きる―

　ここまで、対話データの中の私の立場に、それぞれ同僚、教師、メンター、研究者という異なるラベルを貼ってきましたが、これら4つの役割を

意識することで、私の中で新しい問いが浮かび上がってきました。「そもそも役割とは一体何なのか。」「英語授業において教室でteacher-researcherとしての存在が担っていく役割とは何なのか。」

　この研究では、今回の英語授業を通した参加者との相互的な関係において—特に西岡先生との関係において—私自身のteacher-researcherとしての性質を異なる4つの役割に特化しながら描写してきました。しかし、もし今回の授業にも今までどおりの教師としての意識のみで教室に参加していたとすれば、これらの4つの役割を自ら意識化し、それぞれの視点から教室を眺めるのは難しかったでしょう。教師と研究者の違いは思いのほか大きかったと感じたことを前にも述べましたが、実際に、私自身の存在をteacherとresearcherとの間にどのように位置づけていけばいいのかという戸惑いは、この実践が始まる前にはほとんど考えてはいなかったことでした。これは、ある意味では、英語授業が行われている教室での生活が、私にとってあまりにも馴染み深すぎるものであり、研究者としてそれらを対象化しながら観察することが難しかったという点も理由の1つとして挙げられます。また、これら4つの役割を特徴づける過程においても、自分自身を「メンター」として描写することにも大きなためらいも感じてきました。それは、今までの西岡先生との関わりの中で、メンターシップを持つ役割を担っていると考えたこともなく、今回自分自身をそう描写することに気恥ずかしさも感じていたからです。しかし、今回の「語り」の分析を通してこれらの4つの役割をメタ的に理解していくことで—言い換えればteacher-researcherとしての視点で理解していくことで—私自身がこのプロジェクトの中で抱いてきたstrugglesやpuzzlesにきちんと向き合いながら、同時に教室の中での私自身の成長が「見える」ようになりました。

　ここまで対話データから見えてくる私自身の教室での立場を「役割」についての意識から考えてきましたが、この授業においてどのように自分自身を理解し、どのように位置づけてきたか、という過程を大切にしながら描写していくために、ここでidentityという言葉を用いて考えていきたいと思います。

　Norton (1997: 410) は、「アイデンティティ (identity)」を "how people

understand their relationship to the world, how that relationship is constructed across time and space, and how people understand possibilities for the future" と定義づけています。私自身の理解としても、アイデンティティというものは先んじて存在するものではなく、様々な環境の中で他者との関係を通して築いていくものだと捉えています。ところで、この研究の中で、ここまではteacher-researcher としての存在を4つの異なる資質を持った「役割(role)」という言葉で表現してきました。「役割」という言葉は、社会での役割、教室での役割、家庭での役割…など特定のコミュニティを意識しながら用いられますが、客観的な視点によってその名をラベルづけられたり、与えられたりするもの、つまり、今回の教室の場合では研究者によって名づけられたものといえるでしょう。しかし、そこには、当事者が実践の中でどのように自らの存在の変化を捉えてきたかという過程や、今回の状況で私自身がどのように自分自身に向き合ってきたかという視点は必ずしも含まれてはいません。それに対して、「アイデンティティ」という言葉は、授業を通した社会的関係の中での価値や信念を変化させていくその過程を捉えます。さらにアイデンティティは、自己確立の過程やそのコミュニティの中で得られる所属感(membership)も視野に入れた状況で作り上げられていきます。

　今回の2つの対話の分析を通して、今までの自分の認識とは大きく異なることなのですが、アイデンティティというものは、私自身の中に存在するのではないということが明らかになりました。それは、個人の中にあるのではなく、個人間に存在するのです。個々が共有する時間や空間において、つまり、教室で過ごしてきた西岡先生と私、生徒たちと私、そして彼らと私、いわば私たちの間に存在するのです。アイデンティティが個人と個人の間に存在すると理解したならば、お互いの相互関係や社会的な文脈によってその形が変容するのは自然なことだと言えるでしょう。今回の教室でも、私たちの相互関係がより深くなったり複雑になったりすればするほど、その関係の中で、私自身のアイデンティティというものは、よりはっきりと構築され、育まれていく形になりました。そして、その過程を通して、このプロジェクト型の授業の中でteacher-researcher としての自分自身のアイデンティティが徐々に見えてきました。

この授業における私のアイデンティティは教室での様々な文脈や関係によって構築されてきました。授業を通して築いてきたそのアイデンティティへの気づきが、今回の英語授業の中でのteacher-researcherとしての4つの性質（natures）をより深く理解することへとつながったのです。Freeman (1998) の言葉を借りると、つまり、「teacherとresearcherとをつなぐこの小さなハイフンに生きる」ということを実践していたのかもしれません。

7. おわりに

　今、私は「教師の成長を支えているものは何か」という問いに答えるためにこの文章に向き合ってきました。しかし、先に触れたように、実際には、この研究に取り組み始めた当初の私の研究の視点は、英語教育における国際理解教育の実践研究に向けられていました。また、教師の成長に関する研究についての知識はままならず、当時の大学院での自分の研究の視野にもほとんど入ってはいなかったことを覚えています。今回、teacher-researcherとして授業に参加して、私自身が教師という立場だけでなく、新しい立場をとりながら教室に参加していたことがわかりました。また、この自分たちの授業についてパートナー教師である西岡先生と語り合ったり、またジャーナルに自ら綴ったりしていく作業を通して、私の意識（あるいは、無意識）の中にバラバラに存在していた感覚が、「言葉」を通して関係性を帯びはじめてきました。教室での教師たちや生徒たちの日々の営みをいきいきとした存在として「語る」ことを通じて、私たちの相互的な関係や教室全体が日々の営みの中で、作られるのだということが再認識されました。さらにそれらをより詳しく見ていくことで、英語授業が行われている教室にある「意味」やその「価値」を捉えていくことができました。自分たちの気づきを通して、それらへの理解を深めていく過程こそが、私たちの成長を大きく支えていたと言えるのかもしれません。

　今回の教室にteacher-researcherとして参加した授業を通して得た最も大きな気づきは、教室でのteachingとlearningには分かちがたい関係があるということです。教師のteachingとlearning。それらは、個々に独立した存在

ではなく、相互的に作用しながら変容していくものでした。前にも少し触れましたが、このプロジェクト型の授業を通して西岡先生の授業への価値観や学習のコミュニティへの価値観が、教室での生徒の学びに合わせて変容し、その変容は相互作用的に生徒たちの変化を導きました。彼らは、教室での自分たちの学習に対する価値観を変化させながら、学習を個人のものとしてだけで捉えるのではなく、クラスを学びの共同体として捉え始め、自分たちの学びに対する視点を徐々に広げていったのです。彼女の教室での teaching は同時に learning であり、その learning は生徒たちに返っていきました。また、私自身についても、4つのアイデンティティを持った teacher-researcher の視点で教室を捉えることで、「教室」は今までとは違ったものとして映ることになり、そこに私自身の learning がありました。多面的な視点をもって教室を見たときに、私の目に飛び込んできたものは、多くの意味を含む教室での教師の学びでした。授業を通した教師の学びが、教室のより深い理解につながり、さらに生徒たちの学びを支える関係を作り出していきました。つまり、私たちは、教室で教え、教室で学んでいたのです。教室の原点がそこにあるのだと私たちの「語り」が教えてくれました。

参考文献

戈木クレイグヒル滋子(2006)『グラウンデッド・セオリー・アプローチ―理論を生みだすまで』新曜社.

Freeman, D. (1989) Teacher Training, Development, and Decision Making: A Model of Teaching and Related Strategies for Language Teacher Education. *TESOL Quarterly*, 23: 27-45.

Norton, B. (1997) Language, Identity, and the Ownership of English. *TESOL Quarterly*, 31: 409-429.

Rogoff, B. (2003) *The Cultural Nature of Human Development*. New York: Oxford University Press.

Strauss, A. & Corbin, J. (1990) *Basics of Qualitative Research: Grounded Theory Procedures and Techniques*. Thousand Oaks, CA: Sage Publications.

注)
1 今回、登場する人物については、すべて仮名を用いている。
2 今回の教室に、教師という立場をとりながら、なおかつその教室を研究することを目的として入る立場を teacher-researcher という言葉で表現している。(Freeman, 1998)
3 Grounded Theory Approach は、質的研究においてインタビューや観察を分析する手法である。詳しくは、Strauss & Corbin (1998)、戈木クレイグヒル (2006) を参照。
4 対話データ中のデータ番号。
5 Norton (1997) は、言語とアイデンティティとの関係について、ownership of learning に触れて述べている。
6 このプロジェクト型の授業の中で、調べ学習からライティング、口頭発表への準備、本番の発表へと活動をつなげるために用いた一連の手作り冊子。
7 2学期の学習を終えたクリスマスの時期に、世界へ贈るメッセージと題して生徒たちが仕上げたオリジナルカード。
8 学年で毎日放課後に行っていた補充学習。

"Convenient ALTs" or "Good ALTs"?
―ALTの教育実践の参加を支える日本人教師の役割―

津村　正之（神戸市立本山南中学校）

1. はじめに

　ALT（Assistant Language Teacher 外国人指導助手）とどのように効果的な授業をしたらよいか、またティーム・ティーチング（Team teaching = TT）を自身の英語教育のなかでどのように位置づけたらよいかと多くの中学教師が悩んでいます。私もまさしくその一人でした。ALTとのTTは、どの中学校現場でも当然のように行われ、もうすっかり定着した感がありますが、必ずしもすべての現場教師に歓迎されているとは言えません。TTを取り巻くいくつもの課題が山積しているからです。ALTの存在が言語学習において最適な学習環境を作り出すことを否定する英語教師はいないでしょう。理念的には皆賛成です。しかし、いざ実践となると、「教科書が終わらないから」、「テスト期間中はテスト対策をするので」とあれこれ理由をつけて逃げ腰になってしまいます。一部の熱心な教師を除き、私を含む大方の教師はなんとか日々TT授業をこなしているというのが現状です。本腰を入れて取り組めない「何か」があるのです。

　私自身が現場で直面したその「何か」には次のようなものがあります。まず日本人教師が多忙なため、十分な打ち合わせが行えないという問題です。効果的なTTを実践するためには、授業者の間での十分な打ち合わせは何より大切なことです。しかし、ALTとの打ち合わせはごく限られた時間内に済まさなければならないというのが実情です。そのため、忌憚のない意見を交換し、お互いが納得するような段階まで指導計画、準備を練り上げることができません。結果、おおざっぱで、場あたり的な計画で授業に突入せざる

をえないことが多くなってしまいます。

　また、ALT 自身が教育の専門家ではないという問題もあります。多くの ALT は母国での教育経験はなく、また、大学で言語教育についての知識を身につけたり、国際的に認可された TESOL(Teaching English to Speaking Other Languages) の資格である CELTA(Cambridge Certificate in English Language Teaching to Adults) など言語教育のための資格を取得していないことが多いのです。そのため全くの素人として生徒の前に立つことになります。ALT はいかに英語を教えるかという教授法の問題と、さらに、日本の子どもたちにどのように対応すればよいのか、あるいは日本の学校文化という彼らにとって全くの異文化の世界でいかに振舞えばよいのかという文化の違いによる問題も抱えることになります。そのため、彼らの授業中の行為が私たち日本人教師や生徒に受けいれられないという重大な事態を生み出してしまったケースもありました。

　このほか、高校入試や授業時間数といった個々の教師では解決しえない制度上の課題も TT がなかなか日々の授業実践に定着せず、十分にその利点が発揮できない要因のひとつです。

　私自身、ALT が教室にいるという学習環境を大いに活用し、生徒一人ひとりがコミュニケーション能力を身につける授業がしたい、そのために ALT が積極的に生徒と交流する場面を授業のなかにできるだけ多く創り出したいという思いをもっています。しかし、その一方で、限られた授業時間で教科書を終えなければならない、将来生徒が直面する高校入試を突破するために学力としての「英語」も定着させなければならないという現実の課題も重くのしかかってきます。理想を追い求めるのか、それとも現実を優先するのか、私は常にこのジレンマに陥っていました。

　このように私を含む多くの教師がその実践に苦慮しているにもかかわらず、現場では、ネイティブスピーカーが教室にいる TT という授業形態のもたらす利点や可能性について真剣に議論されることはほとんどありません。また、ALT の雇用など、その実施のために多額の予算が費やされているにもかかわらず、その授業形態が及ぼす学習の成果について問われることもありません。大きな効果が期待され、多くの労力が注がれているにもかかわら

ず、現場では、TTについて十分な検証がなされていないのが現状です。そこで私は、一度原点に帰り、ティーム・ティーチングという、今やすべての中学校英語教師にとって避けることのできない、「挑まざるをえない」テーマを取り上げ、再考したいと考えるようになりました。とりわけ、授業実践者として、ALTとのTTにおける「いい実践(授業)とは何か」「そのための具体的な要件は何か」という問いを追究していきたいと考えました。そこで私は、現職で大学院へすすみ、研究の世界に飛び込んだのです。

本章は、私が2006年から2年間にわたり兵庫教育大学大学院で行った研究の成果に基づいて書かれたものです。研究の問いを立てること、データ収集、分析、理論構築という私が修士論文執筆まで取り組んだひととおりの流れを紹介しながら、この研究で明らかになったことをお話していきたいと考えています。

何より私が本章で最も強調したいことは、研究の成果を伝えることとともに、この研究をとおして、私自身がさまざまな「気づき」を体験できたことです。また言語教師としてこれまでの実践を率直にふりかえり、見つめなおすこともできました。さらに「すぐれた実践」を実現するために今後どのようにTTに取り組むべきか、また日本人英語教師として教室の内外でどう振舞えばよいのかという具体的な方途も明らかになり、言語教師として新たな実践へと踏み出す上で大いに勇気づけられました。では早速お話をすすめていくことにしましょう。

2. ティーム・ティーチングというテーマ

私はこれまでの12年間、中学校現場で8人のALTと共同で授業を行ってきました。なかにはALTも私も共に満足した「いい実践」ができたと思えるケースもあれば、正直うまくいかなかったケースもありました。私がうまくいかなかったと感じたケースでは、おそらくパートナーであるALTもその授業実践に不満を抱いていたにちがいありません。共同で授業する以上、2人の授業者がその授業実践について同じような認識や評価をもつことは自然なことだからです。

では、うまくいくケースとそうでないケースの違いは一体どこから起こるのでしょうか。また、TT の成否を決定するものは何でしょうか。「今年のALT はよい(よくない)。」これは多くの日本人教師が口にするせりふです。「よい(よくない)」という判断はどのような基準でなされるのでしょうか。それは ALT の授業力によるのでしょうか。あるいは単に ALT 自身のパーソナリティや授業者間の相性の問題なのでしょうか。

東アジアの国々で行われている「ティーム・ティーチング」について造詣の深い Carless(2006)によると、すぐれた TT を支える要因には次の3点があります。

- 「教育的(pedagogical)側面」　　英語母語話者(日本の場合 ALT)の英語教育に関する知識や技術など
- 「支援的(logistical)側面」　　授業の打ち合わせの時間の確保、カリキュラムの中の TT の位置づけなど
- 「対人的(interpersonal)側面」　　共同授業者との協調性や授業観の相違への配慮など

確かに現場の経験から上記の3点が重要であることは十分に理解できます。さらに Carless はそのなかでも「対人的(interpersonal)側面」が、最も重要な要因であると結論しています。なるほど2人の授業者が同一の教室で、共同で授業をする TT では、授業者間の良好な人間関係が重要な条件であることはまちがいないでしょう。しかし、仮に Carless の主張するように良好な対人的条件に大きく授業の成否が左右されるのであれば、私たち日本人教師は、「今回の TT がうまくいかなかったのは、今年の ALT との関係がうまくいかなかったからだ」と安易に結論を出してしまうことになります。果たして Carless の主張するように TT がうまくいくかどうかは、授業者の間の良好な人間関係によって大きく左右されてしまうのでしょうか。私は、大学院での研究を始めるにあたり、まず Carless の主張を疑ってみることにしました。そして、そのために、教室で日々授業を実践する日本人英語教師と

ALT との間で TT 授業をとりまく環境に何が起こっているのか詳細に検討していくことにしました。

2.1. あるケースとの出会い

　私は研究をすすめるにあたり、アンケートなどを使用して多くの意見を無作為に集めるという手法ではなく、たとえ少数でも可能な限り現場で日々苦闘する教師たちの実践をじかに見、彼らの生の声を聞くという方法を選択しました。それは、TT に取り組む授業者の間で何が起こっているのか、またそれぞれの授業者はどのような語学教育についての理論や信念をもって日々授業実践しているのを明らかにするためには、アンケート調査のような方法ではどうしても十分に掬い取ることはできないと考えたからです。さらに多くの現場の教師が抱える悩みを共有し、具体的解決策の手がかりを見つけ出したいと考えていたからです。

　私が所属する K 市に勤務する 5 組の共同授業者が、好意的にそれぞれの教室を開放してくださいました。2007 年 1 月から週 1 時間程度それぞれの教室を訪問しました。授業はすべてビデオで録画し、あわせて授業の出来事をフィールド・ノーツ（field-notes）に書き残していきました。すべての授業の観察が終了した後、5 組の日本人教師、ALT のインタビューを行いました。

　インタビューは、私と授業者の 1 対 1 で行われました。これまで録画した授業の中から、ある授業場面を取り上げ、それぞれの授業者にその場面を見ながら自由に語ってもらうという方法を採用しました。また「英語教室に ALT が存在する意味は」、「あなたにとってよい TT とはどのようなものですか」といった授業者の言語教育についての理論や信念が引き出されるであろう質問もあわせて尋ねました。インタビューでの発言は、授業者の許可をとりすべて録音し、文字に起こし、分析のためのテクストを作りました。なお後に述べますがこのテクストをある手順に従って分析し、私はその分析結果から彼らの TT 実践に見られる現象を理論化しようと試みました。

　このような過程で、私は非常に興味深い 1 つの事例に出会いました。同じ TT の授業を実践し、授業後にそのビデオを見た日本人教師とパートナー

のALTがその実践について全く正反対の認識、評価をもっていたというケースです。日本人教師は自身のTT授業は非常にうまくいったとしてプラスの評価をしているのに対し、一方でそのパートナーであるALTは、授業のなかで自分自身の存在の必要性が全く感じられない、不満足な授業であったとマイナスの評価をしているのです。

　一緒に授業を実践する授業者の間で、なぜこのような授業についての認識、評価が180度違う結果になったのでしょうか。私はとりわけこの事例に強い関心をもち、詳細に取り上げようと考えました。この2人の授業者の間で授業をとおして起こっていることを明らかにすることで、先に述べた私自身の疑問を解明する糸口を見つけることができるのではないかと考えたからです。

　この事例の授業者は教職経験15年の中堅の男性教師（以後A教師と呼びます）と小中高のすべての校種で約10年以上という長い期間、K市で英語教育に携わってきたALTのX氏でした。A教師は、生徒の英語力を向上させるために常に新しい活動や授業方法を採り入れるなど積極的に授業改善に努力する教師でした。一方、X氏も生徒と教室内外で積極的に関わり、交流しようと努めている方でした。両者ともそれぞれが英語教育の理論や信念をもち、熱心に実践に取り組んでいると感じました。

　私は合計6回の彼らの授業を観察しました。A教師が非常に流暢な英語で「オール・イン・イングリッシュ」のスタイルで授業を進めていて、授業はもっぱらA教師の主導で行われていました。授業の大部分は教科書のリーディング活動に当てられていました。リーディング活動の合間に歌を使った活動やALTとのsmall talkが所々入っているという授業構成でした。そのような活動を記録したビデオの中から私が印象に残ったある授業場面を選び、それを見ながら両者に授業についての感想、あるいは、言語教育についての自身の理論や信念について語ってもらいました。両者のインタビューは先に述べた手順で文字化され、それをもとに日々のTTの実践を取り巻く現状、また授業についての両授業者の考えや信念について詳細に分析することにしました。

3. 質的研究法との出会い

　私は分析の手法として質的研究方法の1つであるグラウンデッド・セオリー・アプローチ(GTA)を採用しました。それはGTAという研究手法が、私がこの研究で扱おうとしている個々の授業者の感情や思考のプロセスといった複雑に入り組むものでも十分にすくいとることができると考えたからです。その手続きは紙面の関係上詳細に述べることはできませんが、以下簡潔におおまかなGTAによる分析の流れのみ紹介していきます。

① オープン・コーディング
　まず文字化されたデータを細かく切片化(1文もしくは複数の文の塊に分ける)し、それぞれを前後の文脈から切りはなし、データの脱文脈化を図ります。次に、1つひとつの切片部分にプロパティとディメンションという観点から簡潔な名前(ラベル)をつけます。さらに似たラベルどうしをまとめ、上位の概念であるカテゴリーをつくり、各カテゴリーにも名前をつけます。この一連の作業を「オープン・コーディング」と呼びます。

② アクシャル・コーディング
　その後、「アクシャル・コーディング」と呼ばれる作業で、1つのカテゴリーと複数のサブカテゴリーを関係づけて現象をあらわします。サブカテゴリーは現象について、いつ、どこで、どんなふうに、なぜなどを説明するものです。

③ セレクティブ・コーディング
　最後に行われるのが、「セレクティブ・コーディング」です。アクシャル・コーディングでつくった現象を集めて、カテゴリー同士を関係づけていきます。そしてその結果から、より抽象度の高い現象を説明する理論となります。

　カテゴリーや概念の間にあらわれた関係はダイアグラム(相関図)やストーリーラインという方法で表示されます。

正直なところ、GTAを使った分析の過程は気の遠くなる作業の連続でした。指導教員や同じゼミに所属する院生と何度もカンファレンスがもたれ、コーディングが適切に行われているのか、私の主観的な解釈が克服されているかが検討されました。分析をしている際中は、教室の文脈の中に埋め込まれている出来事を脱文脈化することへの疑問、葛藤が常にあり、なかなか前に進まず苦慮することの連続でした。しかし、同時に私はGTAの一連の分析作業にとても興味をもち、心底から研究の「楽しさ」を実感できたのも事実です。ある著書に、「研究ではわくわくすることが大事、自分がおもしろいと思えない研究はがんばれない」（西條2007: 64）とありました。本当にその通りだと実感しました。コーディングの過程で次々と浮かび上がるキーワード。その個々のキーワードが整理され1つにつながる。頭の中で漠然としていた、あるいは意識すらすることのなかったことが言語化され、1つの概念として明らかになってくる。そして、追い求める課題に対しての解決の糸口が徐々に見えはじめる。まさしくわくわく、胸の高鳴る体験をしました。このような経験はおそらく現場での実践のなかでは、なかなか味わえないことです。大学院での研究だからこそ可能だったと言えるでしょう。

　さて、これからGTAをもとに分析したA教師のインタビューを、相関図といっしょに紹介します。分析の結果から、次の3つの中心となるカテゴリーといくつかのサブカテゴリーが明らかになりました。

・中心となるカテゴリー
　　(1) A教師の授業を通して達成したい目標
　　(2) A教師の考える理想的なTTのあり方
　　(3) ALTとの打ち合わせがほとんどなくてもうまくいく現状

まずA教師はインタビューの中で次のように述べています。

　　(生徒が)自分たちの力を使って、こうそういったね、<u>自然というか</u>、まあ話が続いたり、質問がこうさらっとできたりとか、そういうところが、できたらいいなあと思うんですけどね。

やっぱり(生徒が)自分から、必要なことをこう言えるようになってほしい。まあ表現、言えるだけじゃなくて表現できるようになってほしい。はい。やっぱり将来的に役に立ててほしいなあと思うんですよ。その知識だけじゃなしに、将来的になんかこう役立ててもらえるように、実践的というか、役に立つことを教えたいなと思うんです。

(下線は筆者)

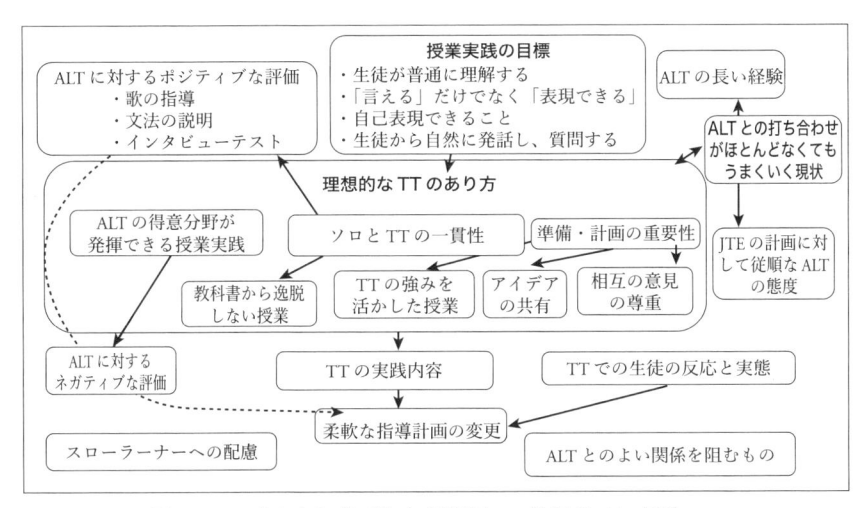

図1　GTAをもとに作成した相関図―A教師のインタビュー

　A教師は、これまで自身が行ってきた教科書を順にこなしていく知識伝達中心の授業から、生徒が「自然に発話する、自己表現ができる、また学校で学んだことが将来実際の場面で使うことができる」ようになる授業へ変えていきたいという強い願いをもっています。そして、これらの目標を実現するためには生徒がより「英語を使わざるをえない」環境を教室に作り出すことのできるTTという授業形態の方が達成しやすいと主張しています。

　また、ティーム・ティーチングがうまく機能する条件として、日本人教師のソロ授業とTTが一貫していることをあげています。例えば、日本人教師のソロ授業で教科書を重視した授業を行う場合、TTでも教科書の内容から逸脱しない指導を行うという配慮です。このような信念からA教師は自身のソロ授業でもTTでも一貫して教科書に基づく授業を実践しています。

さらにTTでは、計画・準備を重視し、「ティーム・ティーチングの強みを活かした授業づくり」、「ALTとの授業アイデアの共有」、「お互いの意見を尊重」を意識して計画・準備するべきであると考えています。しかし、現実のX氏との実践はこのような理念とかけ離れたものになっています。

> 一応ね。基本的には（打ち合わせ時間を）週に1回1時間とっているんですけど、だんだんもう初めのうちは、1時間その時間に打ち合わせしようとしてましたが、だんだんお互いに、「この人、こんなん」、「僕のやり方、こんなん」とわかってくると、<u>もうだんだんその打ち合わせもなくなってきて、今日こんなんしたいけど、こんなんするからね。こういうふうにしてねって言うたら、(ALTが)わかった、わかったって。</u>
>
> （打ち合わせなしに授業がうまくいった理由として）まずひとつには、やっぱり彼がそのALTの経験は、長くて、そのなんて言うんですかね、<u>僕のその、スタイルをやっぱりある程度、早い時間にまあ一慣れてくれたということですね。</u>そんなに長々と打ち合わせせんでも、ある程度できるようになったということ。
>
> （下線は筆者）

A教師は理想的なTTのあり方として、授業の計画、準備の重要性を認識しているにもかかわらず、現実には十分な事前の打ち合わせがなくても、X氏とのTT授業は<u>うまくいった</u>という認識をもっています。その理由として、A教師は、パートナーのALT自身の経験が長く、その場ですぐに理解し対応できたこと、また、ALTがあまり授業アイデアを自分から積極的に主張することがなかったことをあげています。

一方、ALTのX氏はA教師とのTTをどのように認識し、評価しているのでしょうか。X氏のインタビュー分析から次の2つの中心となるカテゴリーが明らかになりました。

・中心となるカテゴリー

(1) X 氏のもつ ALT としての英語学習・教授観
(2) 現在のティーム・ティーチング実践を取り巻く現状

X 氏は、次のように語っています。

> As I said in my yearly interview [with the local board of education], that my job is to make myself redundant. Ah I believe that <u>we are there to help JTEs improve their English</u> and the use of English they're not confident enough to use themselves. Ah, so that's a theoretical point; that's <u>helping improve kids' English by exposing them to more English</u>.

（下線は筆者）

　上記のインタビューから明らかなように、ALT の役割は日本人教師と生徒の英語スキルの向上を援助することだと X 氏は考えています。そして ALT が自身の役割を授業場面で十分に発揮するためには、ネイティブスピーカーの英語に触れる機会ができるだけ多くなるように授業が組み立てられなければならないと考えています。また、インタビューの別の部分では、TT を成功させるためには、とりわけ日本人教師の役割が重要であるとし、日本人教師は自身のソロ授業でも積極的に英語を使用して授業をするべきである、また TT で行う活動は日本人教師のソロの授業でも取り上げられてはじめて効果があると語っています。A 教師は英語の運用能力も高く、授業の大部分を英語のみで行っています。その意味から A 教師は X 氏の理念により近いスタイルで授業実践していたと考えられます。

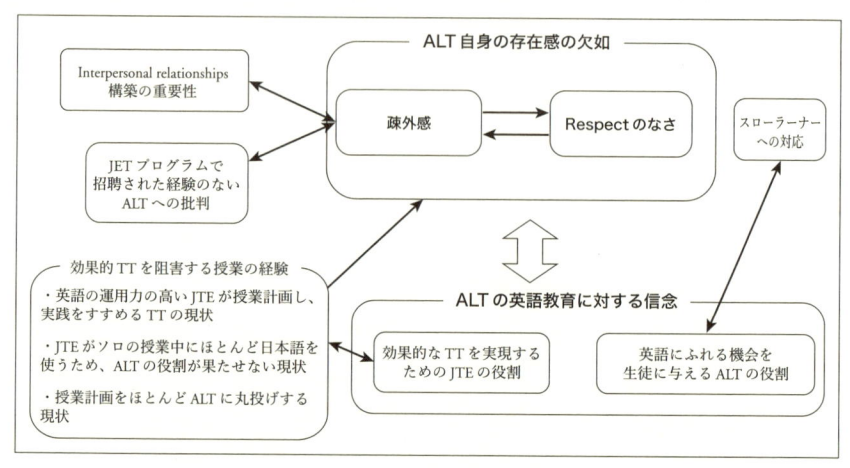

図2 GTAをもとに作成した相関図―X氏のインタビュー

しかし、A教師とのTTの現状について、X氏から意外な思いが出てきました。

> He (Mr. A) would say, "Oh can you do this now ?" [I would say] " Oh, ok." I usually find out what's going on same time as students do, unless [I can just tell because it is the] second, third, fourth and fifth time we do the same lessons.
>
> Well I mean, in his (Mr.A) case he doesn't need me, totally waste of K City's money, working with this guy, because I can make no contribution to him, I think.

（下線は筆者）

　実際の授業でX氏はA教師から「これ、やってもらえますか」と依頼されたことをただ行っているというのです。インタビューで語られているように授業者であるにもかかわらず、X氏自身も生徒と同じように教室に行くまでその授業で何をするのかわからない状態だと言います。X氏はこのような自らが授業の計画準備に関与できない、打ち合わせがほとんど行われない、

また、ALT として果たすべき理念的な役割が十分に果たせないという現状に対し強い憤りと不満をあらわしています。

> Because I can understand that, ah over the years that I've noticed that I've been treated less and less seriously as years passed.

　このような不本意な状況のなかで、X 氏は教室において ALT として自己の存在感が感じられない、疎外されている、また自分に対して A 教師から敬意がまったく払われていないなど否定的な感情をもつようになっています。
　ここで前述した A 教師と X 氏の間での授業実践についての認識のズレが明らかになってきます。1 つのティーム・ティーチングという現象について日本人教師と ALT の 2 者がそれぞれの視点で授業を見たとき、同一の授業に参加した当事者であるにもかかわらず、双方の授業についての認識、評価に著しい違いが起こっています(図 2 を参照)。A 氏は打ち合わせが十分なくても授業はうまくいったと感じているのに対し、一方で ALT は A 氏が一人で授業を計画しすすめるため、自身の存在理由が見出せないと不満を訴えています。

4. 研究の問いを立てる

　では、いったいなぜ両者の間にこのような大きな違いが生じたのでしょうか。また、日本人教師も ALT も共に「いい実践」と認識するために、このような不一致をより「調和」の方向へと変えていくにはどうすればよいのでしょうか。私は研究の問いをこの 2 点に絞り、さらに分析を進めていくことにしました。
　グラウンデッド・セオリー・アプローチでは、未解明な部分を補うために、その部分を補ってくれるだろうと予想される対象から恣意的にデータを収集するという手続きがあります。これは理論的サンプリングとよばれるものです。グラウンデッド・セオリーでは「理論的な飽和状態」といういわば

理論的にほぼ完成の状態になるまで、このようにデータ収集と分析を相互に繰り返して行います。

　私の場合、「理論的飽和状態」にたどり着くことはできないにしても、この両者の認識に見られる「大きな溝」を埋める実践をしているであろうと予想される授業者の事例を理論的サンプリングとして見つける必要があったわけです。そこで、別の学校で、比較的長い教職経験をもちティーム・ティーチングに精力的に取り組んでいるB教師と、そのパートナーであるALTのY氏（ともに女性）の実践を観察、分析し、2人の授業者へのインタビューを行い、そのデータを理論的サンプリングとして採用することにしました。

　B教諭は、M市の中学校で27年間英語教師として勤務しており、これまで生徒のコミュニケーション能力を育てるために積極的に日々の授業実践を続けてこられました。とりわけ、ティーム・ティーチングに関心をもち、ALTの特性が発揮できるような授業づくりに熱心に取り組んでこられました。一方、B教諭とTTを行うALTのY氏はJETプログラムによって招聘され、M市の中学校現場でおおよそ3年間英語教育に携わっていました。

　私は、2007年3月、両授業者によって中学3年生を対象に行われたのべ5時間のティーム・ティーチング授業を観察しました。この5時間の授業では、「小学校で英語をはじめるべきかどうか」などのトピックが与えられた後、生徒が「賛成」「反対」の2つのグループに分かれ、お互いに簡単な英語で意見を述べあうディベート形式の言語活動が行われていました。授業はディベートの司会者を務めるALTのY氏の主導で行われていました。B教師は個々の生徒がうまく英語で発言できるように援助する、また時にはY氏がスムーズにディベート活動の運営が行えるように適切な助言をするなど、専ら陰で授業を支えている様に感じられました。授業終了後、先の事例と同様、B教師、Y氏に授業実践への思いやそれぞれの英語教育についての理論や信念についてたずねました。両授業者のインタビューから得られたデータは、先のケースでも採用した同じ手続きで分析しました。B教師のインタビューからは4つの中心的なカテゴリーが明らかになりました。

　（1）　B教師の英語教育を通して育てたい生徒像

(2) TT が創り出す授業での「参加構造」の変容
(3) B 教師の TT における日本人教師と ALT の役割
(4) ポジティブな文化的衝突の解消

B 教師は次のように述べています。

> なんかね。英語を話してコミュニケーションとるというのは、ほんとに泳いで向こうの、太平洋の向こう側に泳ぎ着くようなところがあると思うんですね。コミュニケーションってそれぐらい難しいんですね。そのときに飛び石のようにね。あのこう浅瀬を、あの一出ている岩をね、ぴょん、ぴょん飛びながら渡って行っても向こうにたどりつけますよね。それにしっかり大きな橋をかけても、向こうに行くことは出来るんですが、大きな橋を建設しよう、それは、それは完全なコミュニケーション能力をもって、向こうと対話することなんですけどね。それはなかなかできないですよね。でも飛び石づたいにでも、向こう側にたどり着くというのは、やっぱりできることやと思うんですね。とりあえずは、飛び石づたいにでもコミュニケーションできる、向こうにたどり着くということを、生徒にわかってほしいんですね。
>
> あと、その飛び石では危険ですので、それをもっとその、大きな岩にするとか、太い橋にするとか、ということは、生徒が、あと、まあ 5 年なり、10 年かけて、実現していったらいいと思うんですね。でもとりあえず、たとえ中学生であっても、飛び石づたいでも、対岸におもいきってジャンプするぐらいね、ジャンプしたらコミュニケーションできるということをね、やっぱり教えてやりたいですね。」

(下線は筆者)

まず注目すべきは、B 教諭の授業実践は、「**育てたい生徒像**」、すなわち英語教育をとおしてどのような生徒を育てたいかという明確なビジョンから出発していることです。具体的には、次の 3 つの目標があげられています。

(1) 「飛び石づたい」(たとえ英語が完璧でなくとも)でもコミュニケーションしようとする生徒。
(2) 生涯にわたって異文化とのコミュニケーション続けていこうとする生徒。
(3) 「努力することで」英語が話せるようになることを実感できる生徒。

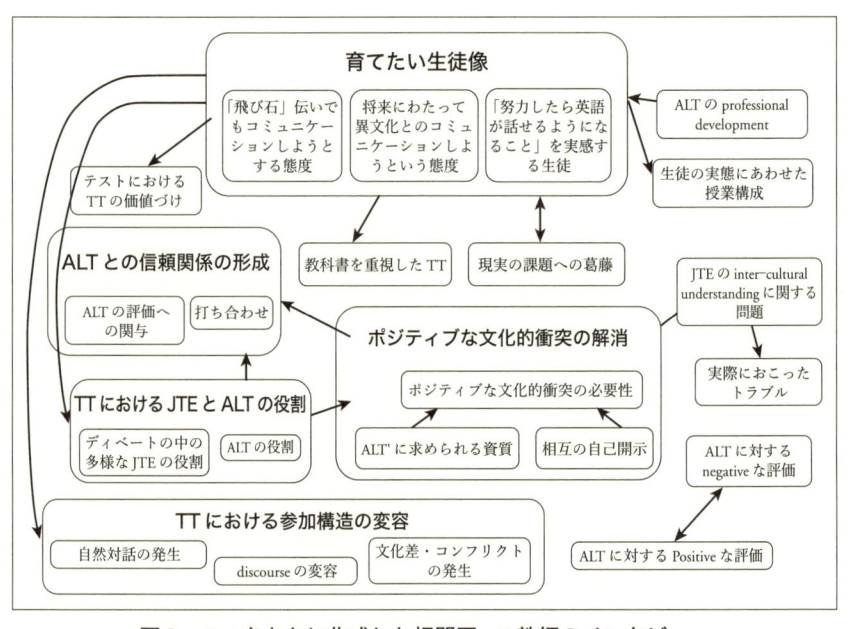

図3　GTAをもとに作成した相関図―B教師のインタビュー

　これらの生徒を育てるという目標は本来B教師の英語授業全体をとおして達成されるものですが、とりわけネイティブスピーカーが存在することで、多様な可能性が創出されるTTのほうがより効果的に達成できるとB教師は言います。
　B教師によると、TTでは日本人教師、ALT、生徒の3者の自然な対話が可能になります。ふだん教室で見られる対話の多くは日本人教師(教える人)と生徒(教わる人)の間でなされる、決まった型でのやりとりになりがちです。しかし、TTでは教師も生徒もそれぞれが一人の「対話者」として参加

することができます。教室でよく見られる固定したディスコース、すなわち「参加の構造」に劇的な変化が起こります。私がある教室を訪問したとき、「ティーム・ティーチングのとき、○○先生が変わるねん」と表現した男子生徒がいました。彼によると、普段の授業では日本人教師は「これを覚えなさい」と厳しく要求する「怖い」存在ですが、ALTとの授業では「理解できているか」と常に声をかけてくれ、英語での発話を援助してくれる「やさしい」存在になるというのです。この生徒の話はまさしく教室でのディスコースが変化していることを物語っているといえるでしょう。

　また、異なる文化的背景をもつALTの存在は文化間の違いや衝突を生徒がじかに体験できるという利点があることも強調されています。「怒る」という行為1つとっても、どのようなことに対して、またいかに怒るかということは文化によって大きな違いがあります。例えば、教科書の題材で、盲導犬の話が出てきたとき、「盲導犬の入店を拒否した店」という話題が出てきたのですが、そのことに対して烈火のごとく怒ったALTの姿と、それを目の当たりに体験した生徒たちの率直な感想をB教師は紹介してくれました。

　さらにこのほかにもB教師の英語教育の実践を特徴づけるユニークな視点があります。

> ティーム・ティーチングを始めて、一番感じたのは<u>日々これ文化の衝突</u>なんですね。あの価値観の衝突、文化の衝突、ALTとJTEとの間で起こしてるわけですね。でも実はそれは、<u>悪いことではなくて、それはよいこと、必要なことなんですね。語学教師として。</u>
>
> 　　　　　　　　　　　　　　　　　　　　　（下線は筆者）

　ALTの存在は授業の内外を問わず、必然的に文化間の衝突を引き起こすものだというのです。そして、これらの衝突は避けるべきことではなく、<u>言語教師にとって望ましいことであり、むしろ欠かすことができない</u>と考えています。それは先に述べたようにB教師の授業実践の中心が常に「生徒」であることと密接に関係しています。私たち日本人英語教師は日々の授業で

生徒に異文化の中でコミュニケーションすることを教えています。そのためには教える教師自らが異文化間の衝突に遭遇し、それらを克服したという経験を身につけておくことが望ましく、また不可欠であると考えているのです。

　また、B 教師は、TT の中で、日本人教師、ALT がそれぞれのどのような役割を担うかは TT を成功に導く重要なカギになると考えています。B 教師の実践では、「育てたい生徒像」という目標が明確ですから、その目標達成のためにそれぞれの教師は授業場面で何をすればよいのか、授業での個々の役割が明確になってきます。

　B 教師はインタビューのなかで、TT でおこなったディベート活動では、日本人教師が担うべき役割は非常に多いと語っています。私は、彼女のインタビューから次の 8 つの具体的な役割を確認することができました。

1　授業全体をまとめる **coordinator** としての役割
2　授業で ALT の活動をモニターする **supervisor** としての役割
3　ALT の指導を支援する **ALT supporter** としての役割
4　生徒の活動の支援をする **student supporter** としての役割
5　生徒の発言を板書する **notetaker** としての役割
6　生徒の活動を観察する観察者 **observer** としての役割
7　授業中の生徒の規律を正す **disciplinarian** としての役割
8　生徒の活動を評価する **evaluator** としての役割

　これらの役割の多くは、他の英語教師によるティーム・ティーチングの実践にも見られるかもしれません。しかし、これらの役割以外に、さらに B 教師の実践を特徴づける「日本人教師の役割」を発見することができたのです。B 教師は次のように語っています。

　　ALT はほんと育てないとだめで。あのまず来たときには、ていねいに授業のやりかたも教えないといけません。

やっぱり授業でしてはいけない部分は、あの、こうしてほしいということは、この方法ではなく、<u>こういう方法でやってくれと代案を示してちゃんと伝えないとだめですね。</u>

(日頃から ALT に日本人教師のソロ授業を見るように薦めていることは)<u>自分の相棒である JTE が授業で何を子どもに身につけさせようとしているのか学ぶこともできますね。</u>

(下線は筆者)

さらに B 教師自身が作成した『ALT の勤務について』という私的な「同意書」について紹介したいと思います。これは B 教師がこれまで多くの ALT と関わってきた自身の経験から考案したものです。ALT が、学校で、また授業のなかでどのように振舞えばよいのか詳細に書かれています。新しい ALT が赴任したときに、学校長が立ち合い、これをひとつひとつ読み上げて確認していくのです。以下にその「同意書」から抜粋したものをいくつか紹介します。

・生徒に「外国語として英語を教える」<u>教師としての</u>力量を高め努力すること。
・JTE の打ち合わせ内容についてはノートにメモをとり、不明な点は質問し、打ち合わせ内容にそって準備すること。
・JTE は忙しいので、打ち合わせで決めたことを守り、約束したときまでに仕事を済ませること。

これらのインタビューでの語りや同意書の内容から明らかなように、B 教師の実践には ALT を教師として育てるという「ALT educator」としての役割が見られるのです。ティーム・ティーチングでの日本人教師と ALT の位置関係は、どちらが主でどちらがアシスタントという次元ではなく、双方が一同僚教師として、両者が英語教育で目指す目標を共有し、その目標達成のために協働で授業していく、いわば同等の関係である、いや同等の関係にし

ていきたいとB教師は考えていることがわかります。先に紹介した「同意書」の内容は、確かに一部権威的で、ALTにとって要求度が高いという印象を与えるかもしれません。しかし、ALTを単に日本人教師の補助としてのみ使うだけであれば、あるいは、「お好きなように」とALTに丸投げするのであれば、このような両者にとって厳しい取り決めは必要でないと思われます。あえてこのような厳しさを両者に課してでもティーム・ティーチングに臨もうとする姿勢から、英語教育においての責任を日本人教師と共有し、共に実践する「同僚教師」としてのALTを育てたいというB教師の熱い信念が感じとられるのです。

さらに、この「ALT educator」という役割を支える前提となるような、あらたな日本人教師の役割も見えてきました。

> 日本人は議論するということは、意見の相違みたいなところがあるんですが、ALTとの場合は、議論はしていいんですね。意見の相違があってよくて、で、意見は違うんだけれども、じゃあここでこういうふうに一致してやるということに落ちつけば、それで解決するわけですよね。やっぱりその議論するということを避けてはいけない。
>
> （下線は筆者）

この発言から、B教師がALTと議論(コミュニケーション)することの重要性に気づいていることがわかります。議論を避けたがるという日本人の文化的な傾向性を認めつつも、それでも日本人教師はもっとALTと議論しなければいけないと語っています。もっともそのように主張するB教師自身が教室内外を問わず、常にALTと議論する場をもつように心がけています。「議論(コミュニケーション)」の重要性に気づき認識しているだけでなく、自らも積極的に「議論(コミュニケーション)」を実践しているのです。ここでさらに重要な役割—「コミュニケーションを実践するcommunicator」としての役割が見えてくるのです。

そして、これらの「ALTを育てるALT educator」、「自らコミュニケーションを実践するcommunicator」としての役割こそが、B教師のTTを特徴

づけ、他の日本人教師による実践との差異を明確にする点なのです。また、この2つの役割こそ、学校現場において、他教科の教師では代えがたい、英語教師のみが担える重要な役割なのです。

　さて、これらの2つの役割が特徴的なB教師の実践は、パートナーであるALT、Y氏にどのような影響を与えていたのでしょうか。Y氏へのインタビューから明らかになったY氏の信念・理論についての相関図を参照しながら、検証していくことにしましょう。

　Y氏のインタビューからは次の3つの中心的なカテゴリーが明確になってきました。

　　（1）　打ち合わせを通した協働性の構築
　　（2）　同僚としてコミュニケーションすることの重要性
　　（3）　ALTのco-teacherとしての教育実践への参加

　Y氏は当初、授業について十分なスキルや個人的な経験がないため、とまどいを感じていました。しかし、相関図からも明らかなように、B教師とのティーム・ティーチング実践をとおし、しだいにY氏が「教師として」成長していく過程が見られます。

　まずB教師とのTTの大きな特徴のひとつに『**打ち合わせを通した協働性の構築**』があります。授業案の作成では、どちらか一方のアイデアが押し付けられることはなく、必ずひとつのアイデアについてB教師、Y氏両者の意見が求められ、ともに授業案を練り上げるというプロセスが重視されています。また、それぞれの特性が十分に発揮できるように、授業場面での役割分担が設定されています。

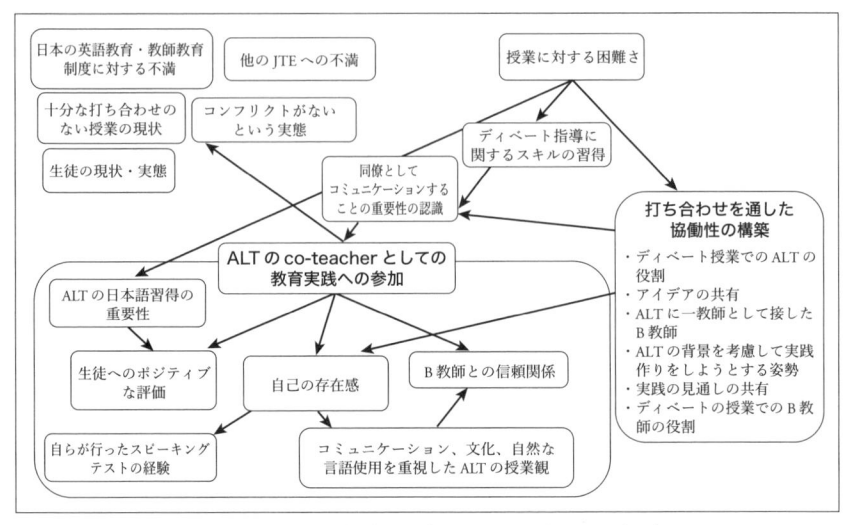

図4　GTAをもとに作成した相関図―Y氏のインタビュー

　Y氏はインタビューで、授業の前日に「何かいいアイデアはない？」と突然依頼してくる他の日本人教師を批判しながら、B教師との打ち合わせでは、通常の授業では少なくとも1週間前に、ディベートの授業では2ヶ月以上も前から授業の計画が出され、協働して準備にあたったいきさつについて語ってくれました。ここで注目すべき点はB教師との打ち合わせはその場その場の場当たり的な対応ではなく、<u>実践の見通しが計画的に共有されていた</u>ということです。もちろんB教師も他の日本人教師同様、多忙な毎日を送っています。しかし、これは前述した、B教師がALTのY氏を授業の責任も共有する同僚教師として遇していこうという信念から出てくる行為だと言えます。ただ補助としてALTを使うのであれば、授業の見通しを共有するという視点は生まれてきません。多忙の中でもあえて、議論の時間を設けていこうというB教師の確固たる信念がここにも見えてくるのです。さらにY氏は次のように述べています。

> Another good thing about Ms. B is, she always asked me for, well, she asked me to use my background, because I'm from England. So [she asks,] "what do you do in England?"

But always in the lessons, too, talking about English, she would ask me, "Do you say this in England? Is this an American word, [or] is this an English word? [Is this] British English?" So she was very good at asking me about my culture to get the students interested.

　B教師は常にY氏のイギリス人としての文化的背景やこれまでのY氏自身の経験を積極的に授業に取り入れています。例えば、教科書を扱う場合、本文の内容について「あなたの国ではどうなのですか、同じような経験があるのですか」「イギリス英語でもこのように言うのですか」と、常にY氏の文化的背景を意識した問いが授業の中でなされているのです。
　このようなB教師の態度は、Y氏が教室において自身の存在が生徒の学びに大いに貢献していると自身の存在を肯定的に捉えることができている要因であると考えられます。
　また、Y氏の実践には、B教師をはじめ、他のALTなど他者との関わりを通して学ぶという場面も多くあります。例えば、Y氏はディベートについて自身でやった経験がなく、ましてや指導のトレーニングは受けていませんでした。しかし、Y氏は、B教師からはもちろんのこと、仲間のALTにディベート授業の指導方法についてたずねるなど、積極的に他者と関わり、授業スキルの習得に取り組んでいたのです。
　「B教師とのきめ細かな打ち合わせ」、あるいは「同僚のALTとの学び」。これらに共通して言えることは、他者との「関わり」、すなわち「コミュニケーション」が基盤になっているという点です。同僚として、同じ教師の仲間として成長するためには、コミュニケーションすることが重要であることをY氏自身も自覚しているのです。そして、そのことこそが、Y氏が英語教室において、一語学教師として、教育実践の場へ参加することを可能にしていると言えるのです。つまり、授業を取り巻くあらゆる場面で、「他者とのコミュニケーション」という行為が媒介となってY氏が「教師として」成長していったと言えるのです。
　Y氏が教室で周辺(peripheral)の位置にとどまるのではなく、十全な参加へと移行し、B教師の同僚教師(co-teacher)として成長していった結果、

「自分が授業で役立っている」、「より多くの貢献ができている」、「経験を重ねることによってより自信がついてきた」という実感をもつようになったのです。教室での自己の存在感の高まりは、同時に、B教師に対する尊敬の念の深まりにもつながり、信頼関係もより強固なものになったと感じるようになります。

さらには、ディベートの準備をしてきた生徒を「ほめる」など授業場面での「生徒」を意識する視点も芽生えてきました。インタビューでは、「(最近、B教師が一人で行ったスピーキングテストでは)生徒の成績の一部になるため自分の評価がとても重要である」と述べている箇所がありますが、一人の教師として生徒の評価に対する責任感も生まれています。また、プロの言語教師として「コミュニケーション」「文化」「自然な言語使用」という3つの点を重視する自身の理念的な授業理論、信念を形成するに至っています。

さて、これまで述べてきたようなY氏の教師としての成長は、どの教師とのティーム・ティーチングでも共通に見られることではありません。B教師以外のほとんど打ち合わせをしない、授業アイデアをY氏に丸投げする同じ学校の他の日本人教師との間では、このような成長の軌跡は見えません。それどころか、そのようなやり方に対してY氏は大きな不満や憤りを見せています。彼女の教師としての成長は明らかにB教師との実践という「関係性」のなかでのみ可能だったと言えます。

5. 正統的周辺参加(LPP)

さて、前述のTTのケースではB教諭がY氏を育て、Y氏が教師としての成長していく過程が見えたのですが、その軌跡を理論的に整理してみたいと思います。ここでは、レイブとウェンガーが提唱する正統的周辺参加(Legitimate Peripheral participation, LPP)の概念を用いて詳細に説明してみたいと思います。正統的周辺参加とは、「新参者が実践共同体(community of practice)の一部に加わっていくプロセス」(レイブ・ウェンガー, 1993: 2)のことです。LPPでは「学習者は否応なく実践者の共同体に参

加するものであり、また知識や技能の習得には、新参者が共同体の社会文化的実践の十全参加(full participation)へと移行していくことが必要」(レイブ・ウェンガー, 1993: 1)であると述べられています。レイブとウェンガーによると、知識や技術の習得などの「学習」は実践共同体への「参加」を意味するのです。またウェンガーは実践共同体への参加の状態を次の4つのカテゴリーに分類しています。

① full participation (insider)
② non-full participation (outsider)
③ peripherality (full participation に移行するか peripheral な状態のままのどちらかの可能性がある)
④ marginality (参加が制約をうけ、non-member になるか marginal な状態のままになる可能性がある)

(Wenger, 1998; 167)

Y氏は当初、授業についての十分な知識や技術がないため、ほとんど自身の授業に自信がもてない状態でした。その意味ではこの時点における彼女の経験は英語の教室という実践共同体では周辺的(peripheral)な状態だったと言えます。しかし、B教師とのTTの実践では次第に重要な役割を担うようになり、自身の授業実践にも責任をもつ一教師として成長していきます。まさしくB教師との実践によってY氏は英語教室というコミュニティで、十全参加(full participation)の状態に移行したと考えられるのです。また、レイブとウェンガーが、「周辺的参加というのは、社会的世界に位置づけられていることを示すことばである。変わりつづける参加の位置と見方こそが、行為者の学習の軌道であり、発達するアイデンティティであり、また成員性の形態である」(レイブ・ウェンガー, 1993: 10-11)と述べるように、Y氏は、B教師との「社会的関係性」のなかで、教師として成長していったのです。その結果、教室における自身の存在感が感じられるなどY氏のアイデンティティにも大きな変化が見られたのです。

正統的周辺参加の概念では、他者との「関係性」は学習の重要な構成要素

であると考えられています。佐伯(1996)は「人はその人だけで一人前になっているわけでなく、他の人との関係性のなかで一人前になっているのです」(26-27)と述べています。Y氏は、まさしくB教師との「関係性」のなかで一人前の教師となっていったのです。ではこの関係性はどのように構築されたのでしょうか。先に紹介した両者の相関図が示すようにY氏は他の同僚教師―とりわけB教師とコミュニケーションすることの重要性に気づいています。一方、B教師も日本人教師のcommunicatorとしての役割を重視し、実践していました。両者はともに生徒とのみならず、同僚同士のコミュニケーションの重要性を認識していたわけです。B教師、Y氏の間の「関係性」はまさに両者の間のコミュニケーションによって構築されたと言えるのです。

　このことは、冒頭で取り上げたA教師とX氏の間で授業についての認識・評価に見られた大きな違いについても説明することができます。A教師自身がコミュニケーションの重要性に十分に気づいていたとは考えにくく、また、ALTを育てるという役割も十分に意識していなかったのでなないかと思われます。一方、X氏自身はおそらく授業についての認識で、両者に大きな違いがあることに気づいていたと思われます。しかし両者はあえてこの問題についてふれず、議論を避けてきたと言えます。その結果、A教師はX氏との間には衝突がなかったと捉え、X氏とのTTの実践はうまくいき、満足したと述べているのです。ところが、X氏は授業の計画に参加できないなど、A教師との授業実践に不満を感じ、教室では、「自分がいる必要性を感じない」と疎外感を感じているのです。すなわち、LPPの概念で言うと、英語教室というコミュニティでは、A教師とX氏の間には、X氏を十全な参加状態に移行させる「関係性」が十分に構築されていなかった。そのためX氏の参加は周縁的、あるいは、阻害された状態のままであり、教室での存在感をもてないなど「教師としての」アイデンティティの更新に至っていないと見ることができるのです。

　この一連の分析は、私たち現場教師にティーム・ティーチングを行ううえで考えるべき重要な課題を提起しています。これまで授業場面で見られる、日本人教師とALTの間のさまざまな問題は、専ら教師としての経験やトレ

ーニングが十分にない ALT が日本の学校現場にうまく適応できない、あるいは文化的に異なる教室において自身の居場所を見つけることができないからだと考えられてきました。いわば、うまくいかなかった原因を ALT に求めていたのです。前述した「今年の ALT はよかった(よくなかった)」という発言は、実は、このような日本人教師の意識から出てきたのではないでしょうか。

　しかし、これまで述べてきたことから明らかなように、最も重要なことは、日本人教師自身が communicator としての役割に気づき、ALT の教室での十全な参加を援助するような「関係性」を構築しようと努力しているかどうかであると言えます。なぜなら、英語授業全般に責任をもつのは日本人教師だからです。日本人教師の側にこのような役割意識が芽生えてはじめて、日本人教師も ALT も共に満足するようなティーム・ティーチングの実践が可能になるのではないでしょうか。

6.　Convenient ALT と Good ALT

　さて、私は B 教師とのインタビューのなかで "convenient ALT" と "good ALT" という言葉に出会いました。これらは B 教師がこれまでの経験から作り出した言葉ですが、B 教師によると "convenient ALT" とは、たとえ異なった意見や不満をもっていても、ひたすら沈黙し、日本人教師に言われるとおりにする ALT のことで、日本人教師にとって convenient な(使いやすい)ALT という意味です。一方 "good ALT" は感情や意見、パーソナリティを日本人教師と共有しようとする ALT です。"good ALT" は決して議論を避けず、日本人教師と意見を共有しようとする存在なのです。そして ALT が "convenient ALT" になるのも "good ALT" になるのも、パートナーである日本人教師次第であるというのです。日本人教師が、文化的な衝突を認めようとせずに、議論をさけるならば ALT は日本人教師にとって "convenient ALT" になるが、文化的な衝突を必然とし、それらに向かい合い、ALT と積極的に議論しようとするならば "good ALT" となるのです。要するに、自分のパートナーである ALT が自身にとって "convenient

ALT" になるかそれとも "good ALT" になるかは、日本人教師がティーム・ティーチングについてどのように考えるのか、日本人教師のもつ意識が大きく影響します。私はB教師とのインタビューのなかで、この2つの表現を聞いて、はっとしました。

　このことは冒頭にとりあげたCarlessの主張に足りないと私が感じた部分を十分に補ってくれるものと考えられます。すぐれたTTの実践のために必要なものは、Carlessの主張する良好な人間関係という「結果」としての状態ではなく、両者の間にあるコンフリクトをポジティブに捉え、コミュニケーションを通してこれらの衝突を積極的に解決しようとするダイナミックな対人関係の構築というプロセスにあると言えるのです。また、私たち日本人教師がALTを「正統的な参加者(legitimate participant)」であると認識し、英語の教室という「実践のコミュニティ」に積極的に招待するなら、日本人教師もALTもともに学びあい、「同僚教師として」ともに成長できるとも考えられます。そのことこそ冒頭で提示した、この研究の問いへの答えであり、日本人教師もALTもともに満足できる「すぐれた実践」を可能にする第1歩であると断言できるのです。

　この研究で明らかになったことを基に、私自身のこれまでの実践をふりかえると、複雑な心境になります。私自身、このような日本人教師の役割やTTに臨む上での心構えについて全く意識することなしに、多くのALTと接してきたからです。教科書の進度が遅いからという理由で、TTを突然キャンセルしたり、「あなたの好きなようにやって」とALTに丸投げする、傍観者のような態度をとったり、私自身まさにALTを"Convenient"に使ってきたのです。正直恥ずかしい気持ちでいっぱいであり、またこれまでのパートナーであったALTに対して申し訳ない気持ちになりました。その意味から、この研究を通してこれまでの私自身のTTの実践と正対することはとてもつらいことでした。しかし同時に、「うれしく、わくわく」する気持ちにもなるのです。それは、私自身が長年、実践のなかで持ち続けた疑問を解決する糸口が見つかったからです。ALTを育てるという日本人教師の意識。言語教師として文化的なコンフリクトを乗り越える体験。コミュニケーションを通して、日本人教師もALTも共に成長できる「関係性」の構築。

今後、いかにTTに取り組むべきかという具体的な方途が「ことば」で明らかになったのです。その意味では、解決策は「頭」では十分に認識し、理解できたと言えます。しかし、私は、この研究を通して、学んだ多くの知見を、いまだ現実の教室で実践していません。今度は私自身が、研究を通して、わかったことを自らの「教室」で実践していく番であると考えています。「頭」だけでなく「腹」の底からの手ごたえを実感するためです。大学院での学びと現場での実践が互いに行き交うことで、私が研究をとおして構築した理論がより強固なものとなり、より説得力のあるものになっていくと思います。これからの日々の実践を、理論をもとに振り返り、また時には、理論から出発して、実践をつくっていくことが可能になると思います。

　これからも毎年新しいALTとの出会いがあります。しかし、私にはこれまでとは違い、日本人教師としていかに振舞うべきか明確な指針があります。勇気をもって、実践に踏み出すことができます。ALTとどのように、共に学び、成長できる「関係性」を構築していくか、またその関係性のなかでいかにALTも私も共に満足する「すぐれた実践」を実現していくか、これらの問いは、私にとって、これからの実践の場での課題であり、しかもそれは「楽しみ」であると言えるのです。

参考文献

戈木クレイグヒル滋子(2006)『グラウンデッド・セオリー・アプローチ―理論を生みだすまで―』新曜社.
西條剛央(2007)『ライブ講義　質的研究とは何か』新曜社.
佐伯胖・中西新太郎・若狭蔵之助(1996)『フレネの教室1　学びの共同体』青木書店.
ジーン・レイヴ、エティエンヌ・ウェンガー　佐伯胖訳(1993)『状況に埋め込まれた学習　正統的周辺参加』産業図書.
Carless, David R. (2006) Good practices in team teaching in Japan, South Korea and Hong Kong. *System*, 34: 341-351.
Wenger, E. (1998) *Communities of Practice: Learning, meaning, and identity*. Cambridge: Cambridge University Press.

教師が共に成長する時
―協働的課題探究型アクション・リサーチのすすめ―

横溝　紳一郎(佐賀大学)

1. はじめに

　新米教師[1]としてはじめて教壇に立ったその日から、そのままの状態で、教壇を去るその日まで、同じ教え方をずっと継続的に繰り返す教師は、あまりいないであろうことは想像に難くありません。教師としての知見・経験を得ることにより、これまでの教え方への見直しが生じ、改善の必要があれば、それを改善していくのが、職業人としての教師の通常の、そしてあるべき姿であるからです。このことを、別のことばで言うのなら、教師は自身のキャリアの中で成長をし続ける存在であるとも言えるでしょう。「教師の成長(teacher development)」という概念は、各教師の成長を各自に特有のものとして捉え、その支援の具体的実現を目指す方向性です。本節は、教師の成長過程につながる支援のあり方について、理論的考察と実践例の紹介をしていきます。

2. 教師の成長につながる支援って、どんなものだろう？

2.1. 教師の成長へのパラダイム・シフト

　教師の成長支援についての論を進める前に、まずは「教師の成長」という概念そのものについて触れておきましょう。よりよい教師を育成していく方法としてつい最近までは、教師として必要だと思われる技術を指導者が訓練によって教え込み、マスターさせることで教える能力を伸ばしていこうとする「教師トレーニング(teacher training)」という考え方が主流を占めていま

した(岡崎・岡崎 1997: 8)。しかしながら、教師が教室の中で実際に直面する問題は多種多様ですし、トレーニングによって叩き込まれた1つの教え方を忠実に実行するだけでは対応出来ない場合も少なくありません。そこで「教師トレーニング」に代わって登場してきたのが、「教師の成長」という考えによって教師の育成を図ろうとする方向性(パラダイム)です。この方向性は、「教師養成や研修にあたって、これまで良いとされてきた教え方のモデルを出発点としながらも、それを素材に〈いつ、つまりどのような学習者のタイプやレベル、ニーズに対して、またどんな問題がある場合に〉、〈なぜ、つまりどのような原則や理念に基づいて〉教えるかということを、自分なりに考えていく姿勢を養い、それらを実践し、その結果を観察し改善していくような成長を作りだしていく」(岡崎・岡崎 1997: 9-10)ことを重要視します。

2.2. 自己研修型教師・内省的実践家

「教師の成長」という方向性の中では、自分が持っている「どう教えるか」についての考えを、自分の教育現場の実際に応じて捉え直し、それを実践し、その結果を観察し内省して、より良き授業を目指すことが出来る能力を、教師は要求されます。このような形で教師が自己成長をし続けていくためには、教師自身が「自己研修型教師(self-directed teacher)」であることが必要です。自己研修型教師とは、他の人が作成したシラバスや教授法を鵜呑みにしそのまま適用していくような受け身的な存在ではなく、自分自身で自分の学習者に合った教材や教室活動を創造していく能動的な存在です。そのためには、これまで無意識に作り上げてきた自分の考え方・教え方をクリティカルに捉え直し、学習者との関わりの中で見直していくという作業を自らに課すことが教師各自に求められます。

また、自己成長し続けていく教師であるためには「内省的実践家(reflective practitioner)」[2]であることも必要とされます。岡崎・岡崎(1997: 24-26)は、内省的実践家を「自分(や他の教師)のクラスで繰り広げられる教授・学習過程を十分理解するために、自分(や他の教師の)教授過程を観察し、振り返る中で教授・学習過程の重要な諸点を発見していく教師」と定義

しています。内省的実践家はまた、「教師の〈既に獲得している経験や技術を尊重し〉、その上で、〈各人なりの意味の構築〉を行ない、〈教師としての成長の主体を教師自身におき〉、〈自律的な教師研修〉を行なうことを通じて教室内で起きている事態について自分自身で観察し、考え、意志決定を行なっていく教師」でもあります。このように、自己研修型教師及び内省的実践家は、自分の教育現場での実践を通した試行錯誤を、自己の成長へとつなげていく教師のことなのです。このことを別の言葉で言うなら、自己研修型教師や内省的実践家は「自己教育力」のある教師とも言えるでしょう。以上のことをまとめると、教師の成長という方向性の中で、自己教育力の重要性が強く認識されるようになり、それが自己研修型教師や内省的実践家という概念を産み出したとも考えられます。

2.3. 自己教育力

自己教育力[3]とは、「各教師の向上しようという『心構え』のようなもの」または「教師としての向上心」のようなものなのですが、ここでもう少し深く考えてみたいと思います。小山(1988)は、学習者の自己教育力の構造について言及した梶田(1985)に基づいて、教師の自己教育力の構造を、以下のような図で表しています(図1)。

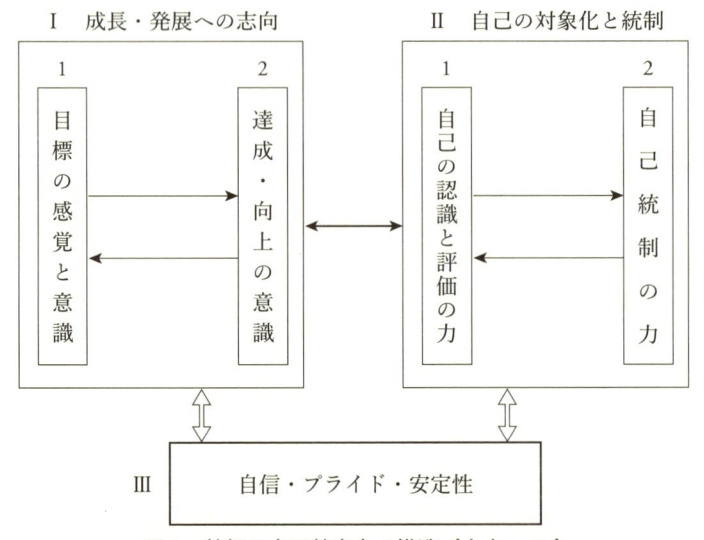

```
     Ⅰ 成長・発展への志向        Ⅱ 自己の対象化と統制
    ┌─────────────────┐    ┌─────────────────┐
    │  1         2    │    │  1         2    │
    │ ┌───┐   ┌───┐   │    │ ┌───┐   ┌───┐   │
    │ │目標│→ │達成│   │    │ │自己│→ │自己│   │
    │ │の │← │・ │   │    │ │の │← │統制│   │
    │ │感覚│   │向上│   │    │ │認識│   │の │   │
    │ │と │   │の │   │    │ │と │   │力 │   │
    │ │意識│   │意識│   │    │ │評価│   │   │   │
    │ └───┘   └───┘   │    │ │の力│   │   │   │
    │                 │    │ └───┘   └───┘   │
    └─────────────────┘    └─────────────────┘
              ⇕                       ⇕
         ┌─────────────────────────────────┐
    Ⅲ   │     自信・プライド・安定性           │
         └─────────────────────────────────┘
```

図1　教師の自己教育力の構造（小山 1988）

　小山は、教師の自己教育力が「成長・発展への志向」「自己の対象化と統制」「自信・プライド・安定性」という3つの要素で構成されているとした上で、「成長・発展への志向」は「目標の感覚と意識」と「達成・向上の意識」によって、「自己の対象化と統制」は「自己の認識と評価の力」と「自己統制の力」によって構成されるとしています。小山(1988)の主張をまとめると、以下のようになります。

> **a）成長・発展への志向**
> 　現在のあるがままの自分の姿から脱皮して、より高次の次元へと自分自身を引き上げていく、といった志向性である。（この志向性は、「目標の感覚・意識」とこれを支える情意的な基盤としての「達成と向上の意識」から構成される）。
> 　**［目標の感覚・意識］**
> 　　自分の進むべき方向、なすべき事柄等について一定の感覚を持つと同時に、目標やモデル、あるいは自分自身に対して持つ期待を、自分なりに意識のなかに描くこと（目標は、こんなふう

になりたいという人間像であっても、こんなことがやりたいという何らかの達成であってもよい）。

　　［達成・向上の意識］
　　　教師自身の精神的若さとか旺盛な活力（自己成長欲求）が前提となる。何とか学習者を善くしようといった信念や、それが欠ける場合にも自分を高めるために何でも勉強と考え失敗を恐れずチャレンジしようとする構え。

b）自己の対象化と統制
　　自分自身の現状と可能性、課題等を認識し、自分自身が望む方向へ一歩でも近づくように自分自身に働きかける、という態度や能力（この態度や能力は、「自己の認識と評価の力」と「自己統制の力」から構成される）。

　　［自己の認識と評価の力］
　　　自らを率直に、ありのままに認識しようとする態度と能力（どんなに嫌なことであっても、それが事実であるならば、目を背けたり現実から逃避することなく、それをそのまま直視し、受容する態度や能力）。

　　［自己統制の力］
　　　自分自身をコントロールし、一定の方向へむけていく力であり、自分の現状を振り返って軌道修正の必要に迫られたとき、望ましい状態に復元させる力である。

c）自信・プライド・安定性
　　「成長・発展への志向」と「自己の対象化と統制」を根幹部分で支えるもの。教師として適度に自信を持っているかどうか、プライドを持っているかどうか、心理的に安定しているかどうか、によって人は主体的であるかどうかが決定される。

　横溝（2006a）は、上掲の小山のモデルを、以下のように解釈しています（カッコ内は、対応する小山の用語）。

自己教育力のある教師というのは、以下の要素を満たしている教師である。

・達成すべきゴールがイメージできている。（目標の感覚と意識）
・精神的にタフであり、チャレンジ精神旺盛（達成・向上の意識）
・自分をモニターする力があり、打たれ強い（自己の認識と評価の力）
・自分で自分をコントロールできる（自己統制の力）
・情緒的に安定している（自信・プライド・安定性）

このような要素を満たしている教師、すなわち高い自己教育力を有している教師こそが、自ら成長し続けていくことができる、教師としての「あるべき姿」と捉えられます。そういった意味で、教師の成長という方向性では、自己研修型教師そして内省的実践家が追求すべきモデル教師とされるのです。しかしながら、ここで克服すべき1つの問題が存在します。それは、「教師の自己教育力には（大きな）個人差がある」という現実です。小山(1988: 116-117)は、教師の自己教育力の概念や内実に言及した先行研究が驚くほど少ない理由を「教師が自己教育力を具備することはまさに教師の教師たる所以であって、自明の理と考えられていたから」ではないかと述べていますが、この考えが空想に過ぎないことは明らかでしょう。であるとすれば、「教師が自己教育力を向上させる機会をどのようにして提供するか」が重要な問題になります。この問題に関して、本節は「教師同士の成長支援」に焦点を当て、理論的考察と実践例の紹介をしていきます。

3. 教師同士の成長支援

3.1. 協働と同僚性

木原(1998: 199)は、教師の成長のために必要不可欠な「内省」作業について、以下のように述べています。

実は、内省を順調に進められるかどうかは、教師間の仲間関係に大きく

依存している。最近、教師の内省には多様な立場の人間が授業に関する対話を繰り広げることが重要である、とする報告が数多くなされるようになってきた…。ここでいう対話とは、教師間の情報・アイデア・意見の交換、しかも葛藤を伴うコミュニケーションを想定している。

ここで木原が強調しているのは、教師間の対話の重要性です。しかしながら、教師同士の対話は、特にそれがお互いの授業についてのことになると、感情的になってしまうことも少なくありません。このことについて藤岡（1998c: 239）は、以下のように述べています。

授業研究はともすると自分の教科観や授業観のぶつけあい、自分の個別的な経験の披瀝の場になりがちである。観察者は自分の立場から一方的に批評をし、授業者は自分の世界を守ろうとする。こうして不毛な授業研究が繰り返される。

では、なぜこのような現象が生じるのでしょうか。その原因の1つとして、「教師が、日常の業務として『生徒を評価する』ことを行うことが多く、その対象が教師になってもあまり変わらないこと」が考えられます。すなわち、他人の言動について「いいか悪いか」の判断を日常的に下しているので、そうでない「非批評的（non-evaluative）」な対話を教師間で持つことが難しいというわけです。

しかしながら、教師間の建設的かつ創造的な対話の重要性については、多くの教師が認めるところでしょう。これに関連して、岡東（2006）は、学校改善や教育改革を考える際の近年のキーワードとして、「協働（collaboration）」と「同僚性（collegiality）」を挙げています。協働とは「学校および教師に課せられた教育課題をより効果的・効率的に達成していくために、教師が同僚教師と協力的・相互依存的にかかわり合うこと」です。また、同僚性とは「教育実践の創造と相互の研修を目的とし、相互に実践を批評し高め合う同僚関係」です（岡東 2006: 128-129）。

協働そして同僚性の保持が重要であるという主張は、これまで何度もなさ

れてきたものですし、教育学の研究者にとっても現場の教員にとっても特に目新しさが感じられないものだと思われます。では何故、そのような、ある意味「分かりきったこと」の実現が困難なのでしょうか。その理由のひとつとして、協働・同僚性の具体的なあり方について、「こうあるべきだ」という明確なモデルが存在しているわけではない、という事実が挙げられます。

> 和気あいあいと和やかな雰囲気のなかで日々の実践に従事し、各々の主体的判断は尊重されるが、必要な時にすみやかに連携をとるような協働性もあれば、他方で毎週職員会議は夜中まで時間をかけた大激論となり、授業研究は妥協しない意見が飛び交うが、一人ひとりの教師が誇りを持って意欲的にそうした議論に参加し、教育実践でも妥協しない姿勢を貫くような全体的雰囲気を醸し出している協働性もある
>
> （安藤 2000: 49）

明確なモデルの存在を否定しながらも、安藤は、以下の点を協働・同僚性の質の判断基準として挙げています。

> どのあり方が良いかを一概に判断することはできないが、いずれにしても意識しておきたいのは、そうした教師集団の役割分担や連携のあり方が、個々の教師にとって誇りや所属意識を喚起するようなものであるかどうかという点であろう。協働性や同僚性の高まりによって、メンバーとしての誇りや所属意識が高まることが教育実践へのモチベーションを高め、学び成長する意欲を促すものと考えられるからである。
>
> （安藤 2000: 49）

安藤は「教師の誇りや所属意識を喚起するような教師集団ができていれば、協働・同僚性が高いと評価すべき」という判断基準を示してはいるのですが、では、「具体的にどのような環境をデザイン・運営すればそのような教師集団の実現につながるのか」という点については特に触れていません。いわば、「具体的環境は、教師集団の構成要員によって決まるものなので、

各現場で教師の誇りや所属意識を喚起できるように工夫してください」というメッセージのようなものです。このメッセージ自体は、ある意味とても現実的なもので、その正当性は認めざるを得ないのですが、こういった現場に丸投げのような形では、丸投げされた現場での混乱が生じることが予想されます。現場の教師にとって欲しい情報は、「どのような環境をデザイン・運営すれば、教師の誇りや所属意識を喚起できるのか」についての具体的かつ詳細にわたる情報です。[4] この点を考察するために、多田（2005: 80-81）による、学校における教師間の対話の分類を援用します。

> （1）　指示・命令型対話
>   上位者は下位者に、強者は弱者に対し、指示・命令し、服従を強い、管理・制御する方向をとる。一般的に反論・批判は許さない。
> （2）　対応型対話
>   交渉、契約、依頼、謝罪、要求、納得、説得など、対する相手との間にある課題や問題を解決することを目的とした対話の型である。…話し合いを通じて、最終的な一致点を目指して、お互いが自己の意見や条件などを見直し、できる限り歩み寄り、調整・調和していくことが望まれる。
> （3）　共創型対話
>   一方が自己の主張を通すのではなく、参加者が互いに、率直に意見を交換しつつ、一人では達し得ない高みに至ることを目指す対話の型である。共創型対話では、興味深い知識・情報の提供、目的を達成するための知恵・アイディアの出し合い、多角的見方、独創的な意見の重視が重要となる。

指示型・命令型対話では、教師の誇りや所属意識の喚起はどうも難しそうに思えます。また、対応型対話の場合は、対話実現のための強いリーダーシップを持った人の存在が求められるでしょう。そう考えてくると、自分たちだけで教師の誇りや所属意識を最も喚起できそうなのは、共創型対話だと結

論づけられそうです。教師間の共創型対話が実現されれば、お互いに自己理解・他者理解が深まるので、教師の成長パラダイムにふさわしい対話となるでしょう。では、共創型対話の実現のためには、どのような方策が必要なのでしょうか。この点に関して、岡東（2006: 133）は、以下のように述べています。

> （教師）自身の価値観を問い直し、同僚教師間で価値観を共有するためには、コミュニケーションのあり方が鍵となる。極端な自己主張や極端な沈黙は相手に不安・怒り・あきらめ・開き直りの感情を抱かせることが多い。同僚教師間のコミュニケーションには暗黙的なルールが存在するので、ルールを踏まえたコミュニケーションを実践しないと価値観の共有化は達成できない。…自分の価値観を大事にすると同時に、相手の価値観も大事にしていることを相手に認識してもらったうえで、次第に議論を深めていくというコミュニケーション技術が重要だといえる。

上記の議論は、「教師同士の成長支援を実現するためには、非批評的な対話の成立が必要不可欠であり、教師間でコミュニケートする際のルールの共有が、その方策として考えられる」とまとめられそうです。別のことばで言うのなら、「極端な自己主張や沈黙を避けるためには、対話をする際のルールを設けて、それを順守することが必要」というわけです。教師間のコミュニケーションで、どのようなルールを設ければ非批評的な対話が実現するのかについては、本節の中で後述したいと思います。その前に、ここでは「非批評的な対話を、どのようなトピックについて行えば、教師の成長につながるのか」について考えていきたいと思います。

「教師の成長」という方向性は、「教える現場で内省・実践・観察・改善を繰り返しながら変容していく」教師の育成を目指すものです。であるとすれば、その実現をめざした教師間の対話のトピックは、いわゆる世間話の類のものではなく、教師の教える営みそのものでなければならないはずです。そしてまた、その営みを人に伝えるためには、各教師の現場における変容がきちんと伝わるような工夫が求められるでしょう。これらを実現する方法とし

て、本節では「課題探究型アクション・リサーチ」を提唱したいと思います。

3.2. アクション・リサーチ

最近になって、日本国内の英語教育・日本語教育どちらの分野でも、アクション・リサーチ(action research、以下 AR)の実践が積極的に進められるようになってきました。AR の定義について、横溝(2000: 17)は「自分の教室内外の問題及び関心事について、教師自身が理解を深め実践を改善する目的で実施される、システマティックな調査研究」としています。換言すれば、「現職教師が自己成長を目指して行なう小規模な調査研究」または「教師が自己成長のために自ら行動(action)を計画して実施し、その行動の結果を観察して、その結果に基づいて内省するリサーチ」とも言えるでしょう。AR の実施者そして AR 実施者の支援者としての体験に基づき、横溝(2004a)は、分野によって実施されている AR にかなりの違いがあることに気付き、「仮説—検証型 AR」「課題探究型 AR」[5] という二種類の AR が存在すると指摘しています。以下、それぞれのタイプについてみていきます。

3.2.1. 仮説—検証型 AR

「仮説の設定」そして、それを実践を通じて「検証」していくというプロセスで進められるタイプの AR です。現在のところ、国内の英語教育の分野で実施されている AR の多くが、このタイプに属しています。佐野(2005: 6)によると、このタイプの AR は、以下のような流れで進められます。

1．問題の発見	直面している事態から扱う問題を発見する
↓	
2．事前調査	選んだ問題点に関する実態を調査する
↓	
3．リサーチ・クエスチョンの設定	調査結果から研究を方向づける

↓	
4．仮説の設定	方向性に沿って、具体的な問題解決の方策を立てる
↓	
5．計画の実践	対策を実践し、経過を記録する
↓	
6．結果の検証	対策の効果を検証し、必要なら対策を変更する
↓	
7．報告	実践を振り返り、一応の結論を出して報告する

例えば、村越(2003)のARは、以下のような形で実施されています。

テーマ：E-mailを活用したライティング授業でのAR
実施期間：4ヶ月(29回の授業)
実施クラス：生徒数22名(高校3年生のライティングのクラス)
プロセス1：問題の発見
　　数年前の授業での体験による：内容的に乏しく深まりのない事実の羅列のようなメール作品が多く、「書きたいことが思いつかない」という反応があった。そこで、自分の書きたいことを思いつき、内容豊かな英文を書けるようにするにはどのような指導をすればよいか、ということについて、ARを開始。
プロセス2：事前調査
　1．アンケート調査：「クラスで学びたいこと」「英語が好きかどうか」について実施
　2．試行的活動に対する反応の調査：「自己紹介文」を電子メールに書いて他の生徒に送信し、感想を返信してもらう活動を実施し、感想についてアンケート調査を実施。
　3．生徒の作文の評価基準の作成：pre-test/post-testの比較をする

ために、同じトピックで AR 実施期間の始めと終わりに作文をさせることにした。それを pre-test/post-test として比較するための「絶対評価」の基準を、ACTFL の OPI を参考に作ることにした。
4. 生徒の作文の数量的な測定：アイディア・ユニット数により「内容の豊かさ」、語数により「流暢さ」、t-unit の平均の長さにより「複雑さ」、誤りのない t-unit の割合により「正確さ」を測定した（AR 終了後、pre-test/post-test を比較）。

プロセス3：リサーチ・クエスチョンの設定
〈リサーチ・クエスチョン〉

教師や辞書の助けを借りながらも、内容豊かな、かなり正確な英文が書け、7割の生徒が OPI の intermediate-mid のレベルに達するには、どのような指導をすればよいか。

プロセス4：仮説の設定
〈仮説1〉

送られてきた電子メールに返事を書くという活動を行えば、そのメールがモデル文となり、書きたいことを思いつく手助けとなって、流暢さが伸びるだろう。

〈仮説2〉

書く前に mapping を行えば、書きたいことが整理され、より多くの内容のある英文が書けるとともに、話のまとまりでパラグラフもできるようになるだろう。

〈仮説3〉

内容に関するフィードバックを与えて書き直しを重ねれば、内容の深め方が身につき、読み直すことで文法の誤りに注目する習慣がつき正確さも増すだろう。

プロセス5：計画の実践
1. 外国の高校生（架空の人物）から、という設定で、まず「学校生活について」というテーマで電子メールを作成し、生徒に送信した。その英文の中には、先に述べた文法項目と、生徒

が返信メールの中で答えなければならない質問(疑問文)を入れた。
2．ハンドアウトに沿って、送られてきたメールの内容を理解させ、何を質問されているかを認識させ、答え方を用意させた。さらに返信メールの内容を mapping によって整理させた。合わせて、接続詞、電子メールに使える表現、5W1H、英文のパラグラフ構成などについて、ハンドアウトを配布して指導した。
3．返信メール第1稿を作成・送信させ、アドバイスと良い所をほめたコメントをつけて送り返した。
4．アドバイスをもとに第2稿を作成・送信させた(その後で、印刷・添削し、コメントをつけて返した)。
5．課題として送信されたメールの中でどの文法項目が使われ、自分が作成したメールの中でどの文法項目が使えているかをリストでチェックさせた。

プロセス6：結果の検証(予備調査3、4との pre-test/post-test 比較、プラス追加のアンケート調査結果による)

〈検証1〉
　7割以上の生徒が intermediate-mid のレベルに達した。「流暢さ」は大幅に伸びた。「書きたいことが思いつくようになった」と大部分が回答した。

〈検証2〉
　「内容の豊かさ」や「複雑さ」も伸びた。

〈検証3〉
　「正確さ」は、あまり変わらなかったが、「意味理解に困難をきたさない」というレベルでは向上した。

プロセス7：報告
　『STEP 英語情報 2002年11・12』(日本英語検定協会)で発表した。

仮説—検証型 AR には、次のような特徴があります。

・データの「客観性」の保持を重視し、量的データを積極的に活用する。
・問題解決のための方策としての「仮説」を立て、期間中、仮説を実現するためのトリートメントを、実施し続ける。期間終了後、仮説の効果の検証を行なう。
・「仮説」は1つではなく、複数であることが多い。複数の仮説の設定・トリートメントの実施・効果の検証が同時進行で行われる。

3.2.2. 課題探究型AR

「仮説」の設定は行なわず、「あるテーマをめぐって実施者の気づきが様々な観点から生じ、最終的には、そのテーマと教師である自分自身に対する理解が深まる」というプロセスで進められるタイプのARです。このタイプのARは、以下のような流れで進められることが多いようです。

1. トピックの明確化　　　調査したいトピックをできるだけ、明確にする
   ↓
2. 予備調査と情報収集　　実際に起こっていることと先行研究を調査する
   ↓
3. 行動方略の発展・立案　改善策とその実施計画を立てる
   ↓
4. 行動の実施　　　　　　立てた行動方略を実施する
   ↓
5. 行動結果の観察・分析　実施した行動の結果を観察・分析する
   ↓
6. 行動成果の内省　　　　行動の効果を評価し、その評価の原因について多角的に内省する

上記の2〜6のプロセスを授業ごとに繰り返す。

7．総括的なふり返り	リサーチ全体を通しての実践と自らの気づきをふり返る
↓	
8．公開	リサーチのプロセスと結果を、他の教師と共有する

　例えば、日本語教育分野での青木(2004)によるARは、以下のような形で実施されています。

テーマ：学習者の自発的な発話に関するAR
実施期間：9ヶ月(12回の授業)
実施クラス：様々(以下を参照)
プロセス1：トピックの明確化
　　数年前から日本語を教えてきて、一番困っていることは「学習者が母語で話し始めたときの対応」であった。卒論の指導教員との話し合いの中で、「学習者自身の自発的な発話を引き出すためには、いかに授業を展開し、指示を与え、教案を立てるか」について興味がわき、ARのトピックとした。
プロセス2：日本語ボランティアクラスでのAR実施(その1)
　授業1(目標＝一人ひとりの学習者に目を配る)
　　(内省)初めての授業で、学習者は話しにくそう。いわゆる四分六の構えを意識しながら授業を進めていたが、学習者から質問が出たことで、ペースが狂い緊張してしまい、その解決のために、教師一人が話し続けるという結果になった。
　授業2(目標＝教師が常に話すのではなく、学習者に答えさせたり、考えさせたりする)
　　(内省)絵カードを工夫して発話を引き出そうとしたが、予想と違う答が出てきたときに、余裕がなくなり、うろたえてしまった。結果、自分が期待する答えが出てくるまで待つ、という行為を続けることとなった。

授業3(目標＝学習者の発話の機会をたくさん作る)
　　(内省)発話機会を増やすために3人組のグループ活動を導入したのだが、グループのうち2名だけが話し、あとの1名は何も話さないという状態になってしまった。絵カードを工夫して発話を引き出そうとしたが、予想と違う答えが出てきた時に、余裕がなくなり、うろたえてしまった。結果、自分が期待する答えが出てくるまで待つ、という行為を続けることとなった。
　　　　　　＊授業4〜6は省略
プロセス3：日本語教育実習でのAR実施
　授業1(目標＝学習者への発話の促しを行い、質問・応答の両方の練習をさせる)
　　(内省)予定より進行が早く、時間が10分ほど余ったため、復習の意味でドリル練習に立ち返ったが、訂正の必要性に気が向いたことが原因で、「教師→学習者」のパターンのみに終始し、「学習者→学習者」の質問・応答練習を行えなかった。
　　　　　　＊授業2〜3は省略
プロセス4：日本語ボランティアクラスでのAR実施(その2)
　　　　　　＊授業1は省略
　授業2(目標＝学習者みんなで発言できる活動にする)
　　(内省)「タスクシートを配り役割を与え、それに従って学習者一人ひとりが発話する」という初めての試みに、学習者は戸惑い、教師もどうしたらよいか分からなくなってしまった。
　授業3(目標＝話す人は一人でも、その会話をみんなで共有していく)
　　(内省)「全ての人が平等に話す」ことから離れようとしたのだが、「ある会話を全員で聞いて、メモでお互いにそれを伝言しあう」という不自然な活動になってしまった。
プロセス5：総括的なふり返り(教室内でのデータ収集はプロセス4まで、プロセス5に約1ヶ月半かける)
　1．自身のビリーフスの明確化
　　　a．学習者が自発的に日本語で話す授業はいい授業だ。

　　　　b．自発的に起こる発話でも母語使用はしない方がいい。
　2．自身のビリーフスとAR実践でよく見られた言動についての考察
　　［母語使用はいけないのだろうか？］
　　　　a．自身の体験についての気づき：母語使用を3つの立場(教師・観光客・英語学習者)から考えていた。
　　　　b．性格分析：(1)立場によって変わる二人の自分がいる、(2)学習者の時の気持ちを、教壇に立つと忘れてしまう、(3)自分の憧れや理想が相手にとっても望ましいと考える傾向がある。(性格分析には、Myers-Briggs Type Indicatorも使用)
　　［自発的に話すことだけが、楽しい授業なのだろうか？］
　　　　a．自身の体験についての気づき：(1)小学校時代、宿題を自発的に行なっていて楽しかった、(2)アメリカで英語が殆ど話せず悔しい思いをした、(3)高校での数学で「気づく喜び」「分かることの楽しさ」を実感した。
　　　　b．性格分析：1つのことが正しいと感じると、他のものが見えなくなってしまう傾向がある。
　　［説明したがる私はどこからきたのだろうか？］
　　　　a．自身の体験についての気づき[6]：(1)高校時代、担任の先生に、もっと引っ張っていってほしかった、(2)日本語ボランティアクラスの教師として「教えることが自分の役割であり責任である」と感じていた。
　　　　b．自分の役割や責任をまじめに果たし、相手にもそうすることを望む。
　　　　　　　＊その他の考察は省略
　3．自分の性格を踏まえたうえでの、「自発的な発話が起こるために、自分は今後どのようにしていくのか」についての考察
プロセス6：公開
　ゼミや卒論発表会での発表。卒論の執筆。

課題探究型 AR には、以下のような特徴があります。

- 量的データを積極的には活用しない傾向がある。
- あるトピックをめぐって、様々な形で、試行錯誤し続ける。
- 「仮説」は立てず、毎回毎回の授業での出来事を記述し、そのことについての内省を継続的に行なう（それ故、授業で試みること、すなわちトリートメントが、毎回変化することもありうる）。
- AR 実施期間の終わりの部分に、AR を通しての自身の変化を振り返る期間を設ける。その期間中に、自身のビリーフスとその形成過程を熟考し、教師としての自分に対する理解を深めていく。

3.2.3. 仮説―検証型 AR と課題探究型 AR の比較対照

仮説―検証型 AR と課題探究型 AR の間には、(1)「客観性」の重要視の度合い、(2) プロセス内での「仮説」の位置づけ、(3)「内省」の重要視の度合い、という 3 つの大きな違いがあります。以下、それぞれについて見ていきます。

3.2.3.1. 「客観性」の重要視の度合い

「仮説の設定」そして、それを実践を通じて「検証」していくというプロセスは、いわゆる実証的実験研究にも共通するものなのですが、佐野(2000: 8)は、仮説―検証型 AR は「一般に英語教育での『リサーチ』という言葉から連想される活動、すなわち、応用言語学の調査でよく行われるような、実験群と統制群を設定し、一定の期間トリートメントを与えたら、その結果を数量化し、統計的に処理することによって結論を出して論文を書いたり、学会で発表するというタイプの研究とは大きく異なる」と述べています。その一方で、佐野(2000: 61-62)は、以下のように、仮説―検証型 AR における「客観性」の保持の重要性も主張しています。

> アクション・リサーチは、観察やアンケートなどの質的資料を重視すると説明したが、これは教師が調査結果を手前勝手に解釈してよいという

ことではない。「資料をして語らしめる」という姿勢はあくまでも大切である。だが、その資料の中に、テスト成績などの数量的なものばかりでなく、授業観察やアンケートなどの質的な資料も積極的に含めるということなのである。調査の客観性を高めるには、偏見の入り込みにくい数量的データを多用するのは当然である。…理論の検証を意図するアクション・リサーチでは、数量的な処理は不可欠である。

データの客観性を向上させるために数種類のデータを収集し、それを総合的に分析していくという方法は、「『トライアンギュレーション(三角測量)』『マルチメソッド(多元的方法)』とよばれるやり方(佐藤 1992: 119)」で、質的調査でよく用いられる手法です。佐野の主張で特徴的なのは、量的データを積極的に活用しようとする点で、それによって仮説―検証型 AR の客観性を保持しようとしている点です。[7] さらに、量的に収集したデータを統計処理して、得られた結果が統計的に有意味であるかどうかを検証するという形で、できるだけ高い客観性を保持しようと試みることも少なくありません(上掲の村越による AR でも、pre-test と post-test の比較の際に、統計処理をしています)。

その一方で、課題探究型 AR では、量的なデータを積極的には活用しないで、「フィールド・ノート」「ティーチング・ログ」「ダイアリー」[8]等の、教師の観点からのデータが、実施した行動方略の効果を判断するための、主なデータとなっていることが少なくありません。換言すれば、課題探究型 AR は、仮説―検証型 AR に比べると、データ収集・分析の面で厳密ではないという傾向があるのです。このことは、課題探究型 AR が、データのいわゆる「客観性」をそれ程重要視していないことを意味します。では、このような違いは、なぜ生じたのでしょうか。

その原因は、それぞれの AR が実施されるフィールド(現場)の違いにあると考えられます。仮説―検証型 AR が実施されているフィールドは、その多くが学校教育の教室です。学校教育の場合、AR の実施を受ける側である生徒の通学は、継続的で長期であるという前提に立つことが可能です。転校や病気欠席や不登校等の場合を除いては、生徒の多くが確実に登校します。し

かも、その学校内での教師からの働きかけに対する、生徒の積極的な協力が期待できるので、望むデータを確実に収集しやすいのです（もちろん、積極的ではない協力もあるでしょうが）。

　その一方で、課題探究型 AR の場合、これまでの実践のフィールドの多くは、日本語ボランティアクラスや日本語学校です。ボランティアクラスの場合、授業に参加する学習者の構成が毎回異なっていることも少なくなく、学習者側からのデータを確実に収集できる環境にはなっていません。日本語学校の場合は、ボランティアクラスに比べると、学習者の継続的な登校を期待できるのですが、それが長期間続くかどうかは、様々な事情によって影響を受けることが多いのが現状です。このような環境下で実施される課題探究型 AR では、データの厳密さ、そしてリサーチの結果の客観性の向上のために、量的データを収集するという試み自体が困難な状況にあります。このように、データの厳密さや客観性の重要視の度合いの違いは、それぞれの AR が実施されるフィールドの違いに起因すると考えられます。

3.2.3.2. プロセス内での「仮説」の位置づけ

　前述した仮説─検証型 AR の「『仮説』は1つではなく、複数であることが多い。複数の仮説の設定・トリートメントの実施・効果の検証が同時進行で行われる。」という特徴は、非常に興味深いものです。なぜなら、この特徴によって、「仮説─検証型 AR」が、いわゆる実証的実験研究とは、一線を画しているからです。実証的実験研究の立場から見ると、「『いくつかの仮説に基づくいくつかのトリートメントを、一斉に同じ生徒に施して、その効果を見る』という方法では、たとえ効果が上がったという結果が出て仮説が実証されたように思えても、それがどのトリートメントによるものなのか認定できない」という問題に直面して、結果、リサーチ・デザインに大きな欠陥があるということになります。この点に関して、佐野（2000: 20-21）は、以下のように述べています。

　　複雑な要因が、しかも重層的に関連する能力の育成を調査するには、継続的で、多面的な研究方法によるしかない。従来の「教室内の実験」と

呼ばれてきた応用言語学の実験デザインでは、実験を少数の要素に整理し、短期的なトリートメントの結果で仮説を検証しようとするので、要因が複雑に絡むこの種類の調査にはそぐわないことが次第に明らかになってきた。

すなわち、仮説―検証型ARは、教室内での変数の統制をやめて、「複雑な要因をまるごととらえ(佐野2000: 21)」ようとしているのです。とすれば、仮説―検証型ARの中での、「仮説」が、応用言語学の実験デザインの中で用いられる「仮説」とは異なっていることは容易に想像できます。では、仮説―検証型ARの「仮説」とは、いったいどのようなものを指すのでしょうか。

仮説―検証型ARでは、「仮説の設定」の前段階として、教室の実態を調査し、意欲や阻害する問題点等を分析し、その問題に対する有益な情報をできるだけ集積する「事前調査」の段階が設けられています。そして、予備調査の結果を踏まえて、実現可能な到達目標を定め、立てる対策が「仮説」であると位置付けられています(佐野2000: 56)。前掲の村越(2003)を例に取ると、「アンケート調査」「自己紹介文を書く試み」「作文評価基準作成」「作文の数量的測定」などの予備調査を行なった上で、リサーチ・クエスチョンを設定し、3つの仮説が設定されています。[9] その後は、仮説の中に記された対策を実行し、その結果を同じく仮説の中に記された目標(村越のケースでは、「7割の生徒がOPIのintermediate- midのレベルに達する」等)を達成したかどうかで、その対策の効果を検証する、という流れになっています。換言すれば、「事前調査に時間をかけて、教室内で生じていることに対する理解を深め、自分で選択したトピックについての知識を豊富にした上で、行なうべき方策をそれによって目指す目標と共に設定し、方策をある一定期間実施した後で、その方策の効果を吟味する」という図式で、仮説―検証型ARは進められるのです。

これに対して、課題探究型ARには、「仮説」の設定という段階は設けられていません。その代わりに、毎回毎回の授業で、自分が選択したトピックをめぐって、様々な形で試行錯誤し続け、そこで起きた出来事を記述し、そ

のことについての内省を継続的に行なう、という形で進められます。課題探究型ARでの「予備調査」と「情報収集」は、(「事前調査」が「仮説の設定」の前段階で集中的に行なわれる)仮説―検証型ARのケースとは異なり、AR実施期間全体を通して、継続的に実施されます。それでは、課題探究型ARには、「仮説」と呼ばれるようなものは、一切存在しないのでしょうか。この点に関する論考のため、佐藤(1992)を援用してみましょう。

　佐藤(1992: 84)は、もし「仮説」を「経験的な事象を科学的に説明もしくは予測するために定式化された未検証の命題または命題群」と定義するのならば、その仮説及びその元になる理論が検証されるか否定されるかが問題となるため、必然的に質的研究とは水と油の関係に位置するものになってしまうと述べています。となると、質的研究そして質的研究の方向性が強いARには、「仮説」は存在しないのか、という疑問が浮かんできます。この点に関して佐藤(1992: 85)は、「すでにある程度分かっていることを土台(根拠)にして、まだよく分かっていないことについて実際に調べてみて明らかにするための見通し」であると「仮説」を定義するなら、(エスノグラフィーを含む)質的研究にも「仮説」は存在するとします。別のことばでいうなら、量的研究では「演繹的に導きだされて、これから検証される理論」を「仮説」と定義しているのに対して、質的研究では「まだ明らかになっていない理論を明らかにするための土台となる、予測や見通し」と捉えているとも言えるでしょう。量的研究が「まず仮説を設定してその検証に取り掛かる」というプロセスを経るのに対して、質的研究は「こうではないだろうか」「調べてみよう」「そうだった/違っていた」という形で、リサーチを進めていく中で色々な仮説が登場して、それが何度も修正されたり棄てられたりするというプロセスで進められるのです(横溝 2000: 27-28)。

　佐藤の「予測や見通し＝仮説」という定義に従うなら、課題探究型ARの場合は、「仮説」が毎回の授業で設定され検証されているということになります。このように、「仮説」そのものの定義と位置づけに関して、仮説―検証型ARと課題探求型ARは、大きな異なりを見せています。

3.2.3.3. 「内省」の重要視の度合い

仮説―検証型 AR に対する批判の1つとして、教師による「内省」が深化していない、というものがあります。以下に例を挙げます。

> 総じて言うと、日本の英語教育界でのアクション・リサーチでは、「実践研究」の影響から、授業技術の改善そのものを目的とするものが中心になりがちであり、教師自身の内的成長、あるいは授業環境改善のための社会への働きかけが存在するという意識が薄くなりかねない。換言すると、日本の英語教育におけるアクション・リサーチは、リフレクションよりもアクションを重視する傾向を示していると言えるのではなかろうか。
>
> （兼重 2000: 34）

> どうも日本では失敗に学ぶことがあまり奨励されないように思います。何よりも「失敗」を人前から隠すことはあっても、人前で発表したり、リフレクションすることさえあまり例がないのではないでしょうか。だから、アクション・リサーチの報告でも「気づきや内省」より「行ったこと」の方が日本では重要視されがちです。しかし、アクション・リサーチでは、内省による人間的成長も同様に重要視されるべきでしょう。学会の研究大会での発表において、「失敗」について実例を出し、どのようにすべきだったかフロアと一緒に考えることも重要だと思います。
>
> （酒井 2002: 153-154）

では、仮説―検証型 AR の実践者は、内省を軽視しているのでしょうか。そうではないでしょう。実践者が内省を軽視しているのではなく、実施者の内省プロセスとプロダクツが見えにくい構造になっているのです。この原因として考えられるのが、AR 実施期間中の内省作業の位置づけです。仮説―検証型 AR で、実施者が特に深い内省作業に従事するのは、おそらく「事前調査」の段階でしょう。事前調査では、教室内での出来事についての気づきや、（先行研究調査で得た知識に基づく）自分自身の実践の見直しが、次々に生じることになります。それらに基づいて、リサーチ・クエスチョンと仮説

を設定していくという一連の工程は、深い内省作業を要求するものに他なりません。問題は、その深い内省部分がリサーチ全体の導入部分に集中的に位置しているため、リサーチ全体として捉えた場合に、その後に登場するアクション（計画の実践）の部分や、その効果を検証する部分に比べると、印象が薄くなってしまうという点にあります。仮説─検証型ARの実施者自身は、深い内省作業に従事しているのにもかかわらず、それが報告される段階になると、表立って出てこない、という構造になっているのです。このことは、何も仮説─検証型ARにのみ当てはまることではなく、日本全国で開催されている「授業研究」でも、同様の指摘があります。この点に関して、稲垣・佐藤（1996: 137）は、以下のように述べています。

> 「内省と批評」は最終段階におかれているが、授業研究の中心と言ってもよい。この「内省と批評」を通して、授業者と参観者は、相互に省察した知見や関連する経験を交流し共有し討議して新しい見方や考え方を形成している。ところが、一般的に言って、教師は、教材の研究や解釈と指導計画の作成という「事前」の研究には熱心であっても、「事後」の「内省と批評」をおろそかにしがちである。…この現象は、授業と授業に対する教師の意識が「プログラム」に呪縛されていることを表現しているが、同時に、授業の研究が、教室の具体的な出来事や経験から遊離してしまっていることも表現しているし、教師自身の実践家としての成長という本来的な目的が授業研究から脱落していることも表現している。むしろ、事前の指導計画は最小限にして、教師自身の事後の「内省と批評」を克明に叙述することが、これからは重要なのではないだろうか。

課題探究型ARは、仮説─検証型ARとは異なり、毎回毎回の授業で生じる内省を記述し続けるばかりか、AR実施期間の最後に、「ARを通しての自身の変化を振り返る」「自身のビリーフスとその形成過程を熟考し、教師としての自分に対する理解を深める」段階も設けられているため、実施者の内省が前面に出る構造となっています。換言すれば、課題探究型ARでは、

ARを実施した本人が「現在」と「これまで」を把握し、「これから」へ向けて自身を方向づけするための段階が、毎日の実践そして実践期間の最終段階に設けられているということになります。例えば、課題探究型ARの中で、「当初日本語を教えることになっていた外国人から『自分ではなくて、自分の子どもに算数を教えて欲しい』と依頼される」という体験をした松本（2003: 43-44）は、ARの最終段階でふり返る中で、以下のように述べています。

> アンさんから直接ナナちゃんに算数を教えるように頼まれてからしばらくは、私は本当に自分の中で整理ができないでいた。「将来日本語教師として働きたいのに、自分は大学の授業で勉強していること以外はなにも実践的なことはしていない。周りの日本語教師志望者はみんなボランティアで教える経験を積んでいるのに…」という焦りが、その原因だったのではないか。それ故、将来自分が教える日本語の教室（つまり、学習者が数人いて、教科書を使って、みんなでコの字型、あるいは半円に座って）に似たような場で日本語を教え、それを自分のために役立てたかったのだ。実際にボランティア教室を見たこともなかったので、ボランティアでそういうことができると思っていたのだ。実際に自分がボランティアを始めると、学習者は一人だし、その人のニーズは少し変わっていた（と思う）。「あ〜、どうしよう」と思っているうちに、「算数を教えてくれ」といわれれば誰だって混乱するのではないだろうか。そのことを言われてすぐは「時間外に特別に教えることにしようか」とか「算数を専門にしている友達にでも頼もうか」とすら思った。それくらい、私は日本語を教えることに固執していた。「なんとかして教える経験を積まないといけない」という気持ちが頭から離れなかったのだ。ところが、指導教員と話をして、紹介してもらった本を読んでいくうちに、私が考えていたボランティア教室と、実際のボランティア教室がどこかしら違うということが分かってきた。ボランティアで日本語を教えるということの奥深さに気付いたのだ。ボランティアについての文献を読み進めていくうちに、私の考えを変えてくれた記述があった。

> **「学習者を実験台に日本語教室を授業の練習の場にしていませんか」**
> 　　　　　　　　　　　　　　　（大阪YMCA日本語教師会・岡本 2000: 37)
>
> 私はドキッとした。授業の練習の場にしようとしていたからこそ、自分の思い通りではないボランティア教室で悩んでいたに違いない。(中略) 日本語ボランティアはただ外国人に日本語を教えるという立場だけではないこと、支援がまず始まりにあるということに、私はリサーチを通して気付いた。だからこそ私は、こうしてボランティア教室で、日本語教授という立場ではなく、学習支援という形で関わっているのだろう。逆に、支援というボランティアだからこそ、マンツーマンで、その人のニーズにあったことがその人のペースでできるのではないか、と思うようになった。ボランティア教室には、様々な背景を持った人がやってくる。毎回参加できる人もいれば、そうでない人もいる。その人ひとりひとりのニーズに応えることは、学習者が多くなればなるほど困難には違いない。それでも、ボランティアだからこそ、少しでも学習者の要望に沿えるように手助けすべきなんだと思う。

　課題探究型 AR において、この最終段階の持つ意味は大きいと言えます。リサーチ期間全体を通しての奮闘努力・気づき・内省等をメタ的にふり返ることで、授業での出来事・学習者・教師自身等についての理解が、よりいっそう深まるからです。

3.2.4. 非批評的な対話と課題探究型 AR

　以上、2つのタイプの AR を見てきましたが、「非批評的な対話の成立させやすさ」という観点から考えると、課題探究型 AR の方に軍配が上がりそうです。なぜなら、仮説―検証型 AR は、データの客観性の保持を重視するからです。「量的に収集したデータを統計処理して、得られた結果が統計的に有意味であるかどうかを検証する」ためには、いわゆる科学的な視点でデータと向き合うことが必要になります。そのような形で向き合えば向き合うほど、そして客観性についてこだわればこだわるほど、非批評的な対話とは程遠いものになってしまいます。

その一方で、課題探究型 AR は、いわゆる仮説が立てられないばかりか、データの客観性にも、それほどのこだわりがありません。連続した試行錯誤、その中での継続的な内省作業、そして実施期間の終わりの部分での自身の変化の振り返りなどで構成される課題探究型 AR では、その過程をそのまま「教師としての歩み」として述べることにより、実践報告が成立します。このように、課題探究型 AR の実践報告では、非批評的な対話が成立しやすいのです。

それでは、課題探究型 AR の実践報告会を、どのような形でデザイン・運営すれば、非批評的な対話が実現できるかについて、以下に述べていきます。

4. 非批評的な対話が生じる授業実践報告会の形式

4.1.「実践の中の理論」に基づく報告会

上述のように、課題探究型 AR は「教師としての歩み」を、いわば丸ごと記録するもので、教師間に非批評的な対話を生み出すのに適した AR なのですが、その公開の場すなわち授業実践報告会では、どのような工夫が具体的には必要なのでしょうか。

これまで教育の分野では、様々な形の授業実践報告会が開催されてきました（佐藤 1998）。[10] それらの中で、課題探究型 AR の公開に適しているのは、「実践の中の理論（佐藤 1998: 22-29）」という枠組みの中での授業実践報告会の形式です。

実践の中の理論（theory in practice）

教師の「実践的知識」に注目し、それを探求する立場である。この立場では、理論と実践とは別々の領域ではなく、全ての実践が理論的実践として対象化される（佐藤 1998: 22）。自らの実践とその中での出来事及びそれについて考え感じたことを、報告者がそのまま聴衆に提供し、参加者全体がそれを共有するという「事例研究」の報告会の形を採る。「一つひとつの事例を対象として、一人ひとりの教師の授業の構成や子供との関わりやコミュニケ

ーションの組織について多角的・総合的に検討し、教師が実践場面で生成し機能させている洞察や省察や判断の力を『実践的見識』として高めることを追及する（佐藤 1997: 239）」報告会である。しかし、(1)聴衆がマニュアル的特効薬の情報を報告者に期待して参加する場合は、それが得られないと失望する、(2)報告者による実践は、その教育環境や文脈の中で成立しており、そのままの応用が難しいことがある、(3)報告者の話が「散漫で、主観的で、逸話的で、だらだらとした(Crookes 1993:136、藤岡 1998b: 240)」苦労話と受け取られる場合は、聴衆にとって有意義なものとならない、等の批判も同時に存在する(横溝 2001a: 57-58)。

　課題探究型 AR が「実施した教師の歩み」の記録であることは、既に述べましたが、その記録はまさに「一つひとつの事例の多角的・総合的な検討、そして教師の洞察・省察・判断」を記したものに他なりません。「実践の中の理論」は、教育環境や文脈への依存度が高いので、そのままの形では聴衆（または読者）の現場への応用が難しいのですが、報告される教育実践を「各文脈の中での発展途上のプロセス」として捉えることができれば、参加者が得るものは大きいと考えられます。では、「実践の中の理論」での授業実践報告会を、どのような形でデザイン・運営すれば、非批評的な対話が成立するのでしょうか。その具体的参加方法を以下、自己研修型教師の実現を目指す授業実践報告会に関する先行研究に基づいて、報告者・聴衆別に考察していきます。

4.2. 授業実践報告会での参加者のルール
4.2.1. 報告者の参加の仕方
　報告者(つまり授業者)は、自らの授業実践について聴衆に語っていくのですが、具体的にはどのような「語りの形式」が求められるのでしょうか。授業研究の変遷を見てみると、もともとは「授業の内省や批評が、個々の事例を『物語』や『ドキュメント』の様式で記録して話し合うスタイルで行われていた」のですが、授業を科学的に研究しようという試みが数多くなされる中で、「主観的な印象による語りが排除され、客観的なデータに基づく科学

的な分析と一般化が追及されることとなった（佐藤 1996: 42-43）」という歴史があります。しかし、そのような変遷の中で、教師達が実践を記録し語る言葉は、「具体的で生々しい文脈から離れて抽象化し、実践の創造と内省に対する想像力を失なってきた（稲垣・佐藤 1996: 131）」のも事実です。この現状から脱却するためには、以前広く行われていた、「教師が、教室のストーリーテラーとして、一人称で子ども一人ひとりの学習と成長の物語を語り」、「文脈の固有性を尊重し、具体的な経験の生き生きとした描写を追及する（佐藤 1997: 166-167）」という形式に立ち返ることが必要でしょう。生徒の学習と成長を語るためには、その物語を時系列に沿って話すことが必要です。また、物語の構成は、授業者自身が授業中に実施した実践内容及びその結果教師と生徒に生じたこと等の、いわゆる出来事の描写だけでは不十分です。なぜなら、授業者には「実践者の立場に立たないと見えない世界（佐藤 1998: 47）」が見えていて、「授業者だけが対象化できる『自他不分離』の情報（藤岡 1998b: 122）」を提供することで、聴衆は授業についての豊かな情報を得られるからです。また、授業者が授業を進めていく中で他の教師から受けた指摘・アドバイスや、自らのテーマについて読んだ先行研究から得た情報等も、聴衆が授業者の物語を深く理解するには重要でしょう。

　さらに、授業についての情報を聴衆にイメージしやすいものにするためには、その物語の記述は「教師が一人称で登場し子どもが固有名で登場する記述(稲垣・佐藤 1996: 134）」でなくてはならないでしょう。それによって、「教師としての『私』が登場」し、授業に参加する「一人ひとりの経験の叙述を通した、教室の出来事の多義的な意味の解読（佐藤 1997: 166）」の追及ができるからです。加えて、授業者には、事実を正直に報告する義務があります。それによって、「個別的な経験の披露」そしてその発展形である「自らの実践自慢」のような、表層的で聴衆が懐疑的になる報告が避けられるからです。[11] 最後に、聴衆から報告者に質問が出た時は、その質問及びそれに対する答の聴衆全員への共有が、報告者には求められます。そのことにより、参加者全員が共に成長していくことを目指すためです。

4.2.2. 聴衆の参加の仕方

　学び合い語り合う共同体の構築のためには、「教育の経験の長さに関わらず、参加者全員が発展途上の教師である」という考えの参加者全員による共有が必要でしょう。「発展途上」を心掛けるためには、授業実践の「結果」よりも、「プロセス」に注目することが求められます。このことは、1つの正答を求めたり見解や意見の論争を避けることも意味します。教師が学習者として体験してきた「学習における正答主義」は、「教育における正答主義」に影響を与えています。1つの正しい知識や指導法を常に求める集団規範に基づく教師の学習は、「（本人が自分の意志や選択で学習していると思っても）内的成長、つまり教員としての実践的知識の自律的な体制化にはつながりにくい（古川1990: 13）」ものであり、授業実践報告会の場からそれを排除することには、大きな意味があると思われます。

　更に、参加する教師全員の成長を願うのであれば、「多様な見方や考え方を具体的な事実を通して擦り合わせ共有し合うこと（稲垣・佐藤1996: 137）」も求められます。共有のためには、報告者と似たような体験をしたことのある聴衆は、体験談を報告者と他の聴衆全員に語ることが必要でしょう。それにより、授業実践報告会が「事実をめぐる話し合いを通して参加者の成長を促進する」ことにもつながります。問題は、聴衆が自身の体験を具体的にどのように語るべきかという「ことばの選択」です。聴衆からの励ましや次の実践へとつながるアドバイスは、報告者自身の成長にとって重要なフィードバックです。しかし、この「アドバイス」は、「正答主義」のぶつかり合いや、報告者の実践に対する批判のみの産出につながることも少なくありません。連続する批判を感情的に落ち着いて受けとめるのは、報告者にとって決して容易いことではありません。非批評的な対話によって構成される授業実践報告会の実現のためには、言語面と非言語面の2つのアプローチがあるでしょう。「断定的・挑戦的な口調を避け、穏やかな語りを心掛ける」という言語面のルールと、「微笑みを絶やさない」という非言語面のルールを参加者全員が遵守するのです。これらのルールの遵守によって、非批評的な対話の成立が促進されるでしょう。

4.2.3. ルールのまとめ

以上をまとめると、このようになります。[12]

授業実践報告会での参加者のルール

報告者のルール

・以下の内容をストーリーテラーとして、時系列に沿って、自分の言葉で正直に分かりやすく伝える。
　　1．自分の授業の実践内容
　　2．教師側・学習者側に生じたこと
　　3．教師が考えたこと・感じたこと
　　4．実践の向上のために参考にした文献やアドバイス等
・自分は一人称「私」で、学習者は固有名(仮名を使用)で呼ぶ。
・上手くいかなかったこと・失敗・落ち込み等も隠さず報告する。
・質問やそれに対する自分の答えが、参加者全員に共有されるように気を配る。

聴衆のルール

・「教育の経験の長さに関わらず参加者全員が発展途上の教師である」という考えを心に留めておく。
・実践の結果よりもそのプロセスに注目する。
・1つの正答を求めない。
・見解や意見の論争を避ける。[13]
・似たような体験を自分がしたことがあるなら、その時の体験談を報告者や他の聴衆に語る。
・励ましや次の実践へとつながるアドバイスを、報告者に積極的に与える。
・質問したり自分の体験を語ったりアドバイス・励ましを与えたりするときは、穏やかな口調で微笑みを忘れずに。

4.2.4. このタイプの授業実践報告会への反応

横溝(2001a)は、この形式に基づく授業実践報告会を実施し、その結果に

ついて調査した結果、「和やか」「心地いい」「参加してよかった」等の肯定的なフィードバックが全体的に得られたと報告しています。[14] また、長崎(2005: 187)も、同様の形式を高知県の英語教師によるアクション・リサーチ報告会で採用し、「非常に和やかな雰囲気で、積極的な情報交換、意見交換が行われ、次のステップに向けて、有益な示唆が得られたようであった」と報告しています。数少ない事例ではありますが、このような報告に基づけば、同形式での授業実践報告会の採用により、「非批評的な対話」が実現した結果、「和やか」な雰囲気につながったと結論づけてよいと思います。

2004年3月4日　高知県立追手前高校にて

5. 協働的課題探究型アクション・リサーチ

　AR を通じて、教師同士の非批評的な対話を実現できるのは、なにも授業実践報告会の場だけではありません。AR を教師仲間と実施する、すなわち協働的 AR(collaborative action research)[15] を実施する中で、お互いに非批評的な対話をし続けることが可能です。上掲の授業実践報告会におけるルールの遵守を教師同士で心がければ、AR のトピックの発見や明確化につなげられます。[16] また、授業観察を通じて、AR のデータをお互いに提供しあうことも可能です。AR のデータ収集の手段として「他者による授業観察」を利用する際には、「観察者に期待されているのは、授業者及び授業自体が良かったか悪かったか判断を下すことではなく、クラス内で起こっていることをデータとして授業者に提供することである」という点に留意する必要があります。そのためには、個人的な好き嫌いに基づいてコメントすることを、観

察者は避けなければなりません。また、クラス内で起こっていることを授業者に伝える際にも、授業者及び授業自体についての、判断を慎む態度を採り続けることが大切です。観察者がこのような態度を採り続けることができれば、観察者と授業者の間の感情的な議論を避けることが可能になると思います(横溝 2000: 151-152)。

「AR を個人単位で行なうことを認めるか」または「グループで行なうことを必須条件とするか」については、研究者の間で意見が分かれていますが、本節の筆者は最近、「協働作業としての AR がいいですよ!」とお勧めすることにしています。お互いに励まし合いながらリサーチを進めることができますし、それを通じて、他の人々との横の繋がりを拡げることも可能になるからです。また、他の人々との協働作業を通じて、教師が今まで無意識に持っていた信念や哲学が揺さぶられることも多く、さらに深い内省につながることが多いからです。もちろん一人で実施なさることを禁止(?)するつもりはありませんが、その場合は、メーリング・リストなどによって意見・情報交換ができるようにしておくことが、AR の継続と深まりにつながると思います(横溝 2003: 11)

協働的 AR の実施は、コミュニケーション機会の増加を教師にもたらします。そのことによって、単独で行うよりも、実施する教師ははるかに多くの気づきを得られるようです。このように、教師の協働による課題探究型 AR、すなわち「協働的課題探究型 AR」の実施は、教師の共同成長に貢献する大きな可能性があると思われます。

6. 先輩教師による成長支援

6.1. 先輩教師の役割の変化

これまでの議論は、特に教師の知識や経験の量・質を考慮に入れずに行ってきました。参加教師の間に知識・経験の差があってもなくても、課題探究型 AR を協働で行うことは可能です。しかしながら、先輩教師が後輩(新米)教師を指導することも、教育の現場では少なくありません。教師の成長パラダイムの中では、先輩教師の果たす役割と必要な知識・技能が、教師トレー

ニングのそれとは大きく異なっています。この点に関して、岩川（1994: 99）は次のように述べています。

> 近代の専門家教育は、前近代的な徒弟制を否定して科学的・合理主義的な観点から再編成されてきたものであり、専門家の学習は、基礎研究で生み出された知識や技術を習得し、それを実践に適用することに重点が置かれてきた。しかし、現実に専門家が直面する状況は複雑で不確定で流動的なものであり、科学的な知識や技術の単純な適用を拒むものである。逆に言えば、そのような複雑な状況の中で問題を構成し再構成する不断の「活動過程における省察（reflection-in-action）」を通してこそ、専門家は学ぶのだといえる。しかし実践の状況が複雑だからこそ、やみくもに現場に放り込まれるだけでは、初任者はつぶれてしまう。そこで重要な働きをするのが、同じ現場で働く経験を積んだ専門家とのコミュニケーションである。経験を積んだ専門家は、複雑な状況の中で葛藤する新参者とパーソナルな関係を形成し、新参者を情緒的・心理的に支持したり、専門的な助言を与えることによって、新参者の専門家としての役割形成、専門的な見識の形成、専門家集団への参加を援助する。

このように、教師の成長パラダイムでは、新米教師と先輩教師の間で、教師トレーニング・パラダイムの時とは異なる関係の構築が必要とされます。では、岩川の言う「複雑な状況の中で葛藤する新参者とパーソナルな関係」を、新米教師と先輩教師の間でどのように構築すればよいのでしょうか。この問題への1つの回答が、「メンタリング（mentoring）」（別名「メンター・システム、mentor system）の導入です。[17]

6.2. メンタリング

メンタリングとはもともと、「知識や経験の豊かな人々が、まだ未熟な人に対して、キャリア形成や心理・社会的な側面から一定期間継続して行う支援行動全体（渡辺・久村 1999: 11）」です。1990年代半ば頃から、企業の人材開発に携わる人々の間で大きな注目を集めてきました。メンタリングを施

す人はメンター(mentor)、そして、それを受ける人はメンティー(mentee)またはプロテジェ(protégé)と呼ばれます。教育の分野では、先輩教師がメンターになって、新人教師(メンティー)の専門家としての自立を見守り援助するという形が、通常採られます。

メンターは、自己の固定的な枠組みによって新人教師の授業を評価し、指導せずに、その授業の中に、深く奥行きを備えた問題を見出し、そこに自らの授業の課題をも重ね合わせ、新人教師と共に探求する並び見の関係を創ります。また、新人教師が行き詰まったときに、その問題が持つ意味の豊かさを示したり、新人教師の意図に共感しながらも、その裏にある問題に目を向けたり、新人教師が突き当たった問題に関連する研究を紹介したりします(岩川 1994)。

このようなメンターからの働き掛けによって、新人教師は、自らの学び・成長を観察するための視点や、自分が感じたこと、考えたことを言語化する能力を向上させ、教師として大きく成長していくと考えられています。メンターとしての先輩教師の役割は、一言で言うならば「メンティーの潜在的な可能性を引き出すこと」と言えるでしょう。このことは一見自明のようですが、実際にやってみようとすると、困難が伴うことが少なくありません。前掲の横溝(2001a)でも、教師間の非批評的な対話の実現をめざした授業実践報告会において、「意義のあるやり取りが十分に行われていない」「教え方についての話し合いが深まらない」等の批判的意見が、教授経験の長い熟練教師から出てきていました。この不満足感は、これまで慣れ親しんできたものとは大きく異なる授業実践報告会に臨んだために生じた困惑と解釈できると思います。同様の困惑は、先輩教師がメンターの役割を果たそうとする際にも、生じることが予想されます。[18]

さて、メンターは具体的には、どのような支援をメンティーに施すのでしょうか。メンターが行なう基本的な行為は、以下の3つに大別されます。[19]

・聴く
・問いかける
・フィードバックを与える

メンターによるこれらの働きかけは、メンティーの「自己内対話[20]」促進のための環境作りに他なりません。自己内対話をメンティーに促すためには、これら3つの行為に加えて、メンターには「メンティーが望む情報を適切に提供すること」が求められます。実際にメンタリングを行っていると、メンティーから、「現在自分が困っている状況を理解・打開するために必要な情報」の提供を求められることが少なくありません。この点に関して、本田(2000: 39)は、以下の具体的行動例を、メンターが行うべき支援活動の一部として挙げています。

・将来に向けて、必要な知識、スキル、心構えを授ける。
・仕事の達成に向けて、具体的にコーチングする(効果的な質問などをして、相手の可能性を引き出し、成果を高めていく)。
・キャリア成功を達成するノウハウ、コツを教える。

この3つの支援活動のうち、第1と第3の活動は、いわゆる「情報提供」活動です。ある状況におかれ的確な判断を下すためには、様々な選択肢を把握した上で最良と思われる方策を選択することが求められます。その状況の理解・打開につながる情報を持たない場合は、方策自体を思いつかない、または1つの方策に短絡的に飛びつき失敗を重ねることにつながってしまうことが予想されます。換言すれば、よりよき行動を選択するためには十分な情報が必要であり、また、それを正しく実行するためには、試行錯誤を含む数多くの体験が必要なのです。教師の成長という方向性の中では、新米教師の現状に合わせて最適の支援を提供することが、先輩教師に求められているのです。

7. おわりに

以上、教師の共同成長について、様々な理論的考察と実践例の紹介をしてきました。教師の成長という方向性の中では、教師は、常に可変性のある存在として捉えられるだけでなく、自らをよりよき方へと導く可能性のある存

在としても捉えられています。このような「成長する教師」という概念について、藤岡(1998a: 1)は、以下のように述べています。

> 長い間わが国の教師をめぐる議論は、一方における理念的教師論、他方における人材的教師論という二極構造を有していた。すなわち教師はかくあるべきといった理想化された教師論、思い出のなかの教師が語られる一方で、教師の教える力をどうつけるのか、そのための養成・訓練をどう行うかといったハウ・ツーに焦点を当てた議論がさかんになされてきたのである。どちらの議論にも欠けているのは「学習する人」「成長・発達していく人」としての教師である。

教師の成長の枠組みでの研修プログラムに参加する教師にとって、自分そして自分以外の教師を「学習する人」「成長・発達していく人」として位置づけ、それを保持し続けることには、実は大きなエネルギーと忍耐力が必要です。それぞれの成長のスピードや成長過程が異なっているからです。ここに教師の共同成長の難しさと同時に醍醐味が存在しています。教師が共同で成長していこうと志しても、成長の個人差が原因で、せっかく始めた共同作業がうまくいかなくなることは少なくありません。それを避けるためには、各自の成長のスピードや成長過程を尊重しあうことが必要不可欠です。しかしながら、そのことは分かっていても、いっこうに変化していないように見える同僚や後輩教師を見てイライラしたり諦めたりする気持ちも、人間であれば、ある意味、自然な感情なのかもしれません。ここまで様々なことを述べてきた本節の著者も同様です。しかしながら、本節の筆者は、教師の成長支援のデザイン・運営の専門家であることもあり、そういった感情をそのままにしておいてはいけない立場にあります。そんな著者は、成長の個人差を尊重しようという気持ちを持ちづらくなった時に、吉田(2005: 196)による以下の文言を思い出すことがあります。

> 可能性を信じて存在に意識を向けてくれる人によって、長いトンネルを抜けて目覚めた才能が、たくさん世の中にはあります。可能性を信じる

ことは思想ではなく、価値を創造していくための原理だと考えます。その原理が日々の相手を受け入れる技術を生み出していくのです。

　この最後の「可能性を信じることは思想ではなく、価値を創造していくための原理。その原理が日々の相手を受け入れる技術を生み出していく。」という文言は、人の成長を支える全ての教師が、常に心に留めておくべきことばだと本節の筆者は思います。そして、教師同士が、そのような気持ちを持ってお互いに接し続けることができれば、それぞれの教師の中に大きな変容が生まれると思っています。本節で紹介した理論や実践例が、そのために役立つことを心より願っています。

参考文献

青木香澄(2004)『学習者の自発的な発話に関するアクション・リサーチ』平成 15 年度広島大学教育学部第三類日本語教育系コース卒業論文.
安藤知子(2005)「仲間とともに成長していく教師」堀井啓幸・黒羽正見(編)『教師の学び合いが生まれる校内研修』pp. 46–49. 教育開発研究所.
石川和夫・伊藤敦子(2002)『聞き方ひとつで人は育ち、人は動く』こう書房.
稲垣忠彦・佐藤学(1996)『授業研究入門』岩波書店.
岩川直樹 (1994)「教職におけるメンタリング」稲垣忠彦・久冨義之編著『日本の教師文化』pp. 97–107. 東京大学出版会.
大阪 YWCA・岡本牧子(2000)『〈地域の日本語教育〉ボランティアで日本語を教える：基礎知識・情報から教え方まで』アルク.
岡崎敏雄・岡崎眸(1997)『日本語教育の実習：理論と実践』アルク.
岡東壽隆(2006)「教師文化」曽余田浩史・岡東壽隆(編著)『新ティーチング・プロフェッション：教師を目指す人へのエール基礎・基本』pp. 122–135. 明治図書.
オンライン教師研修報告書作成部会(2004)『オンライン教師研修の可能性の探究』日本語教育学会教師研修委員会.
梶田叡一(1985)『自己教育への教育』明治図書.
兼重昇(2000)「日本の英語教育における受容と実践」『英語教育』10 月増刊号：pp. 53–54. 大修館書店.

木原俊行(1998)「同僚との対話と共同」浅田匡・生田孝至・藤岡完治編著『成長する教師』pp. 198-211. 金子書房.

鯨岡峻(2005)『エピソード記述入門：実践と質的記述のために』東京大学出版会.

小山悦司(1988)「教師のプロフェッショナル・グロースに関する研究：教師の自己成長力をめぐる一考察」『岡山理科大学紀要』第23号：pp. 115-132. 岡山理科大学.

酒井志延(2002)「現職英語科教員研修の実態」『現職英語教員の教育研修の実態と将来像に関する総合的研究』pp. 59-73. 平成13年度科学研究費補助金基盤研究(B)研究成果報告書.

佐藤郁哉(1992)『フィールドワーク：書を持って街へ出よう』新曜社.

佐藤学(1996)『教育方法学』岩波書店.

佐藤学(1997)『教師というアポリア：内省的実践へ』世織書房.

佐藤学(1998)「教師の実践的思考の中の心理学」佐伯胖・宮崎清孝・佐藤学・石黒広昭編著『心理学と教育実践の間で』pp. 9-55. 東京大学出版会.

佐野正之(2000)『アクション・リサーチのすすめ：新しい英語授業研究』大修館書店.

佐野正之編著(2005)『はじめてのアクション・リサーチ：英語の授業を改善するために』大修館書店.

嶋田和子(2008)『目指せ、日本語教師力アップ！— OPIでいきいき授業』ひつじ書房.

多田孝志(2005)「教師同士の忌憚のないコミュニケーションを促す」堀井啓幸・黒羽正見(編)『教師の学び合いが生まれる校内研修』pp. 80-84. 教育開発研究所.

中田麗子(2008)「ノルウェーの教師教育における反省的メンタリング」『日本教師教育学会年報：教師教育改革の国際的動向』第17号：pp. 73-82. 日本教師教育学会.

長崎政浩(2005)「英語教員全員研修でのアクション・リサーチ：高知県の取り組み」佐野正之編著『はじめてのアクション・リサーチ：英語の授業を改善するために』pp. 180-189. 大修館書店.

播磨早苗(2005)『あなたを成功に導く気づき力：コーチングが解き明かす、夢・実現の瞬間』PHP研究所.

春原憲一郎・横溝紳一郎(2005)「オンラインによる教師研修」縫部義憲監修・水町伊佐男編集『講座・日本語教育学 第4巻：言語学習の支援』pp. 219-240. スリーエーネットワーク.

藤岡完治(1998a)「プロローグ 成長する教師」浅田匡・生田考至・藤岡完治編著『成長する教師：教師学への誘い』pp. 1-6. 金子書房.

藤岡完治(1998b)「自分のことばで授業を語る：カード構造化法」浅田匡・生田考至・藤岡完治編著『成長する教師：教師学への誘い』pp. 118-133. 金子書房.

藤岡完治(1998c)「仲間と共に成長する：新しい校内研究の創造」浅田匡・生田考至・

藤岡完治編著『成長する教師：教師学への誘い』pp. 227-242. 金子書房.
古川ちかし(1990)「教員は自分自身をどう変えられるか」『日本語教育論集』7号：pp. 1-18. 国立国語研究所.
本田勝嗣(2000)『メンタリングの技術』オーエス出版社.
村井尚子(2008)「実習における教育的契機への反省的記述」『日本教師教育学会年報：教師教育改革の国際的動向』第17号：pp. 138-147. 日本教師教育学会.
村越亮治(2003)「内容豊かな英文を書く力を伸ばすアクション・リサーチ：電子メールを活用したライティング授業の実践」『アクション・リサーチ研究』創刊号：pp. 24-32. アクション・リサーチの会@ YOKOHAMA.
松本葉子(2003)『外国人児童への教科学習支援におけるアクション・リサーチ』平成14年度広島大学教育学部第三類日本語教育系コース卒業論文.
山口恒夫(2007)「臨床経験のリフレクションと『教育』を語る言葉―教師―生徒間の相互作用と『プロセスコード』」臨床教育人間学会編『リフレクション』pp. 5-26. 東進堂.
山口美和(2007)「プロセスコードと反省の構造―教師の自己言及性をめぐって―」臨床教育人間学会編『リフレクション』pp. 27-50. 東進堂.
山﨑準二(2002)『教師のライフコース研究』創風社.
山﨑準二編著(2005)『教師という仕事・生き方：若手からベテランまで 教師としての悩みと喜び、そして成長』日本標準.
やまだようこ(2000)『人生を語る：生成のライフストーリー』ミネルヴァ書房.
やまだようこ(2005)「ライフストーリー研究：インタビューで語りをとらえる方法」秋田喜代美・恒吉僚子・佐藤学編『教育研究のメソドロジー：学校参加型マインドへのいざない』pp. 191-216. 東京大学出版会.
横溝紳一郎(2000)『日本語教師のためのアクション・リサーチ』日本語教育学会編、凡人社.
横溝紳一郎(2001a)「授業の実践報告のあるべき姿とは？：現場の教師が参加したくなる報告会を目指して」『日本語教育』第111号：pp. 56-65. 日本語教育学会.
横溝紳一郎(2001b)「日本語教育実践報告会のあり方に関する一考察：先行研究調査より」『JALT日本語教育論集』第6号：pp. 99-107. 全国語学教育学会日本語教育研究部会.
横溝紳一郎(2003)「アクション・リサーチをめぐる議論から見えてくるもの」『アクション・リサーチ研究』創刊号：pp. 7-14. アクション・リサーチの会@ YOKOHAMA.
横溝紳一郎(2004a)「アクション・リサーチの類型に関する一考察：仮説-検証型ARと課題探究型AR」『JALT日本語教育論集』第8号：pp. 1-10. 全国語学教育学会日本語教育研究部会.
横溝紳一郎(2004b)「日本語教師教育者の資質としてのコミュニケーション能力：メン

タリングの観点から」『広島大学日本語教育研究』第14号：pp. 41-49. 広島大学大学院教育学研究科日本語教育学講座.
横溝紳一郎(2005)「実践研究の評価基準に関する一考察：課題探究型アクション・リサーチを中心に」『日本語教育』125号：pp. 15-24. 日本語教育学会.
横溝紳一郎(2006a)「教師の成長を支援するということ：自己教育力とアクション・リサーチ」春原憲一郎・横溝紳一郎編著『日本語教師の成長と自己研修―新たな教師研修ストラテジーの可能性をめざして―』pp. 44-67. 凡人社.
横溝紳一郎(2006b)「日本語教師養成・研修における『教師のライフヒストリー研究』の可能性の探求」春原憲一郎・横溝紳一郎編著『日本語教師の成長と自己研修－新たな教師研修ストラテジーの可能性をめざして－』pp. 156-179. 凡人社.
横溝紳一郎(2006c)「オンライン教師研修のデザインと実際」春原憲一郎・横溝紳一郎編著『日本語教師の成長と自己研修―新たな教師研修ストラテジーの可能性をめざして―』pp. 285-325. 凡人社.
横溝紳一郎(2006d)『オンラインによる日本語教師教育者研修に関する総合的研究』（平成16〜17年度科学研究費補助金(萌芽研究)研究成果報告書(研究代表者：横溝紳一郎、課題番号：16652038).
横溝紳一郎(2008a)「校内研修としてのアクション・リサーチの可能性」『アクション・リサーチ研究』第2号：pp. 8-17. アクション・リサーチの会@YOKOHAMA.
横溝紳一郎(2008b)「教師の資質・成長過程と、その支援方法」西原鈴子・西郡仁朗編著『講座社会言語科学第4巻―教育・学習―』pp. 182-214. ひつじ書房.
横溝紳一郎・迫田久美子・森千枝見・吉村敦美・青木香澄・大西貴世子・田場早苗・森井賀与子・家根橋伸子・レイン斉藤幸代(2006)「教師教育者を養成する日本語教育実習：メンター育成コースの試みを通じて」春原憲一郎・横溝紳一郎編著『日本語教師の成長と自己研修－新たな教師研修ストラテジーの可能性をめざして－』pp. 244-266. 凡人社.
吉田典生(2005)『なぜ、「できる人」は「できる人」を育てられないのか？』日本実業出版社.
渡辺直登・久村恵子(1999)『メンター／メンタリング入門』プレスタイム.
Burns, A. (1999) *Collaborative actions research for English language teachers*. New York: Cambridge University Press.
Crookes, G. (1993) Action research for second language teachers: Going beyond teacher research. *Applied Linguistics*, 14(2): 130-144.
Edge, J. (1992) *Cooperative development: Professional self-development through cooperation with colleagues*. Essex, UK: Longman.
Edge, J. (2002) *Continuing Cooperative Development: A Discourse Framework for Individuals as Colleagues*. Ann Arbor, MI: Michigan University Press.

Yokomizo, S. (2009) EAR Approach: An Attempt to Increase Opportunities for Reflection. Yoshida, T., Imai, H., Nakata, Y., Tajino, A., Takeuchi, O. and Tamai, K. (eds) *Researching Language Teaching and Learning: An Integration of Practice and Theory,* pp. 213-231. Oxford, UK: Peter Lang Publishing Group.

注)
1 本節では、「教師」「教員」の 2 つを、teacher を指す用語として使用する。用語間の使い分けによる意味の違いは、特に意図していない。
2 岡崎・岡崎(1997)は「内省的実践家」という訳語を reflective practitioner に当てているが、reflection の訳語としては「内省」「反省」「省察」などがある。本節では、reflection の訳を「内省」という語に統一して使用している。
3 自己教育力についてさらに詳しくは、横溝(2006a)を参照。
4 嶋田(2008)は、学内教師研修で「学びの共同体」をどのようにして作っていくのかについて、具体的提言と実践報告を行っている。
5 課題探究型 AR について更に詳しくは、横溝(2004a、2005)、Yokomizo(2009)、そして本書中の玉井論文を参照。
6 教師のライフヒストリー研究の援用である。教師のライフヒストリー研究について詳しくは、山崎(2002、2005)、やまだ(2000、2005)、横溝(2006b)を参照。
7 佐野(2005: 28)では、英検やセンター試験などの全国的に実施されるテスト、及び各学校で実施される期末試験などの定期試験を、量的データとして活用することが提唱されている。
8 これらのデータ収集の方法について詳しくは、横溝(2000)を参照。
9 佐野(2005: 20)は、リサーチ・クエスチョンと仮説の違いについて、「『リサーチ・クエスチョン』は大まかな方向性を示すもので、それを細かく砕いて、具体的な活動や指導テクニックで示したのが『仮説』」であると述べている。
10 授業実践報告会のあるべき姿について更に詳しくは、佐藤(1998)、横溝(2001a、2001b)を参照。
11 教育現場の具体的記述技法として、「エピソード記述(鯨岡 2005)」「プロセスコード(山口 2007、山口 2007)」「教育的契機の記述(村井 2008)」等が提唱されている。
12 このタイプの報告会には、ポスター・セッションの形式の採用が望ましい。
13 本節の筆者は、以前は参加者(教師)に「『見解や意見の論争は、違いを楽しむ事をめざし、決着をつけようとはしない』というスタンスで対話をしましょう」と、柔らかめに呼びかけていた。しかしながら、対話が進むにつれて「違いを楽

しむことは横に置いておいて、決着をつけよう」という勢いが教師間に出てくることを何度も体験し、よりはっきりとしたルールを設け、それに従ってくださいという強めの要請を行うようになった。

14 その一方で、教授経験の長い熟練教師からの「意義のあるやり取りが十分に行われていない」「教え方についての話し合いが深まらない」等の意見も見られた。この点に関する論考については、横溝(2001a)を参照。
15 協働的ARについて詳しくは、Burns(1999)、横溝(2008a)を参照。
16 非批評的対話を実現する方策として、Cooperative Development がある。詳しくは、Edge(1993、2002)、横溝(2000)を参照。
17 メンタリングを導入した教師教育について更に詳しくは、オンライン教師研修報告書作成部会(2004)、春原・横溝(2005)、横溝(2006a、2006c、2006d、2008b)及び横溝他(2006)を参照。
18 中田(2008)は、ノルウェーでのメンタリングに基づく教師教育で、内省の対象が、個々人の授業行為の背景にある「実践理論」よりも「実践行為の遂行」に焦点が当てられている点を指摘し、そのことが「理論と実践を統合するという意図」が実現できていない一因であると主張している。
19 メンターの具体的行動の枠組み及びアドバイスについては、石川・伊藤(2002)及び横溝(2004b)を参照。
20 播磨(2005: 221)は、「内的傾聴」と呼んでいる。

リフレクティブ・プラクティス
―教師の教師による教師のための授業研究―

玉井　健（神戸市外国語大学）

1. リフレクティブ・プラクティス

　リフレクティブ・プラクティスは、教師が教室での経験をふり返り、自身のティーチングに対する理解を深めることによって成長を志向する授業研究法です。これまで一般的に行われてきた授業研究と対照させながら、その違いを明らかにし、授業研究法としての意味、背景概念、枠組みと実践方法について、筆者自身の経験と現場の実践家たちの報告を紹介しながら概説したいと思います。キーワードは、リフレクション・経験・理解・学習者中心主義です。

1.1. 今までの授業研究の問題点とリフレクティブ・プラクティス

　授業研究と聞くとまずどのようなものを思い浮かべるでしょうか。まず初任者研修でのベテラン教師によるデモ授業や、5年目・10年目といった節目での中堅教師相互の研究授業、あるいはビデオに撮った授業映像について指導助言者がコメントしていくような研修が頭に浮かぶのではないでしょうか。教育委員会や学校関連の研究会主催の研修を見る限り、「授業研究＝授業の観察と経験豊かな他者による指導的検討」というのが、これまでの一般的な授業研究の基本的な形式であるように思われます。

　さて、この授業研究法は、授業研究をどうとらえているのでしょう。研修概要やそこで用いられるアンケート用紙の内容から浮かび上がるのは、授業は技術、知識、態度からなり、それは経験ある教師のモデル授業を観察したり、自分の授業に対して適切な批評や指導を受けることによって上達させて

ゆくことができるという考えです。では、こうした形式の授業研究はどのように教師の成長に貢献しうるのでしょうか、あるいはこれに代わりうる方法はないのでしょうか。そもそも授業研究とは何なのでしょう。[1] のっけから質問の嵐をお許しください。これは私自身への問いかけでもあるのです。

オートノミー(自律)という言葉が最近よく使われます。が、「教師の自律的な成長」を目的とする授業研究は、上のように伝統的なタイプの授業研究形態からは生まれてきにくいと考えられます。その最大の理由は、自発的な成長を目ざすきっかけとなるはずの学びの引き金が、権威的他者からのトップダウン的指摘や批評であるために、教師の学びが自分のモノとしてとらえにくいという点にあります。[2] 少しふみ込んで伝統的なタイプの授業研究法の問題と思われる点について考えてみましょう。次の三点が指摘できます。

1) 授業について批評する立場とされる立場という上下の力関係の前提的存在
2) 他者評価への依存による、実践者の学びの主体としての自発的な内省的分析と探索的理解の欠如
3) 授業を「経験」という学びの資源と見る視点の欠如

第1の点については、多くの場合、批評が教師にとっては相対的に上の立場に立つ社会的権威、あるいはそれに近い存在(たとえば大学教授・指導主事・校長経験者など)からなされるために、授業者としての教師はそれをいただく存在となってしまうことが問題としてあげられます。権威の存在によって研修の場が有益なものとなるはずであるという企画側の前提が、授業者の立場からの反論や教師の自発的な学びにつながる議論の発生をむずかしくしていると言えるかもしれません。

授業研修で発言を促されて立ち上がる時、私自身も矛盾に満ちた複雑な気持ちになります。研修という社会的な文脈にはしばしば厳然とした力関係(power structure)が作り上げられてしまっていて、大学教師のコメントはその内容の如何にかかわらず、権威という衣を着て儀式の中で下される託宣のようにその場を支配してしまう可能性があり、それと同時にその託宣を黙っ

て受け入れなければならない授業実践者及び参加者が一方に存在するからです。社会の力関係を政治的に否定するのではなく、授業研究という学びの場では、無用の力関係はできる限り排除、あるいはミニマムにしたいということです。なぜか。力関係は、一人の権威者のたった1つの解釈しかその場での存在を許さないものにしてしまう可能性が高いからです。専門性が特に高い学術分野、つまり脱文脈化した環境においてより大きな意味を持つ権威の言葉は、教育現場という文脈依存度のきわめて高い授業研究の場では、その期待に応えにくい性質を持っているのです。逆に授業実践は文脈依存度が高いからこそ常に無数の異なる解釈を伴います。それゆえに、異なる立場から多様な解釈がオープンに提示され、それらが意味の原石として共有される時、ダイヤモンドのような新たな意味の発見がなされ、参加者は1つの授業実践についての理解を仲間と共起的に深めていくことが可能になると考えます。

　権威から学ぼうとする構造は、より自律的な学びや深い理解への道筋を閉ざしてしまう危険性があることを、何よりも「権威者」自身が理解しておく必要があるでしょう。研修の企画にあたって不要な力構造を排除できれば、権威者も1つの学びの資源として生まれ変わるでしょうし、教師の学びの支援者として機能し始めると、その研修は全く異なったものになるはずです。

　第2の点は前述の問題点の結果として生じてくる問題です。授業者の学びのモード、つまり授業者が受ける利益の形式の問題です。従来の研修会では、講師からの講評あるいはアドバイスという形式でなされていました。それは権威という衣を着せられて提示されます。経験ある講師や達人による深い洞察にはハッとさせられるものがありますが、それでもそれは、その授業に対する1つの解釈に過ぎないのです。何よりもそれは、授業者自らの気づきを基礎とするものではありません。デューイは内省的思考について次のように言っています。

> Reflective thinking… involves <u>overcoming the inertia that inclines one to accept suggestions at their face value; it involves willingness to endure a</u>

> condition of mental unrest and disturbance. Reflective thinking, in short, means judgment suspended during further inquiry; and suspense is likely to be somewhat painful.
>
> （Dewey, 1997b: 13, 下線筆者）

　我々は、ともすれば人からの助言を額面どおりに受け取ってしまいがちです。自律的な成長につながるリフレクティブな学びとは、他者の解釈によるアドバイスや講評を安易に受け入れることではなく、固定的な判断に陥ることを回避しながら、常に開かれたスタンスで自身と自身の授業に対する新たな理解を達成していくことに在ります。「こうすることも可能だったか、それはなぜか」という新しい理解への問いかけのプロセスは、権威が言ったから意味があるのではなく、自分自身に意味を持ち、今までの理解を変更しうると判断できるからこそ意味を持つのではないでしょうか。学習者中心主義において学びの主体が学習者であるように、自身の授業についての分析と理解の主体は実践者である教師自身であるはずです。そうすると授業研究の成果は、他者によるアドバイスの盲目的な受容によるのではなく、自らの関わりにおいて自ら達成した新たな理解の上に立つものと位置づけられるのです。

　第3の点は、2の点の基礎になる考え方です。授業はその前の準備あるいはそれ以前までの実践、本番、そしてその後の内省を含めて1つの流れを持った全体的な経験であり、それ自体が授業者にとっての最も豊かな学びの資源だとする観点です。学びの資源としての経験はその人に固有のものですから、学びは自身の経験をふり返ることによって生まれ、それが自身の授業に対する理解を深めることにつながります。経験を学びの資源と考えるところでは、分析する主体(agent)はその授業者自身です。よく見られる、権威による高所からの一方的な論評は授業実践者にとって必ずしも適切な意味を持たないだけでなく、自律的な学びの阻害になりかねません。権威が自らの解釈を展開すればするほど、教師にとっての自律的な学びの機会を奪っていくことになるのです。では逆に、教師が自らの授業実践についての研究者(teacher-researcher)[3]となり、権威が支援者(facilitator)になるような授業研

究法があるとするならば、どうでしょうか。

　力関係によって強制されず、経験を学びの資源としつつ、主体的自発的な理解をめざす授業研究とはどのようなものを言うのか、皆さんと一緒に考えてみたいと思います。やれやれ、一体何を言い出すのだと思われるかもしれませんが、しばし新たな授業研究探索の旅におつき合いください。旅ということですから、リフレクティブ・プラクティスがその一部となっているアクション・リサーチや、リフレクティブ・プラクティスとの関わりなどの周辺的なところから話したいと思います。多少の回り道、お許しを。

1.2. リフレクティブ・プラクティスの 2 つのキーワード：リフレクションと理解

　リフレクションには内省とか省察、ふり返りといった訳語が充てられますが一体何をふり返るのでしょうか。それは授業中の出来事、それを考える自分、さらには出来事を分析するよりどころとなる自身の過去の経験です。経験を学びの資源とする考え方は経験主義と言われ、John Dewey(1859‐1952)の学習論に代表されます。教師教育分野において、デューイに立ち返ってリフレクションの意味を再評価した Rodgers(2002)はリフレクションについて次のように言います。

> Reflection is a meaning-making process that moves a learner from one experience into the next with deeper understanding of its relationships with and connections to other experiences and ideas.
>
> （下線筆者）

　つまり、リフレクションは経験から意味を取り出す作業を通して他の経験や考えとの関連づけを行い理解を深める作業です。この Rodgers の立場に立ってリフレクティブ・プラクティスを定義するならば実践としてのリフレクティブ・プラクティスは次のように定義できると思います。

> The practice and its process of making meaning of experience as a source of

learning and understanding.

　こうして考えると、ふり返りが向けられるのは、詰まるところ「経験」に集約されると考えられます。では、実際の教師教育・授業研究においてリフレクションはどのように行われ、経験からの意味の取り出しは理解とどのような関わりを持つのでしょうか。授業を例にお話しします。

　現在筆者は、現職の教師を対象とした大学院で「英語授業指導分析」という授業を担当しています。授業の目的は教師の変化にありますが、それを言語知識や指導理論、指導技術の修得によって達成することは目指しません。成長の手段を教室に生起する出来事についての「より深い理解」に求めているのです。授業の概要は以下のようなものです。

> **授業の目標―教師としての変化を目ざす**
> 内容：教室という場に起こる出来事を記録し、その意味を内省的に分析していくプロセスで、出来事と自分のティーチングの関わりについての理解を深め、教師としての変化と成長を促す。

　具体的な授業目標は、リフレクティブ・プラクティスに則った授業を通して、参加者が自身と自身の授業、学習者と自分の教室で起こる様々なことに対する「理解」を深めることに置いています。実証研究で言う「〜したら〜の効果はあるか」という焦点化した実験仮説的目的でなく、茫漠としたイメージを持つ「理解」が教師にとって大切だというには理由があります。

　リフレクティブ・プラクティスの分析の対象は教室で生起することです。教室で生起することには、生徒達の学習やその過程に起こる数限りない有象無象のことだけでなく、教師自身に起こる様々なことも含まれます。効果や解決ではなく理解や変化を目的とすることは、問いかけの対象を限定しないオープンで探索的姿勢を可能にします。実証研究が指導法・教材・生徒といった特定の要因のみを検討するのに対して、リフレクティブ・プラクティスでは教師自身をも含めたあらゆることが分析対象となるのです。

　2つめは、教師自身が重要な分析の対象になること。ご存知のように個々の教師は teaching の瞬間瞬間に様々な意志決定をしています。その意志決

定の過程には冷静な判断もあれば、教師自身の感情的な反応や不安の結果下された意志決定もあるでしょう。たとえば授業後に「今日の授業のノリが悪かったのは、体育の授業の後で生徒達が〜だったから」という風に理解したとしましょう。この解釈から次にどのような意味あるアクション（intelligent action）を導くことが可能でしょうか。ムリです。自身を除外した一面的な解釈では、今ここで生起していることを、次の授業につなげるための解釈として把握したことにはなりません。生徒達の行動に対する注意と解釈だけではなく、その時に自分の心の中に起こったさざめきや自分のとった言動を「理解」の対象にしたとき、解釈はもはや以前と同じ場所にはとどまらないはずです。教師の「自身に対する理解」こそが理解のための重要な要素として入らねばなりません。教師が自分自身を観察対象として考え、学習者と同様に自分自身に対しての理解を深めることによって教師の成長を目指そうという点が、リフレクティブ・プラクティスの特徴であり、これまでの授業研究に見られなかった点と言うことができるでしょう。

　このことは、実践者の私にとっては、先述の英語教育指導分析の授業そのものが内省的実践の場、自分を見つめる場でもあるということになります。授業プランを立て、授業中・後に一定の視点からの内省を行い、記述し、そこから見えていなかった何かを取り出して、進歩のための新たなアクションを考え、次の経験となる授業へとつなげます。教師としての成長を目指す学生達に授業しながら、同時に私は私で自分自身の授業改善と成長をめざして問いかけ、記述し解釈しているわけです。この一連の流れをサイクルとして継続していく、循環的な実践がリフレクティブ・プラクティスです。リフレクティブ・プラクティスを実践の枠組みとしながら、授業の改善や教師・生徒の成長を目ざした研究を志向する時、それは内省を中心とした1つのアクション・リサーチと考えることもできるでしょう。

　3つ目は、研究の文化的、歴史的、社会的な広がりです。教室に生起することは自分を含めて、その社会、文化の影響から自由ではありません。生徒たちの背景にはコミュニティがあり、また彼らは過去と将来との時間のつながりのなかで生きているわけで、その一部を学校という空間で教師も交えて共有しているわけです。"life" という概念は Allwright が Exploratory Practice

で用いている言葉ですが、授業研究は life の理解という視点に立つことによって、実験室での操作的な観点とは全く性質の異なる、ヒューマスティックな視点と概念を手にすることができると言えるでしょう。

　でもそんなこと、大層に言わなくたって、教師だったら皆やっていることじゃない、と思われるかもしれません。それに「実践そのものが授業研究だ」と言うと、「なんだ、それ、簡単なことをもったいぶって」という声も聞こえてきそうです。実際、そのように言われることもあります。ではここでもう一度原点に戻りたいと思います。私はリフレクティブ・プラクティスの目的は自身と自身の授業に対する「理解を深めること」にあると述べました。必ずしも、<u>すばらしい授業ができるようになることを直接目指すのではナイ</u>のです。授業に関して言えば、自分の授業についての問いかけ、例えば授業を意図・計画したようにできたか、どのような理由で変更したかであり、分析という点から言えば、教室で起こったことを学習者の視点で把握していたか、よかったこと・次に改めたいことは何かを考えること、そういった問いかけの中で今まで見えていなかったことが浮かび上がり始めます。誰も気がつかないような小さな事象が突然意味を持ち始める瞬間はそういうリフレクションの過程のもたらしてくれる理解の種と言えるでしょう。リフレクティブ・プラクティスにおける変化はそういうところから始まります。

　先日、大学院の授業で、生徒の発言をくり返して返すというフィードバックを一週間経験として実践するという課題を出しました。一週間後Ｓ先生が、興味深い報告をしました。遅刻常習の生徒が「寝坊して遅れた。」と言って教室に入ってきました。普通なら「何ぃ！」というところを「そうか、君は寝坊して遅れたんか。」と返すと、いつもなら不機嫌な顔をするその生徒が「すみません」と謝ったそうです。Ｓ先生自身も、くり返しによって怒るタイミングを失ってしまって困惑した自分と、すんなりと謝った生徒の反応に驚いたそうです。Ｓ先生にはその瞬間の意味を分析することを要求しました。よい結果に目を向けるというより、異なる２つの経験の間に潜む要因とそれらの持つ意味を考えてもらうためです。

　ＴＶのインタビューで元サッカー選手の中田英寿さんが自分の長所をこのように言っていました。「私は、簡単なことを簡単にやることができる」。こ

の言葉は、簡単に見える技術の難しさや大切さ、プレーとしての意味や奥深さを知っているからこその言葉でしょう。意図したことを意図したようになすことの難しさを、果たして我々はどれだけ教室という日常のフィールドで意識してプレーしているでしょうか。語学教師が一見当たり前のことをそのように行うことは、思う以上に難しいことです。計画した内容をその時間に終る、指名する生徒は番号・場所ではなく名前で呼ぶ、生徒が置き去りにならないようにゆっくりとしゃべる、わかりやすい板書、適切な宿題、等々1つ1つを考える度にそれぞれの意外な難しさにウーンと唸るのは私だけではないでしょう。中田さんは簡単と思われるプレーの意味や奥深さを理解するからこそ、自分がそれをどのように行えているかをチェックしているのでしょう。それはまさに自身に対して内省的な分析を行っていることに他なりません。

内省(reflection)にその核を置く実践(リフレクティブ・プラクティス)は、当たり前のことを当たり前と思わないで行っていきます。教師のアタリマエ的常識を一旦バラバラに解体し、教室で起こっている事象やティーチングの意味と奥行きを見ようとするのです。意識しなければ見えなかったものが見え始めたときに、教師の理解は進んでいきます。その時、仮に以前と全く同じ実践をしていたとしても、もはや理解は以前とは異なる次元で行われており、それは以前とは全く異なる新たな実践と考えられるのです。それが理解の深まりです。(具体例は4節参照)

1.3. リフレクティブ・プラクティスとの出会い

ここで、リフレクティブ・プラクティスに教師としての私がどのように出会ったのか、どういう過程を経てその意味を理解するようになったのか私自身を材料としてお話したいと思います。それによってリフレクティブ・プラクティスが行われている文脈の様子もわかるでしょう。

本格的な授業研究に私が初めて出逢ったのは、高校教師時代に行ったアメリカの英語教育専門大学院[4]でした。学生達の自慢は、バーモントの丘にある教室が1つしかない小さな大学院だったことではありません。ヒューマニスティックな教育観に裏打ちされた内省的実践法による教師としての成長

を目ざすプログラムでした。大学での勉強はとかく孤独になりがちですが、その大学院では毎回グループでの学習課題が課されていましたので、常に誰かと関わりながらテーマについての学びがなされていました。個人の研究発表でもそれをサポートするグループを作りますので、発表までに互いに何度も会って話をします。不思議なことに、本で読んだ概念の理解や、自分の考えていることを仲間に聞いてもらったり、フィードバックをもらったりする中でどんどんテーマについての理解が深まっていくのを経験しました。

　教師は、学生達が対話する機会を教室内外の様々な状況に埋め込んでいて、その過程で我々学生達が理解を深め、新たな疑問を創造していったのです。世界中から集まった個々の語学教師達がクラスに集っており、個性や文化の違いによる緊張感がありましたが、次第に一体感と信頼感のあるコミュニティに変容を遂げていきました。権威的教師による知識伝達(knowledge transmission)ではなく、協働学習(collaborative learning)を通して理解が深まるとき、学習が自分たちの手にあると実感できましたし、その感覚は刺激的で心躍るものでした。時折、風に揺れて落ちてくるリンゴをかじりながら、先生やクラスメートと議論するのはとても豊かで楽しい時間でした。学びにおけるコミュニティの力と役割を学んだのはこの時でした。

1.4.　リフレクティブ・プラクティスを理解するためのさらに2つのキーワード：経験と学習者中心主義

　さてこの大学院で学生達によく示されていた言葉が2つありました。これはリフレクティブ・プラクティスの基礎となるだけでなく、多分この大学院の卒業生皆の胸の中に刻まれてその教師生活を支えている言葉ですのでご紹介します。1つは、最初の授業の時、黒板の右隅に書かれてあった"You are your own best resource."という言葉です。「答えはすでにあなた達一人ひとりの中にある」と説明されていました。私がその意味を理解するのは、実はかなり後になってからでしたが、それはデューイに代表される経験主義思想を表したものでした。個々の学習者の持つ、あるいはこれからするであろう「経験」の学習資源としての大切さを、教師としても一人の学習者としても知らねばならないということと理解しています。教師が学習者の経験に思

いを致すようになった時、授業は本質的な変貌を始めます。それは単に、学習者の理解度にかかわらず知識をパックにして伝達する授業への戒めというだけではなく、教師に学習者一人ひとりへの目を開かせるからです。リフレクションは「ふり返り」であり、ふり返りの対象は我々一人ひとりの経験なのです。このことはリフレクティブ・プラクティスが経験主義に立っていることを意味しています。

もう1つの言葉は "Teaching is subordinated to learning." でした。これはサイレント・ウェイ[5]という教授法を提唱した Caleb Gattegno の言葉ですが、ラーセン・フリーマン先生が特に好んで使っていました。直訳すると「ティーチングは学びに従うものである」ということになりますが、これほど学習者中心主義を単純明快に言い表した言葉はないかもしれません。とかく我々は、教師としての自分自身のもつ内面的な不安を押し隠す一方で、権威を表に押し出した授業をしがちですので、余計にこの言葉は大きなインパクトを持って迫ってきます。「教師が学習者の学びに寄りそう姿勢とは何か」という問いに答えようともがく時、この言葉は励ましと共に、学習者の学びに心を研ぎ澄ませることの大切さを教えてくれるのです。外国語学習とは不安との闘いでもあるのですから。

さて「経験主義」と「学習者中心主義」とは言っても語るだけでは絵に描いた餅のまんまです。こういった概念はどのような形で教師教育に応用されるのでしょうか。それがリフレクティブ・プラクティスです。特に学生達に徹底的に求められたのが、状況を記述するための observation（観察）と 記述したことを元に分析・解釈するための reflection（内省）でした。授業でもこういった活動は常に行われていましたが、私自身が特にこうした技術に対する理解を深めたのは Interim practicum という、学生が現場に戻って行う実習においてでした。その時のことを少し紹介しましょう。

実習は前年の9月から翌年の5月まで8ヶ月にわたる長いものです。その間に担当教官の提示する5つのテーマに基づいてペーパーを書きます。私の教官はアニー・ホーキンソンという厳しいことで評判の先生でした。（前年に彼女が担当した学生で次年度の夏に戻ることを許されたのは5人中3人だけでした）。案の定私は5つの課題のうち最初の2つはどうにかパスし

ましたが、3つ目で躓いてしまいました。与えられたテーマは"appropriateness(適切さ)"でした。これを自分で定義して日々の指導に組み入れて、その実践経験をもとにエッセイを書くのです。日本語に訳せば「適切さとは」ということなのでしょうが、説明を求めてもホーキンソン先生は"You define it."ということでにべもありません。あまりに漠然としていて、しかも当たり前のことのように思えて、私はちっとも問題の本質をとらえることができなかったのです。3回目のやり直しを食らうころには、ダメなのはわかるがどうしろと言うのだと心の中で声にならぬ叫びをあげていました。

　途方に暮れた私は、世界に散らばるクラスメートにfaxを送ってアドバイスを請いました。そして間もなく返ってきた彼らのペーパーやコメントには、固定概念に囚われた分析の枠を超えて、それぞれの実践者が一人のティーチングの学習者として、目の前のことばの学習者と心の対話をする姿勢が見てとれたのです。テーマをどのように解釈したか、テーマに関する目で見た時の生徒のパフォーマンス、フィードバック、それに対する教師の徹底的な内省、できなかったことをできていなかったととらえ記述し分析し、そこから生まれる教師自身の理論が提示されていました。異なる環境や文脈で、実践者が一人の自律した教育研究者として、自分自身の理論を紡ぎ出していく過程が克明に読みとれたのです。ローカルで一般性はなくても、それはクラスメート達の文脈にあって輝きを放つ理論なのでした。

　考えてみれば「適切さ」とは言っても、それはとんでもなく広がりをもった概念です。それが教材の適切さならば、自分の教える学校の生徒のレベル、あるいは個々の生徒によってもそれは変わってくるでしょう。教師の話すスピードの適切さかもしれませんし、母語と英語の使用場面やバランスの適切さかもしれません。教師の服装であるかもしれないし、フィードバックをする際の言葉の選択かもしれないのです。ホーキンソン先生が求めていたのは、「適切さ」を私がどのようにとらえ、私の文脈に応用していくかだったのです。適切性の私の実践において持つ意味との格闘が始まりました。後から考えると、この格闘の過程こそがリフレクションを通して経験の意味を取り出していく貴重な学びの過程だったことがわかります。

私は問題を「教材の適切さ」に絞り込んで考えることにしました。テーマが3Dホログラムのように立体的に見えてくると、不思議なことに観察や思考の視点が大きく変わり始めました。当たり前のことがちっとも当たり前でなく思えるようになった瞬間でした。生徒が指でペンを回し始めたり、答えなかったりといった教室の中のあらゆることが考察と分析の対象になって見えるのです。突如姿を現し始めたそれぞれの問題の奥行きの深さに、私は興奮さえ覚えていたように思います。

　こんなことがありました。授業中にあてても黙ってうつむいたままで、ちっとも反応を示さなかった女子生徒がいました。私は彼女に対して、ちゃんと宿題をしてくるよう注意しようと、昼休みにノートを持って職員室に来るように言いました。はたして、昼食を急いですませて来たであろう彼女が差し出したノートには、浅はかな教師の予想を裏切るように、丁寧な予習がしてありました。わからない単語の意味を辞書で引いて、英文の下に訳文も書いてありました。彼女が前夜の予習に手を抜いていたのではないことは明白でした。しかし、よく見るとその訳文は殆ど意味が通っていなかったのです。

　その瞬間に、私の理解は全く別のものに変わっていくのがわかりました。彼女は予習しようにも内容が殆ど理解できなかったのです。しかしそれが私の授業の宿題ですから、和訳はとりあえずしたのです。しかし授業中にあてられた時、意味も通らない訳を言うのが恥ずかしくて答えることができなかったのでした。心がざわめきました。明日の授業のためには予習はせねばならないという彼女の学習者としての誠実さに、教師としての自分はどのように応答していたのだろうか。彼女がその時そこで必要としていた援助を、自分が見いだせていなかったのは確かです。何よりも自分が課した教材は適切なレベル、量、内容だったのか。宿題の意義を考えたか。生徒は教師が命じるままに、意味もわからぬ訳をノートに書きつづっていたのだとしたら、これはとても惨めで苦しいことに違いありません。それを命じたのは、生殺与奪の力を持つ教師としての私なのでした。そこに思い至った時の気持ちは何とも言いようがありません。学習者を意識しようと思いながら何もわかっていなかったのですから。

その日私がジャーナルに書き記したのは、生徒の沈黙に一方的な解釈をくだすことへの戒めと適切なフィードバックの模索、生徒の学習過程を知る上でのノートチェックの大切さ、そして適切なレベルの教材の選定と宿題の出し方の改善の必要性でした。そしてこういった経験を内省する過程を通して、徐々に自分の中で「適切さ」の意味が深化し始めたのでした。

　その年、5つの異なるテーマについて実践し、それぞれについてエッセイを書いてゆく過程を通して、学習者への理解を深め、教室で生起する出来事を細かく分析できるようになったと思っています。これが私のリフレクティブ・プラクティス(Reflective practice)との出会いでした。これが、外国語教育において広まりつつあったアクション・リサーチの核心となる部分であったのだと気づくのはまた後々のことですが。私は何事も、良くも悪くもとにかく飲み込みが遅いのです。

　卒業後、ホーキンソン先生にティーチャー・トレーナーをやってみないかと誘われて、日本にいる大学院の学生のスーパーバイザーとして教育実習を担当するようになりました。トレーニー、トレーナーの両方をやってみて確信したことは、1)Reflective practice には、自分の弱さや問題点に対して意識的に目を向けていく姿勢が不可欠であること、2)内省の過程は必ずしも楽しいというより、むしろ苦しいとしか感じられない場合もあるが、それが変化と成長への扉でもあること、3)その初期の過程で継続的に自己内省をし、分析を深めて行くにはその過程を共有してくれる援助者(メンター)の存在が大きいということ、4)リフレクティブ・プラクティスの過程で教師の生活は大きく変わるということ、の4点でした。

　冒頭で、私の担当する英語授業指導分析という授業そのものがリフレクティブ・プラクティスであると書きました。この授業に参加する現職の教師達にとっては、この授業が現場実践と大学での学びを結び、内省と分析を行う拠点となっています。そこで仲間と協働しながら、自分達が実践する文脈に埋め込まれている隠れた意味を取りだし、思考し、教師としての成長に取り組んでいるとしたら、そこでは私を含めた参加者全員がリフレクティブ・プラクティスを通して内省的なアクション・リサーチをやっていることになるのです。英語授業指導分析の授業そのものが授業研究でリサーチであり協働

学習の場であるというのはそういう意味だと思っています。自覚できるような教師の変化は短い授業期間中には起こらないかもしれません、でも植えられた種はいつか芽を吹く時を待ちます。それが授業の目的なのです。

　余談ですが、大学院でティーチング・ラボ[6]というプロジェクトを始めました。これは授業そのものが新たな概念を生むラボラトリーであると捉え、あらかじめコンテンツとは別に、授業テーマを設定して授業を行い、その中で実践者がそのテーマにどのようにアプローチしようとしたかを議論しようとするものです。一回目は「学習者中心とは」をテーマに中嶋洋一先生と私が授業を行いました。教師のためのティーチングを考える実験場としてのティーチング・ラボが当たり前のことの深さを考えるための作業場になればと思っています。では次に、リフレクティブ・プラクティスの上位概念と位置づけられるアクション・リサーチについて概観したいと思います。

2.　授業研究の考え方の流れ

2.1.　アクション・リサーチの背景

　英語教育で授業研究すると言えばアクション・リサーチという言葉がまず口をついて出てくるくらい、今その認知度は広まりを見せています。しかし、その形式や目的においてこれほど様々な解釈を許し、また同時に新たな解釈と可能性の両方を生みながら広がっている研究方法も珍しいかもしれません。結果的に一種のとらえどころのなさを生んでいることも事実でしょう。ここで簡単にアクション・リサーチが生まれてきた背景を振り返ってみたいと思います。リフレクティブ・プラクティスはアクション・リサーチの一形態と考えられますから。

　アクション・リサーチは、1940年代に社会心理学者であるレヴィン[7] (Kurt Lewin)により、提唱されました。彼は、自然科学分野においてなされるように、実験室の統制された条件下で得られる数値データのみをもとに、個人の行動に対する検証を行っていく方法では、社会集団内において「今、ここで」ダイナミックに変化してゆく人間関係や個人の行動をとらええないと考えました。そこで生活空間という場において、人と人との相互作用を包

括的にとらえる研究方法の枠組みとして提案されたのがアクション・リサーチです。そこでは研究が段階的かつ継続的に計画され、「計画―実行―結果の評価」がサイクルとして螺旋状に進展するリサーチモデルが紹介されています。

興味深いのは、結果の評価に参加者が関わっていることです。研究は研究者のものという当然のような前提をくつがえして、結果の評価を研究者と参加者が共同で行っていくところに、彼の研究方法としてのアクション・リサーチの特徴の1つがあると言えるでしょう。(Kolb, 1984: 8-12)

また、それより少し早くデューイ(John Dewey)は、教育における「経験」の意味と可能性に着目し、深く分析的な reflection(内省)によって経験から新たな学び、新たな経験につなげていくことの重要性を説いています。デューイがアクション・リサーチを提唱したわけではありませんが、秋田(2005: 165)も指摘しているようにレヴィンとデューイの学習に関する考え方には、確かに興味深い共通点があるように思われます。

第1に、両者とも、人と人とが交わり影響し合う社会的な要素を、人の学習や行動を考える上での重要な要素と考えていること、第2に、研究や学習において大切なのは結果だけではなく「過程」が大切で、ゆえに研究や学習は一時的なものではなく継続的に行うものであるとしたこと、第三に、その過程や結果は、研究者と参加者、教師と生徒が互いに共有するものであると考えたこと。第四にその背景には両者が「経験」というものの学習における位置づけを不可欠なものと考えていたこと、それゆえに組織におけるグループや学習者の成長には経験的な学習が重要であること。第五には、研究の延長線上に状況や人々の「変化(change)」を目的として見ていることなどです。

こうやってみてみると、要因を学習者(被験者として位置づけられる)の能力のみに求め、仮説を立て、変数の条件を操作しながら得られた結果をもとに帰納的に検証をしていく実証的研究方法と、問題解決のために立てた計画を実行しながら、実行過程におけるグループのダイナミックな変化や経験をも視野に入れつつ、よりよい状況の変化を求めようとするアクション・リサーチには、研究としての目的とスタンスに本質的な違いがあることがわかる

と思います。

　アクション・リサーチはその後やはり実証主義の波に押されて衰退しますが、60年代のイギリスにおけるカリキュラム開発を評価する方法としてのアクション・リサーチの展開(秋田, 2005: 169)や、80年代に入ってショーン(Donald Schön)が内省的実践家(reflective practitioner)による実践家の成長と変化の意義を世に問うたような次の世代のアクション・リサーチ実践理論の登場によって、また新たな光が当たることになりました(Schön, 1983)。同じ頃、ハーバード大学のコルブ(David Kolb)が「経験学習」の意義と理論的背景についてデューイとレヴィンに言及しながら再評価したことも、アクション・リサーチのような実践研究に新たな理論的下地を与えることになったと思われます。

　最近ではまた新たなうねりがアクション・リサーチに起こっています。ヴィゴツキーやバフーチンに代表される社会文化理論の高まりです。これは、人間の学びを個人の営みとしてとらえるのではなく、文化的、歴史的、社会的、制度的な文脈の中でなされる営みとしてとらえようとするものです。山住(2005: 59)は、ヴィゴツキーとデューイの学校のとらえ方において、両者とも協働の社会生活の場としてとらえている点で共通しているとしています。アクション・リサーチと人間の社会的な相互作用とがどのように結びついていくか、これはアクション・リサーチをしてアクション・リサーチたらしめている、授業研究方法としての大きな特徴と言えるでしょう。

2.2. アクション・リサーチ型授業研究をとりまく課題

　では、日本でアクション・リサーチはどのように受け入れられてきたのでしょうか。我が国の英語教育にも90年代に入って授業研究方法としてのアクション・リサーチが入って来ましたが、現実的にはなかなか定着するには至っていません。これにはいくつかの理由が考えられると思います。

　1つには、日本の授業研究は、伝統的に指導的立場にあるベテラン(例えば達人)が示す外のモデルから学ぶという形がもっとも一般的で、他の方法が選択肢としてそれほど受け入れられてこなかったこと。2番目は、日本の英語教育研究は数値データによる実証主義の影響を強く受けているために、

教育学というよりむしろ応用言語学的志向が強く、学会にアクション・リサーチのような実践研究を受け入れる土壌がなかなか育っていないこと、その為、研究実践者や指導者が少ないことがあります。3番目には、アクション・リサーチには大まかなフレームはあっても、実証研究のような特定の明確な形式を持たないために、十分な理解をもって教育現場に受け入れられていないことがあります。この傾向はアクション・リサーチの領域でも教師教育分野においてより顕著と思われます[8]。研究者の側の解釈にも様々あり、日本では実証主義的方法論に則った方法が一般的なアクション・リサーチとして広まったために、リフレクティブ・プラクティスのように教師の成長を目的とした内省重視のアクション・リサーチには光が当たらないまま、今日に至った観があります。指導者や研究者の少なさも一因として考えられます。

　日本という文脈での反応と授業研究法としてのアクション・リサーチそのものの多様性、そこから派生する課題は相互に関係していますので、この点についてさらに少し検討してみたいと思います。

2.2.1. アクション・リサーチの多様性

　アクション・リサーチの多様性について、横溝(2004, 2005)では大きく仮説―検証型アクション・リサーチと課題探究型アクション・リサーチの2つに分けて説明しています。その特徴をまとめると次のようになっています。

　　仮説―検証型アクション・リサーチの特徴
　　　1．データの客観性を重視し、量的データを活用
　　　2．仮説設定、仮説検証のためのトリートメントの実施、その検証の実施
　　　3．複数の仮説・トリートメント・検証の同時進行
　　課題探究型アクション・リサーチの特徴
　　　1．量的データ使用への慎重姿勢
　　　2．多様な試行錯誤の継続

3．仮説の非設定
　　4．AR実施前後での教師のビリーフの変化についての検討

　横溝はこの2つの研究方法を比較する上で次の3つの点を提出しています。1)「客観性」の重要性の度合い、2)プロセス内での「仮説」の位置づけ、3)「内省」の重要視の度合い。ここまでのことを見てみると、アクション・リサーチもひとくくりにできるのではなくて、いくつかの異なる種類に分類できることになります。どのように異なるのでしょうか。ここでは、横溝の3点から見た私なりの考えを述べてみたいと思います。

　仮説検証型では客観性を重視しますから、客観的データ、つまり人の手あかに汚れていないデータを追求することになります。必然的に数量的データは客観性が高いということで中心的なデータ資源になります。ここには「私は～」で始まる回想のような語りがデータとして入る余地は全くありません。仮説については、検証すべき問題点を可能な限り絞り込んでテーマにしたものですから、研究の焦点はその一点に注がれます。問題を単純化して仮説として表し、問題の探求を可能にするために影響を与えている要因を洗い出し、それを統制して、いくつかの変数の操作によって目標とする変数がどのように変わるかを見ようとするわけです。もし「タスク活動中心の授業は会話力の向上に適切である」というような仮説を設定した場合は、タスクの内容とその使い方、その結果としての会話力に関心が注がれて教師としての自分自身の生徒に対する見方や感情は分析の対象にはならないでしょう。あらかじめ予測し得ないような問題は研究の視野には入りにくいのです。

　ここに客観性の確保の功罪があることはもう気づかれたことでしょう。仮説とは問題点を明らかにするために、とことん絞り込みを行い、最終的に限定された変数の変化のみを追求します。例えばそれが読解力ならば、変数は指導法であり、変化するのはテストの得点であるわけで、結果的に、見るのは指導法とその結果としての得点ということになります。学習者の教師との関係や、教師の教える態度や人間性、板書の丁寧さ、教師の生徒の理解に対する鈍感さや気づきなどは変数にしようがないのです。量的データを研究の資源と定めた段階で、すでに教育における他の多くの側面は捨て去られなけ

ればならないし、それこそが量的研究を実証研究たらしめているものです。これは同時に量的研究を教室に持ち込むことの難しさでもあるのです。

ではもう１つのアクション・リサーチ、課題探究型に目を移しましょう。課題探究型アクション・リサーチの根底にある理念は、実践する当事者である教師の成長を目ざしている点だと思います。これはあえて実証研究的に言うならば、教師自身もれっきとした１つの変数であることを意味します。生徒の活動や反応のみにしか研究者のまなざしが向けられていないとすれば、その研究では、「教師の指導」には問題がないことを前提としていることになります。日々の授業が教師に問題なく行われるなんてありえないことは、我々は百も承知しています。何よりも、ちょっとでも進歩したいと思っている教師なら、なおさら自分に起因する要因を改善したいと思っているかもしれません。変数としての教師が抜け落ちていることになります。まなざしは生徒のみに注がれるべきではなく、実践する教師自身が自分の指導を内省し、それにもとづく教師の指導方法の変化、それに答える生徒の変化をともに検討しなければ、その時、その場に生起したことを包括的にとらえ、その意味を引き出していくことはむずかしいでしょう。ここにリフレクション（内省）の意味合いがあります。

デューイやレヴィンが、人と人との関わり合いにおける経験に徹底的な吟味を行い、そこから意味を引き出して新たなる学習資源としての次なる経験へと結びつけようとしたことを考えると、課題探究型アクション・リサーチには、「人と人とが関わる経験」と「内省」、そしてその結果としての「変化」や「理解」が不可欠な要素として必要になってくると思います。

そしてこれが、日本で教師の成長を目的とするアクション・リサーチの広がりを阻む要因の４つ目と言えるでしょう。今あげたキーワードの１つ、リフレクション（内省）の難しさです。後で説明をしますが、自分の実践を改めてふり返るのは、必ずしもやさしくありません。自分のうまくいかない授業を見ながら細かく検討していったり、メンターやオブザーバーと話し合ったり、それについてさらにジャーナルを書いて自己分析を深めていく過程は、当初はかなり苦痛を伴います。自分の弱点を自分で直視することを求められる作業は、誰にでもできるお手軽リサーチというよりも、むしろ汗と涙

のプロセスに近いかもしれません。ゆえに自分を支えてくれ、問題を共有できる信頼に足る仲間やコミュニティー、メンターの存在が大きな意味合いを持つのです。誰も自分の弱みなど見たいとは思いませんが、ジャーナルを書いたり、自分のビデオを見て分析する過程で初めて、自分の問題をリアリティとして認識でき、変化と成長が可能になるのです。ゆえにリフレクティブなアクション・リサーチを独りでやるには中々むずかしいものがあります。この痛みと手間暇がアクション・リサーチ（リフレクティブな）の広がりに足かせとなっていることは十分にあると思います。また、成果主義を標榜する環境ではこうした「過程」をじっくり検討する教師プログラムが育ちにくいのも事実でしょう。

2.2.2. アクション・リサーチと一般性についての問題

　ここで、客観的なデータがなければ一般化はできないという実証主義的な観点からの疑問について少し考えてみましょう。2つの考えるべき問題があります。第1は「誰が」「何のため」にする研究かと言う点です。研究は一般化された研究成果を公表することを目的とします。教育分野でのアクション・リサーチは、現場の教師が自分の授業改善に行う場合に最も有効かつ貢献度の高い方法です。教師が自らのために教室を舞台にするならば、それは研究者のものとは視点の異なる独自の意味を持つと言えます。Freeman (1989) は、研究者ではなく実践者としての教師が行う研究をアクション・リサーチとは区別してティーチャー・リサーチ (teacher-research) と呼んでいますが、これは「変化 (change)」を目的としたものです。また Allwright (2003) は、より深い「理解 (understanding)」を目標として Exploratory Practice (以下 EP) を提唱しています。両者とも一般化をゴールとは考えていません。成果が実践者である教師に還元されるものならば、それは必要ないからです。同時に一般化を求めないからこそ、様々な研究対象と分析の視点が可能になります。たとえば、教師と学習者との関わりや関係の変化、自身の理解の変化、あるいは教師が対象となる社会的文脈にどのように関わり、それによってそこに関わる人々や文脈がどのように変わったかなどです。

　このような研究から生まれた成果は、その結果というよりもむしろ展開さ

れた研究過程と議論が心に響くものとして教育に携わる聴衆やコミュニティの間で共有されるものとなるでしょう。アクション・リサーチの過程で得られたことは、実践者である教師自身、あるいは協働で参加する生徒、研究を共有したい人々に還元されるものです。教師のおかれる学校というローカルな文脈に根ざしている研究だからこそ、実証主義的研究方法の目的である「結果の一般化」が目的とならないのは以上のような理由によるものです。

社会文化理論の立場でアクション・リサーチをリードされているペンシルバニア大学のKaren Johnson先生が、実証主義的研究のフレームワークに言及された時、"It's a difference of epistemology."（物事の認識の仕方の違いだと思う）と言われていたのを思い出します。

第2は、内省を中心とするアクション・リサーチ（例えばリフレクティブ・プラクティス）において扱うのは「意味」であって数字のようなハード・データそのものではないことです。意味を扱うということは、起こったことを解釈することによって様々な意味を取り出すということになります。その点で、reflection（内省）は出来事について様々な角度から検討して意味を引き出していく作業と言えるでしょう。しかもこの意味の取り出しは、自分と学習者、同僚、環境等、あらゆるものとの対話の過程でなされる相互作用的なものです。取り出されぬままになる情報の方が圧倒的に多い中で、何を取り出し、どのようにその意味を考え、如何に次への応用を考えるかという過程そのものがリサーチの核ですから。

実証的な研究方法から見ると意味はやっかいな存在です。生起する現象の「解釈」を前提にしますから、恣意性が問題として浮上し研究としての客観性を揺るがすことになります。客観的ならば誰が見ても妥当な解釈に収斂していかねばなりません。逆に内省的なアクション・リサーチを志す者にとっては、意味を扱うことで、むしろ実証的研究では捨てられてしまうような要因まで視野に入れることが可能になります（例えば実践者の感情的な動きや揺らぎも観察対象になる！）。それは時々刻々と変わる事象をより包括的にとらえ、そこから実践者にとって真に意味のある情報を取り出すことを可能にするためです。そしてその先に見るのが私の場合（リフレクティブ・プラクティス）は「変化」と「より深い理解」なのです。

こうやって見てみると、実証主義における「研究」あるいは「リサーチ」という言葉とアクション・リサーチにおけるリサーチに対する概念は、同種のカテゴリーに属するとは言い難い面があります。研究をどれくらい public（公刊する）⇔ personal（参加者と自分の共有に留める）というふうに見ると、実証研究は本来の目的として public でなければならず、その為に客観性を必要条件とします。それに対して、教師が自己と自己の実践についての理解を深めることのみが目的であれば personal に留めてよいことになります。内省的アクション・リサーチは、研究という面を持ちながらも、それ自身が自己の成長あるいは自己の教育実践の改善にあって公表を必ずしも前提としないのです。これを public — personal / objective — subjective という 2 次元の図に表してみると下図のようになるのではないかと思います。

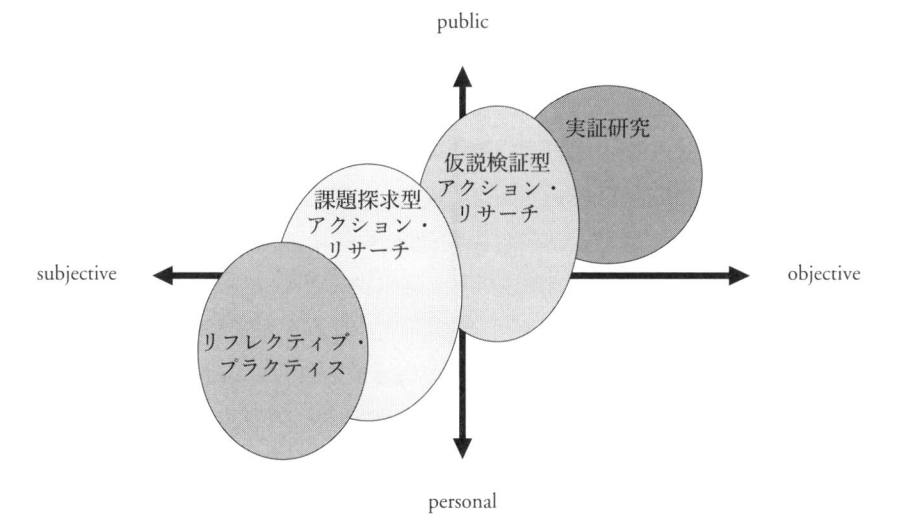

図1　公共性―個人性・客観性―主観性スケールで見るアクション・リサーチ研究

　リフレクティブ・プラクティスはリフレクション（内省）を研究の中心的な手段と位置づけている点、公表に対する目的性が低く、実践者自身の授業や自身に対する理解を深めることを目的としている点で一番左に位置するのではないかと思います。また現在日本で行われているアクション・リサーチは、客観的データを重視し、かなり実証研究に近い形式をとったものが多いという意味で、右から 2 つ目あたりに来ると考えられます。

2.2.3. アクション・リサーチに内包される問題—仮説検証と探索

　アクション・リサーチを実証研究との比較で述べてきましたが、教室という文脈にかかわる教師や生徒、あるいはそこに生起する事象を研究する方法としてのアクション・リサーチの研究方法自体に問題はないのでしょうか。
　問題は次のような点に指摘されると思います。それは、横溝(2006)の指摘にあるように、4つのステップの第1段階 plan(計画)での問題の特定です。実際、教師対象の授業実践では、アクション・リサーチの4つのステップに従って、仮説を立てたうえで、特定の問題に焦点を合わせて検討したりするという固定化された形式は必ずしもうまく機能しないのです。問題を特定して仮説を作ることの弊害は、実践者の意識をその焦点化された問題(変数)のみに集中させてしまうことによって、逆に他の潜在的な問題を見えにくくさせてしまうことです。教育的文脈でのアクション・リサーチは、もっと視野を広く持って特定の問題のみを追求していくというよりも、「自分には何が問題なのだ」、あるいは「インタラクションとはどういうことなのだ、その意味は」というように、教室という文脈に関わるテーマについてむしろ探索的にとらえていく方が教師の成長には適しているのではないかと考えます。
　実際、いわゆるアクション・リサーチの研究法とは一線を画すと言う意味で、Allwright(2003)も興味深いことを述べています。ストラテジーとか授業法といった特定の問題に絞り込んでその解決を図ることによって変化を求めるというよりも、教室での"quality of life"(生活の質)をより深く「理解できること」の方が重要ではないかというのです。私も、まず最初は、参加する教師自身が自分に対する理解を深め、まずはオープンスタンスで探索的に自分自身の問題を探ることが大切と考えています。ですから、最初の段階で問題を絞り込むことをしません。絞り込みを行うことにより、学生達が見なければならない問題を見過ごしたり、目をつぶったりしてしまうことが懸念されるからです。教師の成長のための授業研究では、自分をも含めて教室内の出来事に対して意識を開いておく必要があると考えるのです。
　というわけで、今私自身がやっている授業研究は、広義にはアクション・リサーチという枠内にありながらも、厳密にはリフレクティブ・プラクティ

スと位置づけたほうがよいと思っています。それは、教師の成長のために最も大切なのは、リフレクションの技術とリフレクションにもとづいてティーチングを分析していこうとする姿勢を育てることだと思うからです。そしてその向こうにあるのが、学習者中心的な視点を実践できる教師への発展というわけです。では私が行っている授業を材料にしつつ、リフレクティブ・プラクティスの実践方法・枠組みについてお話したいと思います。

3. リフレクティブ・プラクティスの方法・枠組み、教師教育への応用

3.1. 問題の所在：経験の表と裏

リフレクティブ・プラクティスは理解の深化による成長を目指すと書きましたが、それを可能にするものの1つに teacher belief(教師観)の更新があります。大学院で教師教育の授業をデザインするにあたって、リフレクティブ・プラクティスを柱にしようと考えたのは、「教師一人ひとりの自律的な問題認識力を高めないと何も根付かない、何も変わらない」と思ったからです。個人の問題認識力とは、問題への気づきと対応への姿勢ですが、それを高めるとは言っても、それはまた、岩壁に穴を穿つような作業にも似ているかもしれません。この立ちはだかる岩壁こそが teacher belief です。なぜ teacher belief が我々の前に立ちはだかるのでしょう。Richards & Lockhart（2002: 29）には teacher belief について次のような記述があります。

> …what teachers do is a reflection of what they know and believe, and that teacher knowledge and teacher "thinking" provide the underlying framework or schema which guides the teacher's classroom actions.
>
> …it is the teacher's subjective school-related knowledge which determines for the most part what happens in the classroom; whether the teacher can articulate his/her or not.

教室に起こる出来事をどのように見るかは、詰まるところその教師の持つ

teacher belief 次第ということになります。

　平成17年度に文科省が行った調査では、指導力不足という判断を受けた教師506人の内、実に82%が在職年数20年以上の40歳台・50歳台のベテラン教師であることがわかりました[9]。これはどういうことでしょうか。ベテラン教師に質問すると、すぐにそれはこうやればよいと答えが返ってきて頼もしいなと思います。経験を積み重ねる中で問題対応力がついてくるはずですが、この結果は単純な推測を阻んでいるようです。積み重ねられた経験は、どうして教師の成長にはマイナスの影響を与えるのでしょうか。これは次のようにも置き換えることができます。経験豊かな教師には、問題に対する理解がパターン化されていて、自由な解釈が新たに行われる可能性が乏しいのではないかと。出来事に相対した時、従来の解釈や既成概念に囚われない新たな理解が生まれて来にくいからです。Dewey(1997a)に興味深い記述が見られます。

> Again, a given experience may increase a person's automatic skill in a particular direction and yet tend to land him in a groove or rut; the effect again is to narrow the field of further experience.　　　（1997a: 26）

　デューイはこのような次の学びにつながらない経験を mis-educative experience と言っています。授業担当者としての私はまさにこの有象無象の経験の堆積で固くなってしまった teacher belief と戦うわけで、分厚いパターン化した解釈の殻をノミで剥がしていく作業をコツコツと行っていくことになります。ある意味の解体屋かもしれませんが、経験の中で築き上げられた価値観であるところの teacher belief[10] に弾力性を取り戻すための作業として位置づけられるのです。

　経験は、それ自身が価値を持つものではなく、それは意味の取出しが行われてこそ価値を持ち始めるもので、さらにまたその価値は常に意味の更新にかけられることによって、教師を支える belief として機能するものと言えるでしょう。Teacher belief は教師の根幹を支えるものでありながらその使い方を誤ると気がつかないうちに自分を硬化させてしまう原因にもなりかねま

せん。大学院の教師教育は、一回限りのワークショップと違い、少なくとも半期4ヶ月という時間がありますし、現職教師という常に現場を持った学生が学ぶわけですから、一週間に一度の授業と授業の間は、課題の実践ができるのです。私のターゲットは、学生たちが、自らのteacher beliefを認識し、その理解を深め新たな変化の方向を探ることを手伝うことにあります。

3.2. リフレクティブ・プラクティスの実践と英語教育指導分析
3.2.1. 授業デザイン

果たして4ヶ月の授業で教師が変化を実感できるような実践がどこまで可能か、私なりの授業実践に挑戦することにしました。対象は現職教員である学生達。内省的な態度とその技術獲得をめざす授業を「英語教育指導分析」（以降授業分析）と名付け、内容を次のように決定しました。

> 語学指導者としての資質向上を図るとともに自立した教育者への成長を目指すために、観察(observation)と内省(reflection)を核とする授業分析法を学ぶ。履修者は、個々の実践現場における授業の計画・実践・観察・記録・内省・分析を通して、授業改善に必要な要素は何かを考察し議論する。
>
> This course aims at enhancing teacher effectiveness through courses, practicum assignments, and classroom-based research projects. Students will be expected to learn skills and techniques necessary to analyze teaching in the classroom context, which includes journal writing, observation, video-reviewing the class and reflective analysis.

では、自律的な問題認識能力の修得につながる内省的な態度とはどのようなもので、それは実際どのように獲得されるものなのでしょうか。そしてこの授業自体が実践としてのリフレクティブ・プラクティスならば、実践者としての私はどのように学生達にアプローチすればよいのか、授業の背景理念と実践方法に焦点を当てつつ述べたいと思います。授業の理論・方法論的柱は次の3つです。

(1) リフレクティブ・サイクルによる経験的学習(Experiential learning)
(2) 内省のフレームとしての KASA(Knowledge, Attitude, Skill, Awareness)
(3) 学習者中心主義(Learner-centeredness)

3.2.2. リフレクティブ・サイクル

　第1のリフレクティブ・サイクル[11]はリフレクションによる理解の更新を実践する手順で、大きく4つの段階からなっています。経験学習はデューイの経験主義的教育思想に基づくもので、リフレクティブ・プラクティスの基礎的な概念です。系統的な知識伝達的学習とは対照的な学習概念ですが、知識を無視するわけではもちろんありません。新しい概念や理論を学んだ時、それを学習者一人ひとりが持っている「経験」とどのようにすればうまく結びつけられるか、新しい概念を如何に経験の上に再構成して学んでもらえるかが、教師である私にとってのチャレンジとなります。

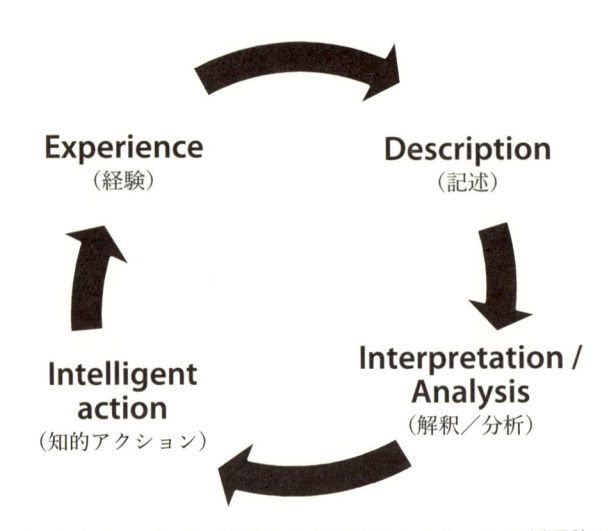

図2　リフレクティブ・サイクルにおけるリフレクションの循環的プロセス

　では、サイクルを概観しましょう。Experience、経験から始まります。授業での経験ですが、我々は授業という teaching process の中で無数の出来事

に出くわし、そのうちのいくつかに対して意思決定を下し、多くのことには気がつかないまま授業を終えて教室を後にします。この処理されないまま忘れ去られてしまう経験を学びの資源ととらえてじっくりと意味を取り出して次の経験に役立てようとするのがこのサイクルの目的です。

　Description は記述です。授業過程全てを記述することは日常ではできないので、気になる瞬間をとらえて記述します。答えさせようと思って名前を呼んだ生徒が返事をせずにうつむいたままで沈黙が流れる時があります。「なんで答えてくれないんだ」というざわめきが自分の心に走った時、そこには inquiry（問いかけ）が生まれています。場所や時間、その時に周りの生徒たちの様子も含めて起こっていたこと、自分の心に去来した思い、自分の反応と取った行動、整理できない感情、その生徒が答えず沈黙に至った前後の状況などをジャーナルに記述したり、メンターに語ります。

　Interpretation / analysis は記述されたことについての解釈であり分析です。自由で荒唐無稽な解釈をも含めてあらゆる解釈を試みます。その中で自分が腑に落ちるものが出てくれば、あるいはひょっとしてこうだったかもしれないと思えるものが出てくると、1つの出来事に異なった側面のあることが見えてくるものです。この生徒はいつもこうだからというステレオタイプは禁物です。オープンに状況をみますが、自分自身も大切な観察対象ということを忘れないでください。生徒の態度に react（感情的に反応）していなかったか、だとしたらなぜそのように対したのか、解釈を試みてみたいものです。また学習者を見る時「皆〜だった」という表現をするときがあります。これは実は誰をも見ていないことの裏返しである場合が多いようです。全員をきちんと見るってことはできませんから、逆に気になる一人の生徒について記述と解釈を試みてください。一人の生徒について記述と解釈ができた時、きっと今まで気がつかなかった何かが新たに見えてくるはずです。

　Intelligent action はつぎへの変化です。これは具体的な行動でもあるし、直接的な行動という形態ではなく自身の中のその生徒に対する理解の変化でも結構です。今までとは異なる理解をもってその生徒を観察する、でも良いのです。サイクルを経ると、もう以前の立ち位置とは異なっていますから、自分の理解の位置が以前とどう変わったのかを意識して次のアクションへと

つなげてみましょう。そしてそれが次の経験へとつながるのです。こうしてサイクルは循環的に進んでいきます。

　私の授業では、受講する教師達に日々の授業を記録しながらそれをふり返ってもらいたいので、ジャーナル(授業日記)をつけてもらっています。これは、授業という経験を材料に、ティーチングについて記述し、考え、理解を深めるという目的で英語授業指導分析の授業の１つの柱と位置づけています。授業は後期から始まるので、前期にジャーナルを書いてもらい、時々提出してもらっては私がフィードバックを返しています。ジャーナル・ライティングという小さな営みの中にリフレクティブ・サイクルが機能しているのです。

3.2.3. 分析のフレームワークとしての KASA

　２番目の KASA ですが、これは学習者中心主義にたって教師が自分を内省し自身の授業を振り返る時にどのような視点から振り返ればよいのか、という内省のための基本的フレームワークです。先ほどのリフレクティブ・サイクルモデルと同様に、SIT で用いられているものです。私もこの Knowledge(知識), Attitude(態度), Skill(技術), Awareness(気づき)という４つの観点からの自己分析法を用いていますが、これはとても汎用性のある便利な概念ですので Moran(1991) と Freeman(1989)の資料を参考にしながら少し詳しく説明していきましょう。まず Moran(1991)は次のように KASA を質問形式にまとめています。

Knowledge:	What does the teacher know or need to know?
Skills:	What can the teacher do or need to be able to do?
Attitudes:	What dispositions does the teacher hold or need to hold?
Awareness:	What does the teacher recognize or need to recognize as most important at the moment?

　Knowledge(知識)は、まず教える内容(what)や運用力を含めた言語知識がその主要な要素としてありますが、そのほかに個々の生徒の背景や他の生徒との関係など、学習者に関する知識(who)、地域や学校など、教師が教える

文脈(where)についての知識なども含みます。教室での出来事を理解するために必要なあらゆる知識を指すと考えられます。

Attitudes(態度)は自分自身、教える行為あるいは学習者に対してとるスタンスです。これは、学習者の行為や自分のティーチングに対する受けとめ方に対して、自身の中で起こる感情的な反応や理解の仕方、教師としての信念などが相互に干渉しあった結果として生まれた行動や態度を表します。

Skills(技術)は教師ができなければならないことでノウハウ(know-how)の部分です。具体的には指示の仕方、間違いの修正の仕方、教室での生徒指導や、生徒の理解度を推し量る技術などがあげられます。Skills は Knowledge と併せて、教師の知識ベースを形作るものと考えてよいでしょう。

Awareness(気づき)は、教師としての自分が周囲や学習者、あるいは一定の対象(学習者)に対して傾注している注意に対して、それを知りモニターする資質のことです。そしてそれは、自分と学習者を含めた教室という文脈で生起することを知るための条件であり手段なのです。Freeman(1989)は KASA を下図のように表しています。

AWARENESS（気づき）triggers and monitors attention to:

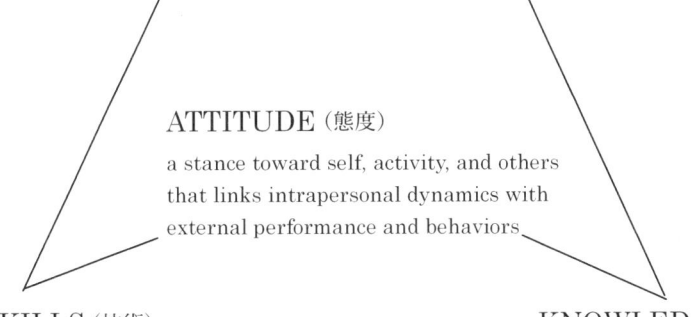

ATTITUDE（態度）
a stance toward self, activity, and others
that links intrapersonal dynamics with
external performance and behaviors

SKILLS（技術）──────────── KNOWLEDGE（知識）

the how of teaching:
method
technique
activity
materials/tools

the what of teaching:
subject matter
knowledge of students
sociocultural/institutional
context

図3　KASA モデル（Freeman, 1989）

Freemanの図では、AwarenessはAttitude, Skill, Knowledgeの起点となる資質だと位置づけられています。自身への問いかけがKASAのどれにあたるか考えてみましょう。たとえばこんな具合です。

関係代名詞の主格を教えました。クラスの反応はさっぱりで、よくできるはずの生徒にあてても反応は今ひとつ。リフレクションをしながらジャーナルを書きます。自分の関係代名詞の説明の仕方に問題があったのだろうか(skill)、それとも文法嫌いの生徒達に対する配慮やケアが十分でなかったか(attitude)。教材のレベルは生徒達に適切であったか(knowledge)、教えたかったこととタスクとを十分関連づけていたか(skill)、生徒の理解度を知ろうとしたか(attitude)、またそれはどうやってわかるのか(skill, knowledge)、あるいはそもそも自分は関係代名詞を十分に理解していたのか(knowledge)、関係代名詞の学習において生徒が直面する困難さや問題を知っていたか(knowledge)というようにふり返りをしていきます。そしてこの3つの要素すべてに関わるのがawarenessです。Awarenessはいわゆるメタ知識にあたるもので、自身を相対化して見る視点であり、それによって可能となる自己理解と言えます。

3.2.4. 理念としての学習者中心主義

3番目の学習者中心主義は、私自身がリフレクティブ・プラクティス実践の基礎としている理念です。冒頭に紹介したサイレント・ウェイの"Teaching is subordinated to learning."に象徴されるように、「学びの主導権は学習者にあって教師にあるのではない、よって指導は学習に従うのだ」という理念です。これは教師が学習の援助者として非指示的(non-directive)な指導を実践することを意味します。

さらに、学習者の情意的な不安心理にケアをしながら、学習者が安心して学べるようなコミュニティ形成に努める、という共同体的文脈形成を志向します。学習者の情意面への配慮は、臨床心理学におけるカウンセリングを打ち立てたロジャース[12](Carl Rogers)のPerson-centered counseling、あるいは外国語教授法では人間主義的教授法と言われる、カラン[13](Charles Curran)の提唱したCLL(Community Language Learning)に影響を受けています。

これは、教師の権威を重んじてきた東アジアの儒教的な教育理念[14]とは、かなり異なったアプローチだと言わねばなりません。学生たちが私の授業で戦うことになる過程には、知らず知らずのうちに纏ってきた権威の殻を脱いでゆくことへの挑戦があります。これは同時に私自身に課せられた戦いでもありますが、自己開示を通しての理解に向かう上では避けざるを得ない、しかもとても手強い相手であるのです。以上、リフレクティブ・プラクティスによる授業の3つの柱について説明しました。リフレクティブ・サイクル、KASA、学習者中心主義は、それぞれが手順、枠組み、理念として、私の実践において相互に深く関連しあっているのです。

ティーチングの学習者(teacher learner)が教師として成長するために最もよい学びは、と問う過程でリフレクションがその姿を現します。それは学習者中心主義によって実践理念としての方向性が与えられ、そのための手順がリフレクティブ・サイクルであり、考えるフレームワークがKASA[15]なのです。では次に、授業の中で具体的にどのようにリフレクティブ・プラクティスが展開していくのか、その道具立ての説明とともに見ていきましょう。

3.3. 授業におけるリフレクティブ・プラクティスの方法と道具立て

週1回、4ヶ月という授業時間で学生達にリフレクションという一つの技術を学んでもらうために授業では様々な実践をしますが、その中で用いられる主な道具と仕掛けについて検討します。

3.3.1. ジャーナル・ライティング(授業日記)とその構成

リフレクティブ・プラクティスの第1の道具はジャーナルです。ジャーナルを書く目的は次の2つです。第1は自分の授業を学びの資源として内省的にふり返ること。ふり返りを通して一歩引いて自分の授業を見(observe)、記述し(describe)、そこに様々な視点から解釈を加える(interpret)作業はいわば「経験の再構成」です。放っておけば記憶の彼方に消えてゆく出来事を記録し咀嚼する過程を通して、自分の指導と生徒の学びそして自身のティーチングについての理解を深め、考えを発展させていけると考えるからです。ここで確認せねばならないのは、このふり返りは、いわ

ゆる「反省」ではないと言うことです。日本という儒教文化の影響を強く受けた文脈で用いられる反省には自他二面の責めがありますが、リフレクティブ・プラクティスでは自己を責めるのではなく前を向いてよりよいティーチングのために理解を深めることを志向します。ジャーナルの表現で言えば、"should have" ではなく、"will do differently next time" なのです。

　第2は、自分自身をよりよく知るためです。ジャーナルへの記述は自己の言語化の作業です。言語化されるのは単なる事実だけでなく、自身の喜びや不安、あるいは怒りなどの感情的な反応も含まれます。書く過程の中でそれまで気がつかなかった様々な感情や考えが姿を現してくることに気がつくでしょう。例えば今まで漠然とその存在に気がついてはいても形を与えられていなかった意識に言語化という作業を行うと、それがはっきりとした概念として存在してきます。それが、実は自分が意識的に遠ざけていた概念であったりすることに驚くこともあるのです。

　授業分析の授業でのジャーナルの使い方について述べましょう。学期当初にジャーナルを書く授業を1つ選びます。全部書けばよいでしょうが、現実的になかなか時間は取りづらく、一旦間がはいってしまうとノートが遠のいてしまうので、慣れるまでは記録をとるのは1つでよいと私は思います。それより継続することの方が大切ですから。必要なのはA4サイズのノート一冊、鉛筆一本、それと15分程度の時間です。

　後に三人の実践者(三人とも現職の高校の先生です)が、リフレクティブ・プラクティスをやった経験を通しての自分の変化について原稿を寄せてくれています。最初の山本先生はジャーナル・ライティングを通して自分のティーチングについての理解を深めどんどんと課題を見つけていかれました。当初、ジャーナルの書き方について多少とまどっていましたが、単に事実の記述だけではなく、授業中での自分の感情的な変化、苦手な生徒に対する感情とかそういった部分まで書いてよいと言われて随分気が楽になったようで、その後書く内容に広がりと深さが出てきました。現在に至るまでもうまる6年書き続けていて、ジャーナル・ライティングが自分の教育の一部であると言うまで自分のものとされています。私の授業では、英語で授業している関係でジャーナルも英語で書いてもらっていますが、もし読者の中でやってみ

ようと思われる方は、ご自分で言語を選択されたらよいでしょう。

　日々のジャーナルの内容構成は基本的に次の4つです。学習目標・指導者の目標・構成・授業後のリフレクションそれぞれについて簡単に説明します。

1）学習目標（Learning objectives）：

　教師が生徒・学生に学習して欲しいと思う内容です。最大3つまで。例を下に示します。（Tは教師を、Ssは生徒を表します）

- Ss (students) will learn forms of basic questions for debate.
- Ss will learn to listen and repeat the speech of partners.
- Ss will be able to understand the difference between present participle and gerund.

2）指導上の目標（Teaching objectives）：

　授業にあたって教師としての自分が授業改善・自己変化のために挑戦しようと考えていること。1つまたは2つあればよいでしょう。多くても3つまで。ここではどんなものかわかっていただくために5つの例を下に示します。

- To make ss feel at home by creating carefree atmosphere.
- To speak clearly and slowly so that even slow learners will be able to understand my instruction.
- To use the blackboard efficiently to make it easy for ss to learn.
- To pay attention to difficult students, examine whether or not they follow me and give necessary assistance.
- To proceed the class as designed in the teaching plan; manage time, since I'm usually very loose with time.

おわかりのように teaching objectives の多くは、教師としての自分自身が意識する問題点を意識したうえで出てきていることがわかると思います。後の山本先生の論にその例があるので見ていただきたいと思います。最初の目標の焦点と後の目標の焦点は同じではありません。授業において学んでいるのは生徒だけではないのです。教師も又 teacher learner（ティーチングの学習者）だからこそ、その我々の「学び」が何かを明示的に意識させてくれるの

が teaching objectives だと言えます。ある新人の先生がジャーナルを書き始めた4月時点と翌年1月時点での teaching objectives を比べてみましょう。授業スタンスに変化が見られないでしょうか。

> 4月：To make all students listen to me.
> 1月：To make comments on Ss' behavior in order to praise/ to help Ss look at themselves.
> 　　　　　　　　　　（長谷川恵美 2007年のジャーナルより抜粋）

　4月時点の目標は、生徒に〜させることに指導の関心が向けられていたのに対して1月時点のものは、生徒をより深く理解し、その内面に働きかけようという先生の姿勢そのものが目標となっています。なおかつ生徒自身が内省する手助けをしようとまで考えて実践しようとしていることが見受けられます。より視点が低く学習者の立場に立ったスタンスが芽生えているように見えませんか。膨大なジャーナルの中の記述の一片にすぎませんが、こんな所にも理解の変化は見て取れるのです。

　Teaching objectives の設定にはもう1つの意味があります。それは teaching objective そのものが、自身の授業評価の指針であることです。授業後にジャーナルを書く時に、それぞれの目標がどれくらいできたか、なぜできなかったかを検討しながらリフレクションを書けばよいのですから。授業評価の指針は華々しい授業ができるかどうかではなくて、自分が意図した目標にどのように取り組めたかということができるでしょう。

3) 授業の進行プラン（procedure）：

　授業のアウトラインを書きます。料理で言えばお品書きですから、細かく書く必要はありません。アウトラインと学習目標だけでその時何をしたかは十分思い出せますから。出だし、真ん中、終わりの部分と3行でも十分です。下に例を示します。

　私自身がホーキンソン先生の授業観察を受けた時には、time management（時間の管理）に問題があることを指摘されました。この問題に対して、私は時間配分を入れて、50分の授業の中のどこに自分がいるかを意識するようにしました。方法としては、レッスンプランを黒板の端の上方に、お品書き

として書くのです。そうすると、内容と時間配分について生徒に知らせると同時に、いつでも自分で確認できることになります。黒板に書くという行為によって否が応でも授業内容と進行に責任が出てくるのです。また、生徒にその時間の中身を知らせることによって、彼らも教師の授業の進行具合が概観できるため、実践した学生からは、居眠りする生徒が減ったとか、「先生急いだ方がいいんじゃない？」と生徒に言われたと報告した学生もいました。レッスンプランを黒板に書くことで、教師が生徒を自らのティーチングに招き入れているとしたら、ちょっとワクワクしませんか。Autonomy（自律性）とは、教師と学習者とのインタラクションを通して共起的に学ばれるものなのかもしれません。

```
1．Review(5 min.)
2．Introduction: preposition(15 min.)
3．Tasks in pairs 1 & 2 (20 min.)
4．Summary(5 min)
5．Assignment(5 min)
```

図4　黒板の端に書くレッスンプランの例

4）授業後のリフレクション（Post-class reflection）
　授業では次のように指示をしています。

> Write a note on your teaching. It will be easy to ask yourself such questions as follows;
> What went well, why?／What didn't go well, why? Are there any findings? Is there any gap between what you had expected and what really happened? Why do you think that happened? Is there any theory behind it? What would I do differently next time? Don't be afraid of your emotional aspect. Write them as well.

WhatとWhyで始まる質問が多いですね。こういった質問は一種の思考を焦点化して深めていくきっかけです。ですからすべての質問に答える必要

はありません。どこか1つでもどんどん深めていくテーマが見つかればそのように進めていって構いません。例を見てみましょう。これはモデルとして書いたものです。文中に出てくるKはある男子生徒です。

Example:
　When I asked ss to start the activity, nothing happened. They seemed to be at a loss for what to do. I was upset with ss. I just told them what to do. I found myself half-panicking. I wanted to know what happened. Students started to talk with each other. Then I saw one student, K, asking somebody nearby what he was supposed to do. I then realized that ss didn't fully understand my instruction.(Or even not at all). Time was running out, but I stopped the class and told them first that I would give the instruction again. More SLOWLY this time. At the end of the second instruction, I asked K whether or not he understood the task. He nodded with a smile.
　Then the action took place. Relief! I found that the success of a task is 90% dependent on how the teacher is able to clarify the point; what is expected. How I give instruction may be my next challenge.

　ジャーナルには授業中の事実や考えたことだけでなく、その時に起こったことに対する自分の感情的な反応もどんどん書きます。教師はナマの人間です。我々は表にこそ出さないものの（たぶんかなり出ているのでしょうが）授業中に様々な感情の交錯に出くわしています。スペル間違いを指摘された恥ずかしさ、気まずさ、生徒の反抗的な行動に遭遇した時のとまどい、時には怒りや恐れ。「出て行け！」と心の中で叫びながら、平静を装う自分。そして興奮や感動。そういった感情はすべて私自身が日常経験するものです。なぜそういった感情まで書くかというと、自分の感情の動きを追うことによって次第に一人ひとりの生徒の心の動きを追えるようになっていくからです。少なくとも生徒の心の動きに教師の関心が及ぶようになってきます。学生達のジャーナルを継続的に読んでいるとその視点が変わってきているのがわかります。この変化は山本先生のジャーナルで詳しく言及されています。以上

がジャーナルの要件ですが、大切なのは形式ではなく、それはあくまでふり返りの「場」であるということではないでしょうか。

3.3.2. 内省的ビデオ分析（Reflective video analysis）

これは自分の授業をビデオで記録し、それを見て自分で分析をするものです。学生達には学期が始まる前に課しておいて最初の授業で提出してもらいます。目的は3つあります。

1．自分自身のティーチングを自分で分析する技術の修得
2．今学期に自分が授業において取り組む課題の同定
3．（教師である私が）学生がどんな文脈にいて、今どういう状態にあるかの理解と問題の共有

これは学生達には多少つらい宿題になります。「何がつらいと言って自分がこんなにヒドイ授業をしていたとは思わなかったし、課題とはいえそれを何度も見なければならないことは苦痛だった」というのは多くの学生の言です。現実の自分を知ることは、何よりもとても勇気のいることなのです。ビデオ分析に含めるものは次のようなことです。

1）教育的文脈についての記述：

　教育的文脈とはティーチングの行われる場、つまり自分の勤務する学校についての情報です。それは地域の特性とか学校に対する評価や期待、生徒達の学校への期待、英語学習に対する関心度など、読者がその学校や生徒達について知りたいと思うことを書きます。SELHiなどの特徴的な指導環境や学校の教育方針も書きます。それは、そういった文脈の持つ様々な条件が教師の価値観に影響を与えるからです。教師としての価値観は、個人の考えととらえるのではなく、社会的・歴史的に構成されてきた過程に目を向けるスタンスが不可欠と考えています。ビデオ撮影は日常的に撮るためにも、固定カメラ一台で結構です。分析について書くのは次のようなことです。

2）事実の記述：

　ビデオを見ながら自分の授業を含め、教室で起こっていることを説明、記

述する。

3) 教師の思考・意志決定の背景の説明：

　もう一度ビデオを見ながら、その時の行動の背景にある自分の考えたこと、感じたこと、気がついていたこと、いなかったこと、選択しえた他の行動などを記述していく。その時考えていたことという意味では、Schön (1983: 50)の言う Reflection in action。

4) 考察：

　手元にできた2つの資料データをもとに自分の授業について考えたこと、発見したこと、今後自分が取り組みたい課題にはどのようなものがあるか、それはどうしてか述べる。現在からその時をふり返るという意味で、Schönの言う Reflection on action にあたります。

　時間的制約があるときには、最後の考察だけをやってもよいでしょう。毎回この課題を出した学生の中にやり直しをしてもらう方が何名かです。その時、結構よい授業だと思ったのにどうして、という反応が返ってくることがあります。この課題の主眼は、決してよい実践、すばらしい授業をすることにあるのではありません。ダメ授業でもよいのです。フォーカスは自分が行った授業に対して客観的な記述と、客観的な分析が行えるかどうか、そこから今後の課題を見つけ出しえるかどうかということにあるのですから。

3.3.3. メンターのインタビュー

　ここでは、あとで登場する三人の院生にメンターとしてかかわった経験を交えながら、メンターの役割について述べてみたいと思います。ティーチャー・トレーナーあるいはメンターとして色々な教師にかかわってきて思うのは、皆、本当に千差万別だと言うことです。当たり前のことじゃないかと言われるかもしれませんが、本当にそうだと実感します。後で出てくる山本先生と小関先生のエッセイを読んでいただいたらわかると思いますが、三人ともリフレクティブ・プラクティスを通して何らかの変化のプロセスをくぐられたのですが、その経緯はかなり違いがあります。

　山本先生はジャーナルと時折のインタビューを主なリソースとして、小関先生はジャーナルというよりも、インタビューを起点にして自分の思索を深

めていく中でそれぞれのクリティカルな気づきを経験したようです。その時間的タイミングも反応も大変異なっていました。しかし興味深いのは、変化のプロセスをくぐった後で二人が気づいたことは大変よく似ているのです。それはありのままの自分の受容とも言えるものです。山本先生はある生徒が休んだときに、いつもはとても気を遣っている自分の内面にどこかホッとしている自分を見たと言います。それは常日頃彼女がそれだけその生徒に心を配っていたことの裏返しでもあるのですが、ある意味心のなかで一息ついている自分を見て、そういう自分がいたのだという驚きを経験しています。それを言語化してジャーナルに書き、メンターに読んでもらい、話すことで自分を受け入れ、自分に対する理解を深められたようです。自身への赦しのような意味合いも含めて。

　小関先生に対して、結果的にですが、私は異なるアプローチをとっています。ある研究会で授業ビデオを見て、インターアクションの少ないことが気になっていました。ところが、たまたまそこでインタビューをやってみようということになって、聴衆の前でインタビューすることになったのです。本来の趣旨とはかけ離れた、ストレスのかかる状況でのインタビューで、ご本人にとっては大変勇気を必要とすることだったのですが、小関先生はそれを受け入れてくれました（受け入れざるを得なかった状況は私の責任です）。

　私は彼女には生徒との関わりをどのようにとらえているのか、そこから考えてほしいなと思い、あえて最初にインタラクションの少なさという点に絞って、彼女に話を聞き始めました。そしてそこから別の話題に移ろうとする度に私はそこに話を戻しました。明らかにとまどいが見られました。彼女に生徒との関わり合いの部分に目を向けてもらおうという私の姿勢は、その一ヶ月後に彼女が学生として私の授業を受け始めてからも変わりませんでした。課題のテーマをインタラクションにした時は、今こそ本質的な問題に目を向けてほしいと思って何度もやり直しをしてもらいましたが、どうしろとは言いませんでした。それは彼女が自分で見つけることだと考えたからです。実はこの時クラスメートが具体的に指示をしない私の意図がわからないと悩む彼女のサポートをしてくれていました。そして最後の課題発表の時に小関先生は、「授業は何も変わってないのですが、今はこれができていない

と言えるようになりました」という言葉で発表を終えられました。それは私が最も待ち望んでいた言葉でした。1つのクリティカルな段階を彼女が超えた陰には、私の十分にできないところをサポートしてくれていたコミュニティとしてのクラスの働きがあったことも、この実践の大切な部分と言えるでしょう。

　メンターがいることの利点は、授業ではできない個人との一対一で話が聞けることです。そこでの私の役割は、学生の話を聞くことを通して彼らの中で十分に言語化されていない想念や思考を整理する援助をすることであると思っています。言い換えると、ジャーナルを書く過程では必ずしも明確には意識されていない問題の意識化の支援であるとも言えます。

　この時、私はあくまで援助者に徹し、授業の3つの原則に従っています。学習者中心・KASA・経験学習です。全霊をもって聞きながら、相手の思考が発展していくための援助を行うことにエネルギーを注ぎます。インタビューしている中で教師の様々な問題点が目に止まりますが、私は基本的にそれに判断を下したり、どう改善したらとは言わないことにしています。カウンセリングでは、カウンセラーが先に判断を下したり解釈したりすると、クライエントではなくカウンセラーが治療の方針を決定してしまうばかりではなく、クライエントがカウンセラーの判断を自分のものとして内在化してしまうと言われます。また、Gattegnoの提唱したサイレント・ウェイでは、教師は発話を最低限にしますが、これも学習のイニシアティブを教師が取るのではなくて、学習者に取らせるためです。教師は多くをしゃべらない代わりに "Say more." (そこのところをもうちょっと話してみてください) と言いながら学習者に発言を促します。当の学生にとって最も重要だと思われる問題を自分で取捨選択し、いかにノンディレクティブ (非指示的な) 方法で本人の主体的な理解・気づきに持って行くかが、メンターの最もチャレンジング且つ最も教師の成長に貢献できる部分の1つではないかと思います。

　ただし、私は授業者であり、同時に学生達がリフレクティブ・プラクティスをしていく上でのメンターになりますから、同一の人間が2つの役割を引き受けることの功罪はあると思います。私が苦手だという人には、私は役に立たない人間になってしまいますし、誰に相談したらよいかということに

なってしまうかもしれないからです。（実際男子学生は私が女性だったら話しやすいのにとも言いますが、こればかりはどうしようもありません）それゆえに、ともに授業研究する学生達と良好な関係をつくることは、授業者としての私にとって終わることのない大きな課題の１つなのです。

3.3.4. リフレクション

リフレクションは上記のすべての機会になされていて、院での私の授業での根幹的学習手段であり、なおかつ修得の対象となる最大の技術です。日本語の反省とは異なり、責めを伴わない、意味の取り出し・吟味の作業（Rodgers, 2002）です。Dewey(1997: 57)は、リフレクションが物事を複眼的に検討する行為である点について次のように説明しています。

> Reflection is turning a topic over in various aspects and in various lights so that nothing significant about it shall be overlooked.

１つの出来事をあっちからこっちから眺めて検討しその意味を考えることを教えてくれています。ここで大切なことが見過ごされないようにするためにとても大切なことがあります。それは実践者が自分の欠点や弱さに対してオープンなスタンスをとらないと、「実践者としての自分」という大事な要素をリフレクションから落としてしまうことになるということです。内省しても、見えるのが「学校のシステムに問題がある」とか、「生徒のやる気がない」とかいった自身から乖離した問題点しか出ない場合には、いくらリフレクションを行っても、それは何の意味も持たなくなってしまいます。ここが指導者にとっても、学ぶ教師達にとってもリフレクション技術修得における一番の壁だと思われます。この壁を突き抜ける手伝いをするのが私の授業の役目なのだとすれば、これは大変に重い課題と言えます。

又、リフレクションは一カ所に留まることはありません。それはダイナミックに姿を変えていきます。Schön(1983: 50)が、現在持っている理解が、今ここで行われているリフレクションによって変わって行くことについて次のように述べています。

Usually reflection on knowing-in-action goes together with reflection on the stuff at hand. There is some puzzling, or troubling, or interesting phenomenon with which the individual is trying to deal. <u>As he tries to make sense of it, he also reflects on the understandings which have been implicit in his action, understandings which he surfaces, criticizes, restructures, embodies in further action.</u>　　　　　　　　　　　　　　　　（下線筆者）

　自分が今まで当り前と思っていたことの中に新たな深い意味が気づかれないまま眠っていたことに気がつくことによって、理解が豊かになっていくのです。皆さんも、姿を変えながら発展していくリフレクティブ・サイクルに入った時、ワクワクするような感覚を経験されることでしょう。

3.4.　ティーチングに対する理解を深めるための実践課題とリフレクション
　リフレクションの大切さとそのむずかしさばかりを強調してきたような印象を与えてしまったかもしれませんが、では意味のあるリフレクションとは具体的にどんなもので、どういうところで教師の変化は観察されるのでしょうか。英語教育指導分析の授業で与えた課題を例にとりながら検討してみたいと思います。以下では「学習者中心主義(learner-centeredness)」をテーマにした課題をめぐる課題からの抜粋です。

In "Teaching Laboratory[16]," I came across some opinions that I really agree to. They are "taking learning materials out of learners lead to learner-centeredness," and "it's very important to use the resource that learners already have." Before, I've read an article by Ms. Inaoka's[17] and she also said, "I'm trying to have time to talk with my students between classes and find some items or stories I can use in classes." In other words <u>she's trying to link the things that happen outside the classroom to learning materials.</u>（中略）<u>Teacher's attitude of that kind surely conveys meaningful messages to students in classes and leads to learner-centered classes, because I think learning materials satisfying learner's curiosity and needs are essential in</u>

learner-centeredness.

（金藤多美子 2005 年 1 月，下線筆者）

　金藤先生はシンポジウムでの稲岡先生の発言と以前読んだ先生の教材製作についての記事，そして自身の実践と教材観をここで結びつけています。生徒から教材を取り出すことの意味，つまり教師が教材を求めて学習者に近づいていこうという態度を持つことの意味が学習者中心主義と結びついてひとつのローカルな理論に発展しつつあると言えないでしょうか。

　茶本先生は「学習者中心」という概念を追い詰める過程で respect, responsibility, reflection という 3 つの概念に集約させました。その中で respect の部分を抜粋したいと思います。

The situation where "respect" is valued in the class is the situation where the teacher respects each of the students, the students respect their teacher, and the students respect each other. When the teacher and students have a trusting relationship, the interaction helps to draw the students' potentials out. The student listens to her teacher's instruction and her classmates' ideas carefully. When students realize that they are regarded as important members of the class, they become more confident and positive participants in the class. Moreover, each student keeps respectful attitudes toward her teacher and classmates.

（茶本卓子 2006 年 1 月，下線筆者）

　教師と生徒の間の関係ができているからこそインタラクションが機能すること，また一人ひとりの生徒がクラスの一員として認識されているからこそ授業における「自信をもった能動的な参加者」になれるのだと主張します。「尊敬」というありふれた概念が先生の経験を通して固有の意味を持ち始めているように見えます。第二言語習得研究者がこういう視点でインタラクションを考えているでしょうか。何かとてつもなく本質的なことを私は見落としていたのではないかと思わされました。

実は先生のこのレポートは第5版です。第4版までは事実の記述に終始していたり研究者の引用をしたりすることが多かったのですが、5回目でレポートの内容は大きく変わりました。自身の教室での経験と考えていたことが、リフレクションという思索過程を通して、自分にしかない固有の理論が生成されつつあることが窺えます。

4. リフレクティブ・プラクティスを実践した院生（現役教師）の報告

では、次に山本真理先生、小関静枝先生、松野哲也先生によるリフレクティブ・プラクティスについてのエッセイを紹介します。三人の先生方のエッセイからは、リフレクションを通して自身の授業についての理解を深め、実践者としての自分を受け止めていく過程が見えてくるのではないでしょうか。

4.1 報告その1
　　　　ジャーナル・ライティングとリフレクション

山本真理

リフレクションの始まり

　大学院の授業分析の授業の課題としてジャーナル・ライティングを始めたころ、私は指導のテクニックの向上だけで授業改善には限界があると感じていた。「英語は難しい」という生徒たちの先入観を変えることができず、学習習慣が身についていない生徒への対応に悩んでいたからだ。「卒業したら英語を使うことはない」と決めつけている生徒や自分であきらめてしまっている生徒と向き合うには、指導法を変えるだけでは不十分だと思っていた。私自身の意識改革の必要性を感じ始めていたころ、ジャーナル・ライティングに出会った。ジャーナルを書くことによって授業を振り返る手段を得た私は、ジャーナルを中心にリフレクティブ・プラクティスを行うことにした。

リフレクションの道具

　リフレクションの道具として、私は主に自分のジャーナルと生徒からのフィードバックを用いた。時々行われたメンターとのインタビューも内省を深めるのに役立った。ジャーナルでは、授業前には生徒の学習目標、教師の挑戦する目標、簡単な授業計画を、授業後にはリフレクションを英語で記述した。生徒からのフィードバックとしては、各授業の終わりに「今日の授業でわかったこと」を日本語で書いてもらった。生徒は、初めのころはわかったことのみを書いていたが、徐々に質問や要望なども書くようになった。

ジャーナル・ライティング

　私は選択科目のライティングのクラスについてジャーナルを書くことにした。その科目は一人で教えていたので授業内容を自分で決めることができ、週2単位というのもジャーナルを継続する上でよいペースであったと思う。英語で書くことに対する抵抗感について尋ねられることが多いが、最初から英語で書くことが課題であったのでそれほど問題ではなかった。ジャーナルを書く時間がいつもまとまって取れないので、授業の合間、部活指導の合間、時には外食で注文して待っている時間にも書いていた。そのようなときに英語で書くと人に読まれる恥ずかしさが少ないし、うれしさや失望を抵抗なく表せたように思う。もちろん微妙な思いをすべて英語にできたわけではない。どうしても思いつかないときは、いくつかの単語を日本語で書くこともあった。

　最も困難だったのは、教師の目標の設定であった。それ以前の指導案では、生徒の学習目標しか設定しておらず、教師として何に挑戦するのかを考えることはなかった。そのため最初はどのようなことを教師の目標として掲げるべきかわからなかった。ただ、課題の説明とともに示された例を参考にするのみであった。例は「生徒が心地よく学習する雰囲気を作る」と言うような内容で、私はクラス全体に関するものでないといけないと勘違いをし、最初は生徒とのインタラクションなどを目標に掲げることはなかった。ましてや自分の弱点の克服などは考えられなかった。ジャーナルを提出し、メンターとの話し合いやビデオを見て自分の弱点に気づくことで、内容がより適

したものになってきた。以下は、ジャーナルを書き始めた年の教師の目標である。内容の変化を見ていただきたい。

2004年5月

To have students use the present tense in the conversation in which they talk about breakfast. After that, to have students use the past tense by talking about the breakfast that they had the day before.

2004年11月

To give students chances to make their essays better. The teacher corrects grammatical mistakes and helps students clarify what they want to say by asking questions. The teacher doesn't write sentences but gives only some hints.

To encourage students to write their essays instead of scolding some students who seem not to have written theirs.

2005年2月

To try to understand how students concentrate on the class and understand grammar by looking into their faces during the explanation.

5月は「生徒にさせる」ことを示しており、教師が何をするか具体的に書かれておらず、生徒の学習目標と同じであった。これでは適切とはいえない。夏ごろには「イニシャティブを生徒に渡す」、「ライティングの入り口に生徒を導く」というような表現をメンターから教えられ、少しずつジャーナルに教師の目標を書くことの意味を考えるようになった。11月は、エッセイを書く課題に長期に渡って取り組んでおり、「生徒が自分で行動する」のを励ますことに心がけていたが、この目標からでは具体的にどのように励ますかはわかりにくい。文字に表せないのは、自分で具体的なイメージができていないからである。2月の例を見ると、シンプルではあるが「生徒の顔を見て話す」のは「生徒の集中や理解の程度を知る」ため、と定義して目標を

設定していることがわかる。つまり、「顔を見て話す」といった当たり前のことにも自分で意味を考え、なぜそのようなことが必要かを理解し、行動することの大切さを知った。この1年で、教師としての行動に対する考えを深めてきた、と言える。生徒だけが成長するのではなく、教師の私も変化することを実感した。

　ジャーナルにおける変化は、リフレクションにも見られた。まず、2004年4月22日の記録を示したい。ジャーナル・ライティングを始めて3回目である。

> I should allocate more time to checking the answers. This class is in the fifth period and some students had difficulty in keeping awake. I need to have them read the sentences aloud to draw their attention to the exercise. In order to have some time for pronunciation and reading, I must spend more time checking the answers. They are slow in writing. I should also give them more time to write the correct answers.
>
> This was the third lesson and it seems that they have understood what they are expected to do. They say the answers without being afraid of making mistakes. I think we are moving in the right direction.
>
> 　　　　　　　　　　　　　　　　　　　　　　　　　　（2004年4月22日）

　以上がその日の記録のすべてである。A4サイズのノートの1/3程度であった。クラス全体を1つの固まりとして捉え、全体の印象を書いているに過ぎない。メンターから「自分の気持ちをもっと見るようにすると、自分の違った面も見えてくる」というアドバイスを受け、自分の気持ちを記録するように心がけた。そうすると、クラスの出来事にうれしくなったりいらいらしたり、という心の変化が見えてくるようになった。さらに生徒の行動や様子をより細やかに観察することで、様々なことに気づいた。次は2004年6月10日のリフレクションの一部である。一人の生徒が珍しく欠席した日であった。

> The girl was absent. She is a good, hard-working girl. I like her, but when she is absent, I think I can see the other students' faces more.
>
> （2004年6月10日）

　この日、私はいつもより多くの生徒の顔が見えたように感じてうれしかったのだが、なぜそう感じたのかを考えたときに、欠席した生徒に対して申し訳ないという気持ちにもなった。（ただし、この日の経験は、日頃その生徒の様子にそれだけ注意を払っていることを意味するのだと後で理解できた。）このような思いを文字にすることで、自分自身や生徒について深く考えるようになり、今までそれほど意識していなかった思いを認識する自分に気づいた。それとともに記述の量も増え、ジャーナルを書くことが苦痛でなくなっていった。

リフレクティブ・プラクティスを行って
(1)　教師の変化
　リフレクティブ・プラクティスを行うことで、授業中の観察はより丁寧になり、そこで見たり感じたりすることをより深く考えるようになり、生徒への信頼が増した。
　観察は、ジャーナルを書くことで鍛えられたと思われる。より多くの記録を書くためには、生徒の様子や自分の心の動きをしっかりと受け止めなければならず、生徒の様子に注意すればするほど、小さな変化も見えるようになってきた。

> One girl had cleaned the blackboard before I entered the classroom. I found it so clean and asked a girl whether she had cleaned it or not. She nodded with smile. I was very happy to know that she was trying to make her learning environment more comfortable. I hope some more students will help her.
>
> （2005年2月3日）

時々黒板に前の授業の板書が残っていても、選択授業でいくつかのクラスの生徒が集まってきているせいか、誰も消さないでいることが続いていた。授業が始まり私の呼びかけに応えて誰かが前に出てくる、という状態であった。私は生徒たちに、「日番も仕事をしないといけないけど、みんなも自分の学習環境の問題として考えてほしい。」と話していたので、考えてくれる生徒が現れたのはうれしかった。この後、この生徒以外に前もって消してくれる生徒が出てきた。

生徒の様子に揺れる自分の気持ちにも気づくようになった。うまくいかない理由を生徒のせいにしたい自分に気づくのは、つらいことであった。

> I tried to see the students' faces to find out what they understood and what they didn't, but it was very difficult. A student looked so bored. When I looked at him, I lost my pace somewhat. I must accept every student, but it is sometimes impossible. （2004年11月1日）

しかし単に誰か、あるいは何かを責めるだけでなく、その理由をより冷静に考察し、行動を決断するようになってきた。次のジャーナルは、修学旅行についての感想を書くための mind map を描いているときのことである。

> When I told them to start working, I found that a girl had already started. Some boys didn't start, but I just said, "Work, please." One of them is very difficult to me. When he is confident, he is too proud and when he is not, he tends to chat. I thought that urging him would lead him to complain a lot, and I decided to observe him. All the students including him wrote something. Another boy wrote a little. He said, "The trip was not interesting." When I talked to him, I may have asked him too many questions. He belongs to my club and I know he likes quick response, but this time it may have been better to ask him questions slowly and quietly.
> （2005年2月7日）

最初に出てくる男子は日頃から態度が気になっていた生徒で、彼の行動や表情の変化を分析し、自信の持ち方が行動に影響しているのだろうという推測をしていた。自信がないときには、周りの生徒を巻き込んで不満を表す傾向があったので、このときは黙って観察することにした。もう一人の男子とのやりとりは彼の好きなペースになってしまったが、ゆっくりふり返らせる雰囲気を作ったほうがよかったのではないか、と後で考え、この次の授業では落ち着いて言葉をかけるように気をつけた。

　授業中の出来事の考察を続けていくと、生徒が自ら成長する力を信じたい場面が増えた。そのきっかけは、学期に1冊作っていた生徒のエッセイ集であった。最初は、私たちの学校の説明を5文書くことも難しいと言っていた生徒たちが、「修学旅行の感想」、「思い出」、「夢」、と作品を重ねるごとに深い思いをより長い文章で表すようになった。生徒とのインタラクションについて考えていた私は、教師と生徒のインタラクションだけでなく、生徒同士のインタラクションをどうすべきか悩んでいた。ライティングの授業で、生徒同士のインタラクションを活発にすることを目的に、ペアやグループでお互いの作品を読んでコメントを与えるプロセス・ライティングを取り入れた。初めの頃はただ教師に提出するために英文を書いていた生徒が、クラスメートという読者を得ることで作品に向かう姿勢が変わってきた。義務感や自己満足に終わるのでなく、読者に理解してもらいたいという願いを持つようになった。また友人の作品を読むことで、構成や表現なども学んだ。それまで私はライティングを個の学習だと考え、「教師が教えて生徒が学ぶ」というスタイルで授業を展開していた。生徒同士でも学びあうことを目の当たりし、生徒たちがお互いの学習に影響しあい、時には教師の働きかけより生徒同士のほうが力を持つことを知った。この経験によって、私は学びを共に創る者として生徒を受け入れるようになった。これを転機として、現在私の授業観の根本的なところは学習者中心主義へと発展しようとしている。

(2) 生徒の変化

　私が出来事の考察を深め、生徒を頭ごなしに叱ったり、思い込みで判断したりすることが減ると、生徒も安心してか、より多くの発言するようになっ

てきた。質問を投げかけたとき以外でも生徒は自分の考えや質問を口に出すようになった。この変化は生徒にフィードバックを書いてもらうことも大きく影響している。生徒がノートに書いてきた質問に答えるのはもちろんだが、他の生徒にも知らせたほうがよいことは授業で説明し、「○○君の質問のおかげでみんなの問題点がわかって助かりました。」などのコメントを加えた。そうすると質問や悩みを書いてくる生徒が増え、授業を進めていく上で大いに役立った。

　選択授業の中で連帯感も芽生えた。2年連続同じメンバーでライティングを学んだことも大きいが、やはりこれはプロセス・ライティングでの協力の影響であろう。1年目にはうまくいくことがなかった「グループでの話し合い」のような意見を出しあう活動も、2年目には生徒が望むようになった。生徒が自分たちの変化をどのように感じていたかをフィードバックから挙げる。

- 一応清書を書いてみたけれど、ちゃんと相手に伝わるかが心配だ。(Y)
- エッセイを友達にほめられてうれしかった。煮詰まっていたので友達にアドバイスしてもらえてよかった。でも友達の文がとてもすばらしかったので、もっとがんばらないといけないなあと思いました。(A)
- 人のを見て自分のエッセイに重要なことが気付けた。
  （私の「重要なことって何か教えて」というコメントに答えて）
  話の順序をもう少しちゃんと考えておくことです。(S)
- 授業中に先生が皆にちょっとした質問をすることが増えて、そのせいか分からないけど、皆が文法など基礎のことをよく分かってきていると感じてとても焦っています。自分なりにもっと積極的に授業に参加したいと思いました。(M)

　この他にもクラスメートに影響を受けたことについて書いている生徒は多い。また、必修の英語の時間に習ったことを思い出してそのことを書いてみたり、書けるようになったので今度は話せるようになりたいなど、新たな目標を設定したりする生徒もいた。教師として、このような生徒たちの成長に

立会い、その思いを知らせてもらえたことを幸せに思う。

メンターとのかかわり

　私のジャーナルは大学院の授業がきっかけで始まり、そこから論文のための研究へと進んだ。その2年間はいつもメンターという読者が存在した。私はメンターに読んでもらうことを意識して、丁寧に説明することが習慣となった。またメンターからアドバスを受けたり、共感してもらうことで勇気づけられたり、時にはリフレクションの理論化へと導いてもらうこともあった。このように言うと、メンターがいないとリフレクションはできないと思われるかもしれないが、私はそうは思わない。私の研究に興味を持った同僚や友人とジャーナルについて話し合うことがある。英語教師でない人の場合、ジャーナルを読んでもらわずに、書いたことを日本語で説明し、学びや生徒指導、また教師の姿勢などに関してお互いの考えを述べ合う。そのとき、話し相手は私にとってメンターである。つまり、正式なアドバイザーがいなくても、周囲の人の力を借りてリフレクションを深めることは可能である。

　そのような人たちに出会うために自分から発信することがどうしても必要となるが、いつも発信できるとは限らず、また十分な理解が得られないこともあった。そのときは私の心の声に耳を傾けてきた。ジャーナルと向き合うことは、もう一人の私と話をしているようなものだった。自分自身の声もまた大切なメンターであった。

私のリフレクションのこれから

　メンターと共にいるほうが継続しやすいのは事実だが、一人でもリフレクションは行える。いったん自分自身や生徒とのかかわりに何らかの変化に気づくと、もうやめられなくなるのではないだろうか。実際今の私がそうである。論文も一段落し、期限付きの目標はなくなったが、様々な出来事に目を向け考察することが当たり前となり、ジャーナルを書くことで落ち着く自分を認めざるを得ない。リフレクションが生活の一部となっている。「何を書いたらよいか分からない」とメンターのところへ相談に行った日がうそのよ

うである。

　人間は成長するものだといわれるが、この年齢になってそんなに変化するとは予想していなかった。今は小さな出来事にも意味を見出し、生徒の力を以前よりずっと信じるようになり、自分の考え方に大きな変化を感じている。

　私の実践を見て、ジャーナルを始めたいと思うようになった同僚がいる。自分のリフレクションを深めるだけでなく、この同僚のように共に変化を求めて話し合える仲間を増やしていきたいと考えている。

4.2.　報告その2

私とアクション・リサーチ

小関静枝

　「あなたの授業は生徒との interaction が少ないように思いますが、その点はどのように考えておられますか。」授業公開の後このような講評がされたらどのように答えるだろうか。これはある授業サークルで私の授業ビデオを見た後で出た質問である。私の場合は答えられなかった。言葉を濁してその場を切り抜けたのだ。これは正しく言うと授業の講評ではなく、アクション・リサーチの勉強会の一環として行われたインタビューでの質問である。この質問から始まった授業改善の取り組みをまとめてみたい。

2004年までの取り組み

　2002年、2003年と兵庫県立教育研修所の現職教員対象の講座[18]を受講した。はじめてアクション・リサーチについての講義を聞き、取り組みをはじめた。2年間を通じて「生徒が活発に活動できる授業」を目指して課題を設定した。授業中に活気がなく、生徒が活動する機会の少ないことを改善したいと考えていた。しかし思ったような改善には至らず、様々な研究会に出ることを繰り返し、何かいい授業方法はないかとさまよっていた。Skill の面に多く目がいっていたと思う。

2004年の取り組み

　2004年は研修所の講座受講生を中心として形成された英語授業研究サークル、神戸市外国語大学大学院英語教育学専攻授業において取り組みを継続した。サークルでは月1回ビデオによる授業研究が行われた。10月に行われた研究会で私の授業を見ることになったのだがその時に講師として招かれていたのが神戸市外国語大学の玉井先生である。冒頭で紹介したインタビューはこのときに行われた。ちょうど大学院で玉井先生の授業が始まる時期と重なっていた。つまり冒頭で紹介した質問はその場で終わりではなくその後の授業などを見通して継続して考えさせられるものとなったのだ。

問題の特定

　授業中の生徒との関わり方（interaction）というのはインタビューで始めて気づいた問題ではなく、3年間常に目の前にありながら避けていたものだった。次のような記録が残っている。

　　教授法など技術的な面だけでなく、効果的な授業には生徒とのかかわりが大きく影響していることについては数年前から気づき始めていた。なんとなく気が進まず、避けて通っていた点である。
　　　　　　　　　　　　（2002年教育講座実践報告集のまとめから）

　　「間」の取り方や「発問」の仕方をかえ、生徒のエネルギーを引き出す工夫が必要である。
　　　　　　　　　　　　（2003年授業のビデオを見た観察者からのコメント）

　つまり、3年間本当の問題をおいて違う方向から授業改善を行おうとしていたのである。この問題に取り組まざるを得ないと気づいたとき（Awareness）がひとつの転機になった。

問題を特定する過程

　私は問題点が正しく捉えられなかったが、それには2つの理由がある。

ひとつは自分を見つめることへの抵抗感。2つめは個人での取り組みの限界である。問題を見つめるというのは苦痛を伴い、あるときは感情的になってしまうこともあった。また考えても仕方がないとあきらめてしまうこともあった。個人で取り組むとこの図式に陥ってしまうことが多い。3年間のうちの最初の2年はこの傾向が強かった。

　2004年は授業でアクション・リサーチを行ったので、逃げられなかった。同時にメンターとともに授業改善に取り組める仲間が得られた点が大きかった。問題点を感情的に受け入れられないときは仲間からの励ましをうけることで取り組みを続けられた。メンターからは具体的にどうするべきかという指示はない。そのため苦しく思うこともあるが、自分の姿勢が変わってきたときに即座にそれを指摘してもらうことができた。必要とするときに、適切な内容のフィードバックが受けられる環境は特にアクション・リサーチを始めたばかりのときに大切なのではないかと考えている。授業が一通り終わった2005年3月に行ったインタビューを書き起こしてみた。

［教師の成長におけるアクション・リサーチの役割について］
玉井（以下T）：自分のdevelopmentのためには自分の教育観が何かというところからスタートしないと考え始めているということですね。
小関（以下O）：そうですね。でもそうなるのに2年間かかっているということです。今はその気づいたところからはじめて生徒にどう話しかけるのかということを考え始めているという状況です。
T：いま歩みを始めたという状況だからね。2年かかって。考えてみればARを3ヶ月でやれというのは乱暴な話かもしれないな。（授業のことを指している）
O：この時点で（2002, 3年とARをやった時点で）インタビューを受けたり、ペーパーを継続して書いていればどうだったかということは考えるんですよ。
T：そのときに欲しかったな、と思うことはどんなことだろう。
O：アドバイスしてくれる人だったと思います。課題には気づいているけれどもどうしたらよいのかわかりませんでした。

T： 2年前にそう言っているんですね。
O： 気づいているけれどもどうしたらよいのかわからない状態でした。時間的な制約もありました。
T： 問題がそこにあると指摘してくれてそれを取り出してくれる人間が必要なのかもしれないな。
O： それと、それを共有できる場ですね。個々の問題を一緒に考えていける場がないと難しいと思います。
T： 自分の話を受容してもらってそこから初めてさらに発展していくということですね。
O： アクション・リサーチはある意味個人のものというところがあるから、コミュニティとして開かれたところがないと共有というのは難しいですね。今までもそういう試みはあったけれども時間的な制約などで成立しない、続かないということが多かったですね。
T： 院生の集まりはコミュニティとしてはどうなの。
O： 同じ授業を受けていれば同じ土台というものをもっていて理解し合えるということは大きいですね。私にとっては感情的な面を出さずにやってきてたけれどもそれを出しても受け入れてもらえ、フォローしてもらえる場があったということが大きかったです。
T： 私の知らない場でみんながフォローしてくれていたんだ。
O： 感情的な発言をしても後悔しないですんだということです。それで感情的にもだいぶ落ち着きました。
T： ジャーナルというのはある意味ひとつの記録でありきっかけであり、それを共有できる場とアドバイザー（Mentor）というのがいるのかな。
O： そうですね。必ずどこかで立ち止まってしまうところがありますよね。自分で問題点を探してみつけて「これかもしれない」と思ってどう考えていったいいのかわからないときがありますよね。でも「こうしたらいいんですよ」では授業は変わらないんですね。
T： ということは方向性を出すのは「自分」ということですか。
O： そうですね。ジャーナルやインタビューなどもあり、コミュニティ

でいろいろな刺激を受けたとしても「変えていこう」と思うのは自分ですから。
T： Directive[19]なアドバイスはアドバイザーはしてはいけないということですね。
O： 根本的な部分にかかわることはそうですね。

取り組みを振り返って

　これまでの取り組みを振り返って自分の授業が大きく転換し、現在の授業はすばらしいという報告がここでできればいいと思う。しかし相変わらず生徒との関わりというのは課題であるし、うまくいかない授業に頭を抱えてしまうこともある。ただ、問題を特定し、それに向かっていく姿勢は数年前にはなかったものである。生徒に授業の感想や要望を頻繁に聞くようになったのも1つの変化である。以前は生徒が授業中話していれば、おしゃべり、雑談にしか聞こえなかった。しかし、アクション・リサーチを重ねるにつれ、生徒を授業中観察するようになってきた。そうすると生徒は意味もなくしゃべるばかりではないということに気づくようになった。例えば、activityの指示をした後しゃべっていれば、それは教師の指示がよくわかっていないことが多い。以前は「ちゃんと聞いていないからだ」と思っていたが、生徒とのかかわりを考えるようになると「指示をする前に十分に注意をこちらに向けていなかった」「説明の仕方がはっきりしていなかった」などということを考えるようになった。「おしゃべりしないではじめなさい」という指示から「何かわからないところがあった？」という発言へ変わっていった。生徒との関わり（interaction）を考え始めると生徒は黙っているときにもメッセージを発していることがあることにも気づくようになった。生徒が変わったわけではなく教室の中には以前から生徒からのメッセージがたくさんあり、自分にそれが見えていなかったのだ。以前は生徒からのコメントは「とくになし」が多かった。いかにかかわりが薄いかを象徴している。最近は「要望や変えてほしいというところを必ず書いてほしい」と言うようになった。厳しい意見もあるが、まずはそれを受け止めようという気持ちになっている。生徒とのかかわりがうすく、どちらかというと避けようとしていた以前の自

分とは変わった点である。思いがけずうれしい言葉に出会うときもある。

「先生にがっかりされるのがいやで英語の授業だけは宿題をしようという気持ちになります。一生懸命教えていただいているのがわかるのでテストで結果を出せないと申し訳ない気持ちになります。」
「英語は苦手だけど、がんばっていく気になった。」
「真剣に先生が教えてくれるから感謝しています。」

　アクション・リサーチをやっていなければこのような生徒の気持ちにも気づかずに毎日を過ごしていたと思う。この姿勢が何によって作られたのか。いろいろと考えられるがインタビューをはじめとして自分の考えを言語化する作業によるところが大きいと思う。これはジャーナルをつけるという「書く」という作業と共通するところがあるだろう。結局はインタビューはMentorとの会話を通して自分と対話しているといえる。それまで自分の中にあった断片的な考えが「話す」ことによってまとまり、また新たな考えが生まれてくる。そのような作業だと思う。私にとってはreflectionというのはこのようなものだ。アクション・リサーチはこのreflectionに至るための手段だと考えている。確かにMentorの役割は大きいかもしれないが、一度自分の中にこの過程ができあがればMentorは必要ないかもしれない。むしろ特定の人物と言うよりも、毎日接する人々、つまり同僚や仲間そして生徒自身がMentorの役割を持ってくるのではないだろうか。
　自分の考えを言語化するというのは伝わるように言葉にするということだ。これまでに何度か周囲から「変わった」「突き抜けた」「break throughが起こった」という言葉をかけてもらった覚えがある。実は自分の中では「私は特に変わっていないのに」と思うときもあった。よく考えてみるとその時は自分の中にあった考えが言語化できた時だった。つまり適切な言葉で適切に自己開示ができたとき周囲は私を「変わった」と感じるようだ。そして周囲との関係が変わり、自分の行動も変わってくる。そう考えるとこの過程は終わることがなくずっと続くものなのだ。大変であると同時に面白いことを始めたのだなという気持ちである。

4.3. 報告その3
リフレクティブ・プラクティスにおける「気づき」を導く "Mediator" の存在とその役割

松野哲也

　昭和の終わりから教壇に立ち続けて今日まで、自らの日々の取り組みについてきちんと時間をかけて振り返ってみたことはありませんでした。書籍や研修会等を通じて得た様々な知識、また同僚の先生方から教えて頂いた指導のコツやアイデアを、闇雲に授業に採りいれては失敗し、自分の未熟さや不器用さに落ち込み、そしてまた気を取り直して別の方法を試みる。この繰り返しが、私のこれまでの教師人生を象徴するものだったように思います。

　リフレクティブ・プラクティスを通じて多くのことに気づき、その中でようやく教師としてのしっかりとした足場を築けたと感じています。現在の自分が置かれている環境がどのようなものであるかをきちんと把握し、それに見合った教育を実現していくことに全身全霊を傾ける。当然のようなこの事実をやっと実感として理解するようになりました。私の教師としてのささやかな成長の起点となったティーチング・ジャーナルへの取り組みと、そこから導かれた「気づき」への "mediator（媒介者）" の存在とそれが果たした役割について以下にまとめてみました。

リフレクションとの出会いとその理解

　ティーチング・ジャーナルを用いた内省との出会いは、神戸外大大学院英語教育学専攻の「英語教育指導分析」において玉井先生の指導のもと、在籍初年度の4月より自らの授業を対象としたジャーナル・ライティングを開始したことに遡ります。しかしながら、それがもたらすこととなる変化は言うまでもなく、その取り組みの意味すら理解できない日々がその後数ヶ月に渡り続いたことは、取り組みを始めた当初には予想だにしなかったことでした。しかし、その間の多様な経験を通じて、徐々にジャーナル・ライティングの意義に対する理解が深まっていきました。その過程で、内省についての理解に向けての後押しをし、日々の教育実践におけるその活用への後ろ盾と

なったのが、Dewey によるリフレクションの定義です。その定義は、「教師、生徒、そして相互の関係により成り立つ教育実践を様々な観点から注意深く捉え、その個々の意味を理解し、以後の実践に還元していくこと」を指し示すものです。

ジャーナル・ライティングを通じて内省力が高まる中で、はっきりと認識されたのが、日々の教育実践に関わるあらゆる出来事に対する「気づき」(awareness) とそれに伴う「注意力」(attention) の高まりでした。これまで見えなかったものやそれを取り巻く諸事象、そしてそれらの相互の繋がりまでもが細部に至るまで見えるようになりました。また、その存在すら認識しなかった事柄、それが自身の文脈において持つ意味、さらにはそれが周囲の事柄と交わる中で生まれる意味までも考えるようになりました。

ジャーナル・ライティングを通しての「気づき」に向けての道程

私にとって初めてのジャーナル・ライティングの対象となったのが、高校3年生に対する週2単位の Writing の授業でした。玉井先生により提示されたティーチング・ジャーナルは、lesson objectives、teaching objectives、lesson plan、そして post-class reflection の4つのセクションで構成されていました。lesson objectives として what my students will learn in my class を掲げ、teaching objectives としては what I am going to challenge as a teacher を提示せよとの指導を受けましたが、それらが求める真の意味を理解するのには相当な時間を費やすこととなりました。さらに post-class reflection に関しても同様の状況に陥ることとなったのです。

2005年4月13日よりティーチング・ジャーナルを書き始めたのですが、先生からの当初のフィードバックは、

"Write what sort of challenges you would assign to yourself for the improvement of qualities as an English teacher."
"What do you think about today's lesson?"
"I don't see ss' faces from your description."
"Write more about ss as well as about yourself."

> "Look at your own weaknesses as well as strengths."

といった類のものの繰り返しでした。そして、

> "I think you are now on the right track of self-analysis. Keep this stance."

というフィードバックを得たのが 2005 年 11 月 11 日のことでした。実に 7ヶ月を要してティーチング・ジャーナルへの取り組み方を理解したことになります。但し、ここでリフレクションの意味するものすべてを理解したというわけではありませんでした。つまり、何事にも惑わされることなく自分自身と自身を取り巻く環境に対峙できるようになったのではなかったのです。同じ頃、インタラクションや学習者中心主義の私自身にとっての定義が何であるかを問われた際に、多く高名な学者による定義を引用して答えたことに対し、

> "Instead of listing facts from books, I would rather see your own thoughts on this theme."
> "This knowledge needs to be expressed in a synthetic and digested form; in your own words, relating to your context."

などの厳しいコメントを受け取り、やり直しを課されることになりました。"Great! This is quite an impressive paper." という feedback を頂いた際には、"I could finally figure out the real meaning of journal writing." という素直な喜びを覚えました。それは私がティーチング・ジャーナルをしたため始めてまもなく 1 年を迎えようとしていた 2006 年の 5 月頃の出来事でした。

リフレクティビティの向上がもたらしたもの

内省と実践の継続的な反復を通じて、自身の課題をより明確に把握し、その時点で最適であると思われる対処方法を見出す力が生まれていきました。内省そのものの捉え方にも変化が表れ始め、その方法もジャーナル・ライテ

ィングから生徒とのアンケート等を通じた双方向的なフィードバックのやりとり、そしてロッド（サイレント・ウェイで用いられる色のついた棒状の積木）などの思考の明確化を助ける「媒体」の状況に応じた活用などへと展開していきました。このようにして内省手段の無限の広がりに気づいていったことも、リフレクティブ・プラクティスが私に対してもたらした大きな収穫の1つです。

キジネア・ロッドを介しての気づき

　日々の教育実践におけるリフレクションの中で、私の内面に少しずつ変化が表れていきました。例えば、リフレクティブ・プラクティスに取り組む以前の授業の中において、私は生徒からの視線を1つの固まりとして感じているのみでした。しかし、リフレクションへの理解と向上に伴い、その大きな目が実際は様々な目で構成されていることを認識し始めたのです。私は、自分自身が生徒から放たれる様々な種類の光にさらされているという今までに経験したことのない感覚に囚われました。教室に向かう際に私が感じる緊張は以前よりも強いものとなりました。但しそれは心地よさを伴う緊張感とも言えるものだったのです。自らの内面の変化を明確な形で捉えたのは、英語教育指導分析の授業で玉井先生に自らの生徒に対するスタンスとそれに伴うインタラクションをロッドを用いて説明するよう求められた時でした。その際の様子を以下に示します。

図5　以前の生徒とのインタラクションのイメージ

図6　理想とするインタラクションのイメージ

現在の私であれば、生徒をそれぞれの色が異なるキューブが散らばった形で表すでしょうが、その時の私は同じ色のキューブを整然と正方形にして集め、その上に私の好きな黄色の長めのスティックタイプのロッドで隠していました。そして固定された一方向から深い赤のロッドで矢印を作っていたのです。この矢印は濃い青のロッドから発せられる形を取っていました。この青のロッドが命令的で、ある種冷酷で、そして厳格な私を表していました（図5参照）。それぞれのロッドが示す意味をグループのメンバーに説明をした後、私は無意識のうちにキューブの上に乗せられた黄色のロッドを取り払い、複数本のオレンジ色の長めのロッドをあらゆる方向からキューブに向けて置いていました。また同時に個々のキューブから様々な色のロッドを放射線状に配置しました。暖かい言葉や感情が互いに行きかうインタラクションを示すつもりであることに途中から気づいていったのです（図6参照）。私が本当に望んでいる状態を説明し始めていたのです。私は霧が晴れて大きく視界が広がる感覚を覚えました。この経験から、自分の欲求に対する素直な反応と自らの文脈内に存在する様々な事象に対する感受性が飛躍的に向上していったと感じています。

内省において大切なこと

　「リフレクション＝ジャーナル・ライティング」という図式をよく耳にするように思えます。確かにジャーナル・ライティングは、内省の実現に向けての比較的間口の広い入り口であると思えます。自分自身、日々の教育実践、さらには自らを取り巻く文脈等についてふり返るにあたり、考えを文字化して整理していくことは思考の明確化と深化を助けてくれます。但し、内省の方法も各個人で様々であってよいと思うのです。ジャーナル・ライティングのみに固執することなく、自分が最も素直にそして心地よく取り組めるやり方でしっかりと自分を見つめ直すことが大切だと思います。ある人にとっては犬と散歩をしながら物思いにふけることかも知れません。またある人にとっては気が置けない人との何気ないやりとりかも知れないのです。また、その方法も固定的ではないと思います。様々な要因により、同一の個人の内省方法も時と場合に応じて変化するものであると思います。

私自身が内省を進めていく上で最も大切であると感じていることは、「いつも心の窓が開いている」状態、すなわち「気づき」に導かれた「注意力」が様々な方向に、そして様々な強さで広がっている状態が維持されていることです。

5. まとめ

　リフレクティブ・プラクティスをめぐる旅も終わりに近づきました。皆さんは三人の実践家のエッセイを読まれてどのように感じられたでしょうか。三人の道行きはある意味で自己理解を深めていく旅であったように見えますし、それが平坦なものではなかったことも見て取れたと思います。私自身にとっても、この三年間は、実験的な試みの連続でした。しかし山本先生、小関先生、松野先生の記録を見るとそこには確かな変化の足取りが見て取れます。三人の語りに見いだされるその洞察には、リフレクティブ・プラクティスの各局面において、三人の実践者が手にした学びのエッセンスが散りばめられているように思います。それは日々の実践の中で厳密に自己と対峙する過程で生まれた自身に対する気づきとそれによって開かれた新たな自己のティーチングに対する理解です。実践を横から見ていて興味深かったのは、三人がそれぞれに「今までとは違ってきたな」と気づいたきっかけは、タイミング的にも方法においても其々異なっていることです。

　山本先生は2年間の実践で、ジャーナル・ライティングを自分のものとしてしまったようです。ジャーナル・ライティングで観察力が磨かれたと言い、生徒の様子や自分の心の動きをとらえようとするにつれて、より小さな変化まで見えるようになってきたと自身の変化を説明しています。今ではジャーナルは自分の実践にとっては身体の一部のように感じているそうです。

　小関先生は、二年間の研修後のインタビューとその後の授業での課題（インターアクションをテーマにした課題で Focused paper と呼んでいる）が契機になったようです。小関先生はジャーナルがあまり好きではないと言う一方で、大変深いリフレクションを日常的に行われています。小関先生が自分の変化に気づく過程で興味深いコメントがあります（2005年3月のインタビ

ューより）。

　「おしゃべりしないで始めなさい」という指示から「何かわからないところがあった？」という発言へ変わっていった。

　前者と後者の発話には天と地ほどの違いが見て取れます。様々な解釈が可能でしょう。私がそこに見るのは、権威としての教師が学びへの奉仕者に変容した長い道のりなのです。同じ場面でいくつもの言葉を選択することが可能です。小関先生のこの２つの言葉の背景にあるのは学習者に対する大変異なったエピステモロジー[20]とは言えないでしょうか。学びへの奉仕者はさらに続けて言います。

　生徒との関わり（interaction）を考え始めると生徒は黙っているときにもメッセージを発していることがあることにも気づくようになった。

　仮説として提示した点だけにフォーカスして見ることも１つの方法でしょうが、この言葉からは、教師が常に学習者からのフィードバックにさらされていて、そこから意味を解釈できるかどうかは、アンテナを立てるかどうか、アンテナの感度を高めておけるかどうか、それを理解しようとするかどうかによるのだと言うことがわかります。
　松野先生は、またおもしろい経過を辿っています。当初はリフレクションができずにとても苦しんでいました。それは教室での出来事を見つめる目が常に教師の立場からでしかなかったことによるように見えました。どんなにジャーナルを書いてみても、視点が動かないから何も新しく見えてこないし、何も変わらないという、松野先生にとってはとてもきつい時間が過ぎてゆきました。
　ある時松野先生が私のところへサイレント・ウェイで使うロッドを貸してくださいと行ってこられました。「アレ？　ひょっとして」と思ったのを覚えています。ロッドは内省を進める上でとてもパワフルな道具ですが、その意味に気がついてロッドを使うことは、誰しもが思いつくことではないから

です。ロッドを使ってみようという気持ちは、ロッドを用いて自分を相対化してみようとする準備ができたとも考えられます。そして、松野先生はロッドで自身を表現しようとする過程で、自身を相対化することに成功し、生徒と自分との関係について、かつて経験しなかった角度から見られるようになったようです(図5)。リフレクションを行う道具はジャーナル・ライティングだけではないことを物語るよい例と言えるでしょう。以後、松野先生の実践における言語化のすさまじい進展ぶりは目を見張るばかりでした。

ここで紹介した三人の実践者のうち、誰の実践を読んでもそれが決して平坦な道のりではなかったことは明白です。そして現在の授業が、いわゆる研究授業として見ばえのよい授業になっているかと言えば、三人とも素直に首を縦には振らないことでしょう。それは三人の実践者の目指すところが、もはやそこにあるのではないからとも言えます。

一方で、今も三人の観察と内省は深く鋭さを増しています。それとともに、私の拙い言葉の出番はもはやそこには無いかの如く、私が存在する意義は次第に小さく薄くなっていくのです。メンターの存在と役割について、奇しくも小関先生と山本先生は同じ結論に至っています。それは、リフレクティブ・プラクティスにメンターの役割は小さくない、しかし一旦一人で内省ができるようになれば、それは一人でも可能であるし、新たに周囲にメンターを求めることも可能になるというものです。リフレクティブ・プラクティスにおけるメンターは、アドバイザーではありません。あくまで支援者でしかありません。それは山本先生の次の言葉に象徴されています。

> 結局はインタビューは、Mentorとの会話を通して自分と対話しているといえる。それまで自分の中にあった断片的な考えが「話す」ことによってまとまり、また新たな考えが生まれてくる。そのような作業だと思う。

メンターとのインタビューの本質を適切に言い表していると言えないでしょうか。教師たちの成長の過程に紡ぎ出されてきたそういう言葉こそが、私自身にとっての教師教育、あるいはリフレクティブ・プラクティスの目的、

進むべき道を示しているように思うのです。それは、存在していても、その存在を感じさせない影のようなファシリテーションの実践者です。そしてメンティーはいつしか自律した実践的研究者として自身の言葉を発見して、メンターから離れていきます。自らの足音に耳を澄ませつつ。一人の内省的実践家として。

参考文献

秋田喜代美(2005)「学校でのアクション・リサーチ」秋田喜代美・恒吉僚子・佐藤学(編)『教育研究のメソドロジー——学校参加型マインドへのいざない』pp. 163-183. 東京大学出版会.

玉井健(2009)「リフレクティブ・プラクティスと教師の成長」『英語教育』3月号: pp. 10-12. 大修館書店.

山住勝広(2005)『活動理論と教育実践の創造：拡張的学習へ』関西大学出版部.

横溝紳一郎(2004)「アクション・リサーチの類型に関する一考察：仮説—検証型ARと課題探究型AR」『JALT日本語教育論集』第8号: pp. 1-10. 全国語学教育学会日本語教育研究部会.

横溝紳一郎(2005)「実践研究の評価基準に関する一考察：課題探究型アクション・リサーチを中心に」『日本語教育』125号: pp. 15-24. 日本語教育学会.

横溝紳一郎(2006)『オンラインによる日本語教師教育者研修に関する総合的研究』(平成16〜17年度科学研究費補助金(萌芽研究)研究成果報告書(研究代表者：横溝紳一郎、課題番号：16652038).

レヴィン，K. 末長俊郎訳(1954)『社会的葛藤の解決』東京創元社.

Allwright, D. (2003) Exploratory Practice: Rethinking practitioner research in language teaching. *Language Teaching Research* 7(2): pp. 113-141.

Dewey, J. (1997a) *Experience & Education*. N.Y.: Touchstone. (Original work published 1910)

Dewey, J. (1997b) *How We Think*. N.Y.: Dover Publications. (Original work published 1938).

Freeman, D. (1989) Teacher Training, Development, and Decision Making: A Model of Teaching and Related Strategies for language Teacher Educatin. *TESOL Quarterly*, 23 (1): pp. 27-45.

Freeman, D. (1996) The "unstudied problem" : Research on teacher learning in language teaching, in D. Freeman and J.C. Richards(Eds.), *Teacher Learning in Language Teaching*, pp. 351-378. Cambridge: Cambridge University Press.

Freeman, D. (1998) *Doing Teacher Research: From Inquiry to understanding*. Tronto: Heinle & Heinle Publishers.

Gebhard, J. G.(1999) *Language Teaching Awareness*. Cambridge: Cambridge University Press.

Kolb, D. (1983) *Experiential Learning: Experience as the Source of Learning and Development*. Prentice Hall.

Moran, P. (1991) Effective talking: A guide for supervision of student teachers. Unpublished final paper submitted to Prof. George Hein at Interdisciplinary Seminar I.

Richards, J. C. and Lockhart, C.(2002) *Reflective Teaching in Second Language Classrooms*. Cambridge: Cambridge University Press.

Rodgers, C. (2002) Defining reflection: Another look at John Dewey and reflective thinking. *Teachers College Record*, 74(4), pp. 842-866.

Schön, D. (1983) *The Reflective Practitioner: How professionals Think in Action*. N.Y. : Basic Books.

Tamai, K. (forthcoming)Confucianism as Cultural Constraint and Its Effect on Japanese Self-expressiveness. Tatsuhiro Yoshida, Hiroyuki Imai, Yoshiyuki Nakata, Akira Tajino, Osamu Takeuchi and Ken Tamai(eds). *Researching Language Teaching and Learning: An Integration of Practice and Theory*, pp. 253-272. Oxford: Peter Lang.

注)

1 Freeman(1996)は、語学の授業で当り前と考えてきたことを批判的に分析する手段がこれまでなかったことを指摘してその必要性に言及しています。
 We have not had a common way to analyze what we take for granted in the practices of language education − the folk wisdom on which we operate − and therefore to establish a useful and critical conversation about those practices.(1996: 352)

2 Gebhart and Oprandy(1995: 5)は、教師が孤独、不安、疎外感を持つ物理的にバラバラな存在であると言及する中で、だからこそ自らのティーチングに責任を持つ必要があり、人とつながりあい、意味を共有する必要を説いています。さらに探求の願望は教師の内面から派生すべきものであるとも。

3 Freeman(1998: 15)は、自らの問いかけ(inquiry)から自らの実践を語り始める存在

としての教師を "Teacher-researchers" と表現している。
Creating a discipline of teaching requires making public one's findings. To do so teacher-researchers need to explore new and different ways of telling what has been learned through their inquiries. (1998: 15)

4 The School for International Training (SIT)。米国バーモント州にある英語教育専門大学院。ヒューマニスティックな学習者中心主義を基礎に、徹底したリフレクティブ・プラクティスによる外国語教育者育成で知られる。

5 Caleb Gattegno (1911-1988) によって提唱された教授法。学習者の学びを最大にするためには教師はその発話を最小限に抑え、学習者自身に学習の主導権を取らせることが大切だとする教授法。ロッドやカラー・チャートというユニークな教具を使うことも特徴の1つ。

6 神戸市外国語大学で 2005 年 12 月に中嶋洋一先生（関西外国語大学准教授）と玉井が「学習者中心主義」をテーマに授業を行い、その後柳瀬陽介先生、吉田達弘先生を交えて議論が行われた。実践者が「フィードバック」、「時間のマネジメント」等のお題をテーマに授業を組み立てて授業をした後、ふり返りながらテーマが実践されたプロセスを議論をする形式の研究会。

7 Kurt Lewin (1890-1947)、ドイツ生まれの社会心理学者。1934 年にナチの迫害を逃れてアメリカに亡命。個人や集団の行動を規定するのは、場という社会的文脈におけるダイナミクスだと考えるグループ・ダイナミクスという考え方を提唱。

8 Freeman (1996: p. 352), "We have not had a common way to analyze what we take for granted in the practice of language education – the folk wisdom on which we operate – and therefore to establish a useful and critical conversation about those practices."

9 文部科学省 (2006)「指導力不足教員の人事管理に関する取組等について」<http://www.mext.go.jp/b_menu/houdou/18/09/06092206/001.htm>
［アクセス：2009/01/14］

10 教師の意思決定の基礎となる認知的、情意的、行動的基準。

11 Jack Millet, Clair Stanley, Carol Rodgers を始めとする School for International Training (SIT) の教師が Kolb (1983) の経験学習モデルをもとに作ったリフレクティブ・プラクティスの実践モデル。

12 アメリカの臨床心理学者 (1902-1987)。カウンセリングにおける人間中心療法の創始者。

13 Curran の CLL では学習者を感情、知性、自己防衛的な反応、学習願望を持ち、人間関係の中で学ぶ全人的な存在だと考え、特に情意面での不安心理への配慮を強調する。教師はカウンセラー的立場をとって学習者の不安に対する。

14 長幼の序を基本として年長者、目上を敬う孝の概念はその代表。修身等の儒教的道徳教育は戦後姿を消したが、授業開始時の起立・礼などの慣習的儀礼には儒教価値観の影響が見られる。また、Tamai (in press) では、日本人英語学習者に見ら

れる自己表現や自己開示に対する消極的態度の背景には、調和や権威を重んじる儒教的価値観の影響が見られると、日本と韓国における質問紙調査をもとに論じている。

15 KASA は教師である私自身が自分のティーチングをふり返る手段でもあります。教える私自身が Teacher learner であるという意味で。

16 ティーチング・ラボ　注6参照。

17 稲岡章代先生　姫路市立豊富中学校教諭。生徒の個性を引き出す実践は NHK の「わくわく授業」でとりあげられた。2000年度パーマー賞受賞。

18 兵庫県立教育研修所による経験者研修。教師の成長を目的とし、その方法的手段としてアクション・リサーチを導入した。泉恵美子指導主事(現京都教育大学)が企画運営された。

19 指示的という意味。具体的な行為内容に踏み込んだアドバイス。Non-directive advice(非指示的アドバイス)と対比的に使われる。

20 epistemology ＝物事の認識の仕方。20世紀後半の思想家であるミシェル・フーコーは、人の思考における枠組みをエピステーメーと呼んだ。

自主セミナーを通じての成長

柳瀬　陽介（広島大学）

1. はじめに

1.1. この章の目的

　この章では、英語教師が誰からも強制されることなしに、自主的に自分たちのために開催しているセミナー（以後、「自主セミナー」と呼びます）を通じて、どのように成長できるのかを解明することを試みます。自主セミナーというのは、本当に不思議です。後に詳しく述べますが、セミナーを開催する方も、セミナーに参加する方も、何の後ろ盾も保証なく、自分の時間とお金を割いて参画しています。それなのに、各地で次々と自主セミナーは開催され、人気を得ています。なぜ自主セミナーはこのように英語教師の心をとらえるのでしょう。自主セミナーの魅力とは何でしょう。また自主セミナーでより深く学ぶコツというのは何でしょう。これらのことを明らかにすることは、自主セミナーへの上手なかかわり方を明らかにするだけでなく、英語教師の成長に必要なことを解明することにもつながります。その理解は、様々な形の教員研修の改善へとつながります。さらにはこの自主セミナーは、他の教科よりも英語がより盛んと聞きますから、この英語教育自主セミナーの分析を通じて、教員養成と教員研修を改善するためのヒントを、英語科だけでなく、他の教科にも与えることができるかもしれません。

　と冒頭から話が少し大きくなりましたが、この章がねらいとしている主な読者層は、これから自主セミナーにも参加してみようかと迷っている人、何度か参加したことがあるけれど今ひとつピンとこない人、何度も参加してこれから自分も発表しようかと思っている人、各種の教師研修を企画立案する

人、教員養成に関わっている人などです。要は、自主セミナーという現実の営みを通じて、英語教師の成長とは何かを考えたい人に向けて私はこの章を書いているわけです。

1.2. 自主セミナーとは何か

さてこれまで「自主セミナー」と呼んできましたが、不必要な誤解を避けるために、それはどういう集まりを指すのかを、ここでもう少し詳しく確認しておきましょう。自主セミナーとは、「やろう」と思い立った英語教員が、休日などを利用して、市民ホールや学校などの公的な施設を借りて行う、通常一日かけてのワークショップや講演です。セミナーを企画運営するのも現役英語教員ですが、講師もたいていの場合、現役の中高の英語教員です。財政的な援助などありませんから、講師の交通費や会場設営費などは当日の参加費からまかなわれます（講師に謝礼はありません。それでも収支が赤字になることもありえます）。目的は、あくまでも英語教師としての実践的な力量をあげることです。

これはいわゆる「官製研修」とはいくつかの点で異なります。官製研修は、特に命令されて参加する場合は、参加へのモティベーションも低いせいか、「あまり面白くない」、「時間をつぶしてまで来たくなかった」などといった声もしばしば聞かれます。ですが一度制度化された官製研修は、毎年ほぼ計画的に実施されます。一方、自主セミナーは、出張のお墨付きもなしで、みなさん自腹を切っての参加ですから、面白くないと思われたら誰も来ないというように、一種興行的なところがあります。現場教師に意味あると思われなかったら終わりです。その危機感からか、あるいは赤字を出したらどうしようという事務局の危惧からか、自主セミナーは常に内容を改善しようと必死です（もちろん官製研修にも熱心に改善に取り組んでいるものがあることは承知しています）。そのかわり面白ければ、参加者は忙しくても時間をやりくりして、遠くからでも参加してくれたりします。参加者は、中学・高校の先生方が中心ですが、小学校や高専、短大、大学の先生方も、英語教師をめざす大学生や大学院生もいます。また英語塾や英会話教室などを経営している個人経営者、それらの塾や教室の講師、出版・教育機器・資格

試験などの企業人の方が来られることもあります。まさに「来るもの拒まず」です。

　そういった自主セミナーの例として、ここでは「英語教育達人セミナー」（以下、「達セミ」）をあげさせてください。達セミは1995年6月4日に谷口幸夫先生が、当時の勤務校であった筑波大学附属駒場中学・高等学校を会場として始めたものです。当初は、定年でご引退する長勝彦先生（1984年度パーマー賞受賞）のノウハウが失われることを惜しみ、「長先生の話を一人でも多くの中学・高校の先生方に聞いていただきたい」と、最初は東京を会場として開催されました。東京以外では1996年10月に大阪で開催したのを皮切りに各地で開催され、その地方の先生を講師にお願いしたりして、ネットワークを広げ、今日にまで至っています。この何の公的権威もない草の根運動的な「英語教育史上はじめてのムーブメント」が10年以上も続き、各地で、多くの教師に影響を与え、各地で自主的な勉強会をスタートさせたり再活性化させたりしていることは、正直、日本の英語教育史を語る上で落としてはならない項目だと私は思っています。

　この他にも「ゆかいな仲間たち」（詳しくは菅・田尻・中嶋（2004）をご覧下さい）をはじめとした自主セミナーはたくさんあるのですが、それらの紹介を詳しくすることがここの趣旨ではありません。ここではこの10年間におそらくもっとも全国各地に影響を与えたと考えられるこの達セミをもって、自主セミナーの例示としたいと思います（達セミのメールマガジンを購読している人は全国で4000人以上にのぼります）。この達セミのネーミングを借りて、以下、自主セミナーの講師となるような、優れた授業の力量をもつ現職教員を「達人」と呼ぶことにします（ちなみに谷口先生がよく言われるように、達セミは、自分は「達人」だと驕る人間の集まりでなく、少しでも「達人」に近づこうと謙虚に学びあう人間の集団です。講師にも自らを「達人」と称するような高慢な人間はいません）。また、その達人が示す授業実践の部分的なテクニックを、これも達セミや実践現場での慣用的な言い方にしたがって、「技」と呼ぶことにします。それでは以下、達セミのような自主セミナーで、参加者が感じている魅力を簡単にまとめることにします。

2. 自主セミナーの魅力とは

　自主セミナーの魅力として、私がここで最初に指摘したいのは、(1)聞き手の立場になれる、(2)身体で感じることができる、(3)遊び心を楽しめる、(4)教科や学問の制約から離れられる、(5)同じ人の話を何度も聞ける、(6)コミュニケーションとネットワークが広がり深まる、といったことです。「達セミ」という言葉から、しばしば連想される「達人の実践的な技を学べる」魅力に関しては、この次の項でじっくり考えることとします。

2.1. 聞き手の立場になれる

　まずは(1)聞き手の立場になれるから検討してゆきましょう。教師は日頃、自分が授業で自分のペースでしゃべってばかりいますから、ずっと座って人の話を人のペースで聞くということがあまりありません。下手をすると、聞き手の立場に立った話し方ができないままになってしまっています。そういう意味で、聞き手のことを最大限配慮している自主セミナーのベテラン講師の聞き手になってみる経験は貴重です。うまい話し方を、身をもって経験することができます。ベテラン講師は本当に話し方が練り上げられています。ですから「つかみ」から上手です。心からの明るいあいさつや、共感できるエピソードや面白い冗談などで、それまで他人であった話し手（講師）と聞き手（参加者）の心を一気に近づけます。話は「おやっ」、「あれっ」と思わせておいて、問いかけがなされることが多いです。参加者は「そういえばなぜだろう」「どうすればいいのだろう」と一生懸命考えます。一生懸命考えますから「それではグループで話し合って見てください」と促されると、真剣に意見交換をします。そこでなるほどと新しい見解を知った後に、講師の「技」を見たりすると、おそらくこれらの考察や意見交換なしではわからなかっただろうことまでも深く理解できたりします。さらにこの一連の流れを講師がまとめたりすると、参加者の理解は、言語化され整理され、次の学びへとつながってゆきます。あっという間に時間は過ぎてゆきます。授業においても応用できそうなことがたくさん、聞き手として経験できます。日頃の自分の話し方、授業の仕方を振り返るよいきっかけになります（自分の話

し方、授業の仕方をさらに知るためには、自分の授業をビデオ録画することが重要ですが、これは別の話とします)。

2.2. 身体で感じることができる

　2つ目の魅力は、身体で感じることができることです。自主セミナーは、官製研修や大学の講義や学会の講演などよりも、はるかにインフォーマルです。服装も比較的自由です。ですから、講師も参加者もより身体と心を開放して、表情豊かになります。会場では講師のさまざまな表情に出会うことができます。驕ることも媚びることもない落ち着いた笑顔。静かで緻密で、それでいて私たちの心を離さない語り口。引き込まれるような破顔一笑。見つめられているだけでどこか安心できて、こちらまで温かな気持ちになれる表情。なんの気取りもない自然体。明るくリズムとテンポのよい口調。講師が参加者にどんどんレベルの高い課題の要求をしながらも、参加者が笑ってしまうという不思議。官製研修の標準語使用や、講義や講演の書き言葉口調では絶対に伝わらないようなニュアンスと雰囲気を伝える話し言葉、俗語、方言の多彩さ。声のトーン、イントネーションの絶妙さ。しばしば、非言語コミュニケーションは、言語コミュニケーションよりもはるかに重要だと言われますが、自主セミナーの表情豊かな話を聞いていると、それもそうかなと思えてきます。きっと生徒も、まずは第一印象で、このような教師の表情でいろんな判断を直感的にしているはずです。教師としての私たちは自然な表情を豊かに出しているでしょうか。「教師」というステレオタイプの仮面をかぶったまま、表情を殺していないでしょうか。私たちの目にも表情はあるでしょうか。ある日のセミナーに参加したある方はこんな感想をあとで私にメールで寄せてくれました。「今日の4人の講師すべてに共通するものが『目』でした。生徒に優しく訴えかける目。その目こそが英語教師にまず最も必要なものではないでしょうか。いわゆる指導法以前に問題になる事柄です」。

　こういった表情は、本はおろかビデオでもなかなかわかりにくいものです。やはり演劇やバレエやコンサートなどと同様、ライブが一番です。私も少しでも講師の表情を味わうために、セミナーではできるだけ前に座りま

す。ですが最近、都合で時間ギリギリにしか会場に着けず、仕方なしに会場の後の方に座ることがありました。その日は特に大きな会場ということもあり、やはり講師の表情が今ひとつよくわかりません。セミナーではできるだけ早く会場に行き、前の方の席を確保することが大切だと思います。

2.3. 遊び心を楽しめる

3つ目の魅力は遊び心を楽しめるということです。官製研修や大学や学会というものはどうしても「権威」というものを大切にしますから、「遊び」の要素が少なくなってしまいます。しかし授業にしても何にしても、遊び心は大切です。その点自主セミナーでは、時にはお菓子が配られたり、事務局に感謝の気持ちを伝えたくて色紙に寄せ書きしたりすることもあります。ある講師は、ぱっとコートを脱ぐと阪神タイガースのユニフォームだったりしました。ある講師は「僕がやっていることは『シャドウイング』ではなく、『ジャドウイング』なんですよ。通訳さんがやっている本式のやり方からずいぶん外れた『邪道』なことをやっていますから」と笑わせておいて、高校現場(中堅校)にぴったりの方法を紹介したりします。「シャドウイング」というと、それはどこか威光を帯びた活動のようで、目をつり上げて語る人もいますが、「ジャドウイング」という「邪道」なネーミングは、そういった権威や緊張から私たちを解放してくれます。このような遊び心があるから、講師も参加者も自由に発言することができるようになります。あまり官製研修の悪口を言うつもりもありませんが、スーツの胸に紅白のリボンをつけさせられた講師が「一同、礼」でうやうやしく迎えられ、質疑応答も形式ばかりで短く終えられてしまうようなタイプの一部の研修会でのコミュニケーションと、このように遊び心がある自主セミナーでのコミュニケーションは、おのずから質が異なってきます。堅苦しい会では言えない本音や素朴な疑問も、どんどん出てくるということは自主セミナーの魅力の1つです。

2.4. 教科や学問の制約から離れられる

自主セミナーの四番目の魅力は、教科や学問の壁の制約から離れられるということです。実は、官製研修、およびそれ以上に大学や学会での語りとい

うのは、制度的分業の制約を受けています。学問の制度というのは、分業によって成り立っています。言語学と心理学は異なり、それらと教育学はさらに異なる。さらに教育学と教科教育学は異ならなくてはならない——少なくともそういった異なる名前を冠した学科や学会がある限り、分業体制をとらなければならないというのは前提になっています。また学問とは厳密かつ正確であることを目指さなければならないというのも巨大な前提で、曖昧にしか語れないこと、測定ができないものなどはできるだけ排除する傾向があります(この傾向に対する批判は巻末の「質的研究のあり方について」をご参照ください)。

　しかし教師の現実とはそんな分業体制をはるかに超えたものです。また曖昧なこと、厳密に語れないこと、測定できないことも扱ってゆかなければなりません。英語教育の学会で生徒指導の話をすれば「ここは英語教育学を追求するところです。生徒指導の話は他のところでやってください」とも言われるかもしれません。「英語教育も究極は愛だと思います」とでも言おうものなら、「そんなことを言ってしまったら研究になりません」と言われるでしょう(ちなみに私もある程度はそのような分業や厳密さというのは必要だと思っています)。ところが教育の実践は、英語指導も生徒指導も、他の授業も生徒同士の人間関係も、ありとあらゆる多種多様なものが複雑に絡み合っています。あるセミナーで講師はこう言い切ります。「生活指導は学習指導です」。生徒の生活を整え、導いてやらないと、いくら学習指導をしても効果はないということです。またこのような台詞も聞きました。「下手に英語教育学などの本を読むよりは、生徒の名前を覚えることの方がよほど大事です」。これも大学の研究者からは聞けそうにない台詞ですが、真実をついた台詞です。別の講師はこうも言いました。「子どもたちは馬鹿だからできないのではありません。子どもが『できない』のは、しばしば指示や活動の目的が不明瞭だからです」。指示の仕方というのも、日常生活ではその良し悪しはよくわかりますが、学問的に定義しようとなると存外難しいものです。ましてや「活動の目的」といった「意味」に関することは、学問ではついつい後回しにされがちです。しかし、実践は、多方面につながり、重なり合い、曖昧で移ろいやすく微妙なことに満ち溢れています。この点、自主セ

ミナーは、官製研修や大学の講義や学会の講演よりも、はるかに現職教師の心に響く語りを聴くことができます。

そもそも実践の知恵とは、しばしば科学を超えています。例えば医学やスポーツ、あるいは建築や飛行機製作においても、科学的には証明されていない実践上の経験知が多く使われています（逆に言うと厳密に科学的な証明というのは本当に難しいものなのです）。言語学の自然科学化を進展させたチョムスキーも、科学とは極めて限定的な知見にすぎないことをしばしば強調しています。「深い科学分析が人間の問題や私たちの人生、そして私たちの相互関係などなどについて何かを語ることができるというのは、私の意見ではほとんど虚偽である。―［研究者の］利己的な虚偽であり、それ自身、支配と搾取の手法であり、これは避けられるべきである」(Chomsky 2000: 2) とは、言語や認知の研究を自然科学にするとはどういうことかを徹底的に考え続け、かつ現実の政治問題にも積極的に関与しているチョムスキーの言葉だけに重くとらえるべきではないでしょうか。しばしば「科学的に立証された」と英語教育関係の学会で喧伝される指導法が、案外に実践では役に立たなかったりします。このことについては、後で詳しく考察しますが、ここでは実践にかかわる者が、必要以上に「科学」に縛られることなく、実践者としての賢慮でもって自主セミナーから学ぶことは、大学や学会での語りを聞くこととは異なった意味で重要であることを述べておきたいと思います。

2.5. 同じ人の話を何度も聞ける

第五番目の魅力は、同じ人の話を何度も聞けることです。自主セミナーは、自腹を切って自分の自由で参加しているのですから、「これは！」と思う講師に出会えたら、その人をしばらく「追っかけ」て、何度も同じ話を聞くことも可能です。同じ話を何度も聞くことには独特のメリットがあります。少しずつ、講師の「マジック」から解放されて、話の構造や話の運び方の特徴などといった抽象的な理解ができるようになることです。ベテラン講師のなかには本当に「マジック」と呼びたい魅力を持っている人がいます。そんな講師は、それこそ聞き手の立場に立った話を、全身で表現し、遊び心を持ちながらも、教科や学問の枠組みにとらわれず、英語教師が直面してい

る問題を、縦横無尽に語ります。私も、今はすっかり有名になった田尻悟郎先生(元島根県東出雲町東出雲中学、現関西大学教授)の話を自主セミナーで10年以上前に最初に聞いたときには、すっかりその話に虜になってしまい、私は最初の数分でノートを取ることをはっきりと断念しました。後に述べますように、私は自主セミナーで学んだことは、できるだけノートやパソコンに記録するべきだという信念を持っていますが、その時は、「あっ、これは今の自分の力量ではメモは取れない。それよりも今日は丸ごとこの先生の世界に浸ることの方が大切だ」と思ったわけです。それ以降、私は私に可能な範囲ではありますが、その先生の「追っかけ」をしております。もちろん10年以上の間には、その講師の話もずいぶん変わりましたが、短いスパンでは同じ話を何度も聞くことはあります。しかし、二度目、三度目、四度目に聞くと、少しずつ、「マジック」の中の本質がわかってきます。これが学ぶことかとも思います。

考えてみますと、古今東西、学びの重要な1つは「古典」と格闘することです。この場合の「古典」とは、多くの人に何度も読み継がれてきて、それでも魅力が尽きないことが、歴史的に示されてきた書物のことです。もちろんベテラン講師の語りやワークショップは書物ではありませんが、多くの人に何度も素晴らしいと吟味されてきた点では現在形成されつつある「古典」とも言えないわけではありません。「ああ、あの先生の話なら一度聞いたことがありますよ。よかったですよ」と言うことは簡単です。でも「よかった」と思うだけでは、学びにはなりません。何がどうよかったのか、自分に活かせることは何なのかを咀嚼するためには、何度も同じ講師の話を敢えて聞いてみるという方法が勧められます。そのうちに自分の観察力、洞察力、理解力、思考力が少しずつ上がってゆくことに気づくことでしょう。

2.6. コミュニケーションとネットワークが広がり深まる

最後に紹介したい魅力は、コミュニケーションとネットワークが広がり深まるということです。自主セミナーに最初に参加した時には、知り合いもほとんどいなく、さびしい思いをするかもしれません。ですが、セミナーのワークショップの活動で少しずつお互いの視線が合い、言葉を交わしているう

ちに、だんだんと会場が「温まって」くることが感じられると思います。そうしますと休憩中にも、お互い名刺交換もせずに、名前も知らず、でもまなざしでどんな人間であるかは直感的にわかりつつ、会話が始まります。お昼ごはんもできるだけ一緒に食べると面白いです。意外な共通点が見つかったりして、このあたりで名刺やメールアドレスの交換も始まったりします（ネットワーク作りの名人の工夫に満ちた名刺を見るのも面白い体験です）。講師とのコミュニケーションも様々な形で築かれてゆきます。一番オーソドックスなのが、ワークショップが終わったあとに自然発生的に生じる列や輪です。多くの人が講師にもっと学ぼう、具体的な質問をしてみよう、自分の悩みを聞いてもらおうと集まります。時には会場の時間切れまで列や輪が続き、この集まりを強制的に解散させなければならないこともあります。正直、大学や学会の集まりではまず見られないことです。会が終わっても、懇親会が開かれることがあります。これは酒が飲めるとか飲めないとかにかかわらず、ぜひ出席してみればと思います。知り合いはいなくても、懇親会の終わりまでには必ずできています。そこでは、なかなかお互いに打ち明けられない本音も交わされます。同僚には言えないことでも、こうして純粋に英語教育のことで集まった人たちとなら語り合い、うなずきあえるということはいくらでもあります。そうして、後日メールを交換するとか、資料を貸してもらうとか、あるいは次の自主セミナーを開くとか、いろいろな新たな展開が生まれたりします。ご家庭での夕食の準備などがあるとなかなか出席できないという声もありますが、もし自主セミナーの予定を知ったら、懇親会があるかを確認して、あるのならなんとかやりくりして懇親会に出るとネットワークが広がり深まります。

　ちなみにネットワークを広げ深める一番の方法は、事務局をやることです。もちろん事務局をやるといろいろな仕事を抱え込むことになりますが、その仕事を通じて、人間関係は広がり、深まります。また事務局を経験した者には、同じような苦楽を共有した者として独自の連帯感が生まれます。「えっ、あなたも事務局経験者ですか」という一言だけで、ぐっと親しみがわくのを経験することでしょう。日頃の学校内だけでなく、自主セミナーなどでの学校外でも心からのコミュニケーションを交わしネットワークを築い

ておけば、それはあなたが苦しいときにも嬉しいときにも、あなたをきっと助けてくれる貴重な財産になります。これも自主セミナーならではのことではないでしょうか。

しかし、自主セミナーにも限界がないわけではありません。最大の懸念の1つは、セミナーでの学びが表面的なものに終わってしまうかもしれないということです。セミナーに何回か来て、だんだんと出てこなくなる人は、「講師の先生に教えてもらった『技』を自分のクラスでやってみたけど、うまくゆきませんでした」と言います。そんな人は、さらに新しい講師を見つけては、この人こそは自分の悩みを解決してくれると思い、その「技」を忠実に真似しますがそれでも失敗します。何人かの講師に失望した後、自分にまで失望し、「やっぱり自分は何をやってもダメなんだ」とばかりに英語授業改善の希望を失ってしまいます。でも、一方で、セミナーを通じて深く学び、やがては自らがセミナー講師にまでなって、全国各地を回るようになった人も私は個人的に何人も知っています。その差はどこから来るのでしょうか。このセクションでまとめた学び以上の深い学びをするにはどうしたらよいのでしょうか。次のセクションでは、自主セミナーでの学び方のコツをまとめてみます。

3. 自主セミナーでさらに学ぶために

表面的に技を真似するだけで、自分のクラスでも授業がうまくいくのは、実は珍しいことです。自主セミナーはとても実践的ですが、その実践性の表面だけを見て、自分で消化しないと、教師としての力量は上がりません。自主セミナーの技を自分のものにするには、(1)技を言語化すること、(2)技の使いこなし方を会得すること、(3)技の前提を知ることが必要です。そうして最後には技を超えることも重要になってきます。ここではそれらを少しずつ検討することにしましょう。

3.1. 技を言語化する

第一に重要なことは、技を言語化することです。ここでの技の言語化と

は、「まず○○をやり、次に△△をして…」といったHOWの言語化だけではありません。HOWの言語化は、実践を整理するためには必要不可欠なものです(見様見真似だけで、忠実に技を再現することは容易なことではありません)。ですが、そのHOWの言語化だけでは、技をコピーするだけです。しかも技の言語化はHOWだけでも簡単ではありませんから、精度が悪いコピーとなってしまいます。ですから、後日、そのHOWのメモを見て「あれ、確かこうだったよなあ…」と自分のクラスで技を再現しようとしてもうまくゆきません。それならビデオで録画しておけばいいのかといえば、確かに映像的情報は残るかもしれませんが、その技のHOWは、何を達成するためなのかという技の目的(WHY)や正体(WHAT)がわからないままになってしまいます。HOWの言語化にせよビデオ化にせよ、情報が減ってしまうことは仕方がないことです。ですがその情報減少を補い、それどころか、講師の状況とは異なる自分の状況にも対応できるように技を変化させることができるのは、この技のWHATとWHYを言語化することなのです。

　HOWは目に見えますから比較的言語化は容易です(それでも経験や訓練が必要です)。しかしWHATやWHYは目に見えません。例えば「シャドウイング」のHOWは、「教師が英文をテープで流して、それを生徒に同時に忠実に再生させる」とでも言語化できますが、その正体(WHAT)は何なのでしょうか。「WHATって、『シャドウイング』でしょう」と答える人もいるかもしれません。でもそんな同語反復は答えにはなりません。ある日本語教育学の研究者が、かつて私に、「英語教育ではシャドウイングが盛んですから、何人かの英語の先生に『シャドウイングってどんな訓練なんですか。何故やっているんですか?』と聞いたんですが、誰もはかばかしい答えをくれませんでした。英語教育ではシャドウイングを流行だからやっているのではないんですか?」と尋ねてきたことがありました。確かに「シャドウイングはシャドウイングです。みんなが最近やっているものです」といった言語化では、それが何のためになっているのかはわかりませんね。

　それではもう少しだけ言語化を進めて「シャドウイング」を「リスニング力とスピーキング力の訓練」と答えましょうか。でもこの場合の「リスニン

グ力」とは何でしょう。人の話を聞いてその要点をかいつまんで理解する力ではなさそうです。ひょっとしたら意味よりも音の方を正確に拾うという限定的な意味での「リスニング力」かもしれません。「スピーキング力」も、いわゆる世間で言う「英会話力」とは異なります。相手との相互作用性や臨機応変に話題に応じる力などは含まれていませんからね。この場合の「スピーキング力」とは、「これだ！」と認識した音を、即座に正確に自分の口で再生できる力といったところでしょうか。そうするとシャドウイングはとりあえず「正確に英語の音を聞き取り、その音を即座に、自分の口でできるだけ忠実に再生できるようにする耳と口の同時訓練」とでも言語化できるかもしれません（もちろんこれで言語化は終わりではありません。研究論文を書くのなら、もっと細かく用語にして（＝構成概念化）、かつそれを具体的な手続きに翻訳できるようにして（＝操作的定義化）、可能な限りそれを数量化しなければなりません（＝測定）。ですが、ここでの議論では、このくらいの言語化にとどめておきましょう）。

　こうして言語化すると、少しはシャドウイングも何のためにやるべきなのかというWHYも明らかになってきます。そうしますと、シャドウイングの前に何をやっておくべきか、シャドウイングの次にはどんな訓練をもってくるべきかということもわかってきます。そういった理解がないと「シャドウイングをやらせてみたんですけれど、うちの生徒ではダメです」とか、「シャドウイングを徹底したんですが、英語をしゃべれるようにはなりませんね。シャドウイングの効果って伝説なのではありませんか」などといったちょっと的外れのコメントをしてしまいがちです。逆に言いますと、技の言語化をきっちりとやりますと、「シャドウイング」の構成要素も明らかになってきます。「耳と口の同時訓練というが、耳で聞いた音を口で再生するまでには若干のタイムラグがある。その間の記憶（ワーキングメモリー）は、うちの生徒にはまだまだ困難だから、その補助として、本文を目でも見させようか」といったバリエーションを考えることができます。あるいは「音を口で再生させるためには、まずはその発音のための口の形を即座に作り出すこと、そしてその形で正しい音を出すことといったステップを踏んでいるはずだ。まずは第一ステップだけ、つまり耳からの音に合わせて口の形だけ作ら

せるが、自分の口からは音を出さないようにしてみようか。そうすれば、生徒の負担も減って、耳の聞き取りと発音の前提となる口の形を作るだけの運動に集中できるかもしれない」などとさらにバリエーションを展開させることもできます。

　もちろんこういったバリエーションを作り出すためには、明示的に言語化せずとも、ぱっと直観的に気づくことも可能ですが、言語化すると、その言語を対象にして、じっくりと考えることができますから、その点でも気づきを促すことができます。言語化すると、十分に意識化され自分の中に明確に「アンテナ」が立ちますから、次から何を見聞きしても、その言葉に関連した事柄にはすぐに反応するようになります。そうしていますと、日頃から自分の関心事を言語化している人としていない人では、同じ事柄を見聞きしても、気づきや学びでは大きく差が出てしまうことがおわかりになると思います。

　また言語化すると、その言語は他人も見聞きすることができますから、「ああ、○○と言えば…」と他人が助け舟を出してくれることも多くなります。さらに他人にきちんとわかってもらおうと思いますと、その分、自分の言語化にさらに注意が向き、言葉を吟味するようになります。ですから、使いこなせる語彙も豊富になりますし、また内容もその言語とともによく頭に残るようになります。他人を意識して言語化すると、他人も自分も益する状況になるのです。

　これに関連して重要なのは、セミナーでメモを取ったら、できるだけ早いうちにそれをできるだけきちんと文章化することです。人類学や社会学でのフィールドワーク研究では、メモを取ったら、可能なかぎりすみやかにそれを文章化せよと教えられています。きちんと文章化するとは、他人が読んでもわかるぐらいに明確に言語化するということです。実はこれは、結構、きついことです。私もこれまで自主セミナーに出席したら、できるだけそれをメモに残すようにしてきました（一時期は直接パソコンに入力していたこともありますが、最近はノートの右ページだけに書き込んで、左ページには、その後の気づきや補遺を書き込む方法に落ち着いています）。私の場合は、セミナー終了後は懇親会に出たりしてさらにコミュニケーションを取ってネ

ットワークを作り上げることを、フィールドノーツを作ることより日頃は重視していますが、帰ったその日や次の朝に、できるだけそれを、そのセミナーに参加しなかった人でもある程度わかるように記述しなおします。これはしばしば「ああそうだった」という再確認や「そういえば○○は△△と似ているな」といった気づきという喜びの経験なのですが、正直言いますと、時にしんどくて、疲れて止めたくなります。それでもこれまで何度も経験したことですが、記憶が新しいうちに文章化しておかないと、何週間かたってしまったら、ひどい場合は、自分のメモでも何のことかわからなくなります。そうしますと残るのは「あの先生のワークショップはよかった」ということだけで、自分ではその他になにも身についていないことになります。これはもったいない。ですから私はできるだけ疲れた身体にも鞭打って文章化することにしています。私のモットーは「120パーセントの努力は、200パーセント、300パーセント以上の報酬をもたらす」です。忙しい中、自主セミナーに参加するだけでも100パーセントの努力といえるでしょう。でもそこをちょっとだけあと20パーセントだけ無理して、他人でもわかるように言語化します。そうしますと先ほど言いましたように自分の中にアンテナは立ちますし、他の人から情報も入ってくるようになります。

3.2. 技の使いこなし方を会得する

　自主セミナーから深く学ぶ2つ目のコツは、技の使いこなし方を会得することです。実はこれはセミナーのベテラン講師は異口同音に訴えています。それまでの経験から、参加者が表面だけを見て真似をしてもうまくゆかなかったという報告をたくさん聞いているからでしょう。「自分が語ることは『既製服』だから、必ずご自分で自分用の『注文服』に変えてください」とはある長老格の先生のワークショップの冒頭の言葉でした。別のベテラン講師は、「今日学んだ『技』は、自分なりに咀嚼して自分の生徒に合わせてください」という言葉をワークショップの締めくくりの言葉にしていました。いずれにせよ、技を自分なりに使いこなすことの重要性を訴えています。

　「技を使いこなす」ための準備は、先に述べた「技の言語化」である程度

できています。ここでは、「技を使いこなす」こととしてさらに、(a)同じ技を工夫しながら使い続けること、(b)技の先入観に支配されないことの2つの要素を挙げておきたいと思います。

3.2.1. 同じ技を工夫しながら使い続ける

　(a)同じ技を工夫しながら使い続けることは、セミナーで学んだ技を、一度使ってみて、はかばかしくいかないからといって、すぐに諦めてしまわないでください、ということです。ある講師は、学んだ技は、少なくとも三日間は連続して使ってみることを勧めています。連続して使うといっても、もちろん生徒の反応にお構いなしに使い続けるというのではありません。日ごとに、またクラスごとに異なる生徒の反応をよく観察し、どこをどう工夫したらよりよい結果につながるかを考え、試み続けます。そうしてこそ、少しは技も身につくものですとその講師は言います。またその技―この講師の話ではあるゲーム活動でしたが―も、数ヶ月たってからやってみると、生徒の表現力がついていますから、同じ結果に終わらず、それはそれなりに教師にも生徒にも意義深い活動になるといいます。技も、出すタイミングや時期をよく考えて、変えてみることが大切なわけです。いずれにせよ、自主セミナーで学んだ技は大切に、しばらくは工夫して使い続けてみることが大切です。甘やかされた子どもが、次々に飽きたおもちゃを捨てるように、セミナーで仕入れた技を「これはダメだ」と捨て続けていたら、力量はいつまでもあがらないでしょう。

3.2.2. 技の先入観に支配されない

　(b)は、技の先入観に支配されないことです。自主セミナー講師には、自然にかもしだされるオーラがありますし、またそれを裏づける実力もありますから、そこで伝えられる技にも「うまくゆくはず」という威光が伴っています。実際、その講師にとってはうまくいっているのですから、しばらくはその技を使い続けることは、今(a)で述べたとおりです。しかし何事にも限度というものがあります。あまり技を信じ込むばかり、生徒の現実を見なくなってはいけません。「あの先生がいうのだから」、「みんないいと言ってい

るのだから」といった先入観にばかり支配されていると、生徒の現実を直視しなくなり、生徒と気持ちが離れてしまいます。(a)の使い続けることでも、「あれっ、これでいいのかな?」、「おやっ、どうもおかしいぞ」といった気づきに基づいて工夫を重ねることが必要でした。しかしあまりに技の威光を感じすぎると、そういった気づきさえいつしか否定してしまうようになるのです。ある教育実習生は、指導教官の反対にもかかわらず「著名な先生が勧めている技だから」という理由だけで、ある活動を教育実習で行ったそうです。はたせるかなその活動はうまくゆきませんでしたが、その実習生は授業後の反省会でこう言ったそうです。「いやぁ、達人の技をやってみたのですが、うまくいきませんでした。この学校の生徒さんも、まだまだですね」。ここには、技とは生徒のためにあるのであり、技のために生徒があるのではないという根本的なことさえわかっていない錯誤があります。あまりに技を過信すると、このような倒錯にまでつながりかねないことに注意するべきです。

　優れた技に接するがあまり誤ってしまうというこの逆説的な状態は、話は飛ぶようですが、武術の世界でも伝えられています。この優れた技の呪縛というジレンマから逃れるためにある武術家は次のように断言しています。

　　具体的なもの、単一的なもの、標準的なもの、それらはすべて間違いである
　　　　　　　　　　　　　　　　　　　　　　　　　　（光岡・甲野 2006）

「えっ、いったいどういうこと?」と問い返したくなるような警句ですが、意味するところは次のようなことです。素晴らしい技というのは、しばしば、「これをこうして、ああやって」と詳細に示され（具体性）、これこそが（単一性）よいものだから、誰でもやってみればきっとうまくゆく（標準性）と教えられます。しかしそのようにあまりに具体的、単一的に示されると、他の状況で当然その技が受けるべき変化（バリエーション）のことに思いがゆかなくなります。「これこそがいいものだ」として丁寧に教えられれば教えられるほど、それ以外の可能性に想像力が行き届かなくなるのです。さらに「誰でもきっとうまくゆく」とあたかもその技がいかなる状況でも標準的で

万能なように説かれると、ますます現実が見えなくなるのです。親切で示され、善意で学ばれる技も、逆に実践者の足かせになってしまうというジレンマがここにあります。このことは、次のパラドックスにも現されています。同じく武術の話で、高名な王老師という武術家がある学生を指導したときのエピソードです。

> ［王老師は］ある学生に、「君の手の位置は低すぎる。もっと高くしなさい」と指導されたそうです。学生がそのとおりにしていると、次の日にまた王老師がやって来て、今度は「君の手の位置は高すぎる。もっと低くしなさい」と言われました。学生はその都度指示を守るのですが、上げれば高いと言われ、下げれば低いと言われます。とうとう訳が分からなくなり、ある日王老師に「私はいったいどうすればいいのですか」と聞きました。すると王老師は、「私の言ったとおりにすれば間違いだ。しかし言うとおりにしなければもっと間違いだ」と答えられたとのことです。
> （光岡・甲野 2006: 164）

この「私の言ったとおりにすれば間違いだ。しかし言うとおりにしなければもっと間違いだ」という言葉も味わい深いと思います。学生は老師に示された技を忠実に真似しようとします。すると手を低くしろと言われ、低くすると高くしろと言われます。表面上の言葉では、相互に矛盾するような指示を受けたわけですから、学生は「いったいどうすればいいのですか」とくってかかります。そこへ正面から答えず、さらに逆説的な言葉で、学生に徹底的に考えさせようというのが、この老師たるゆえんでしょう。老師曰く、「私の言ったとおりにすれば間違いだ。しかし言うとおりにしなければもっと間違いだ」。そのココロは？

私の解釈はこうです。大切なのは、学生が自らの感覚を総動員して、自ら微妙な判断をし続けて行動を決めてゆくことです。決して老師の言葉を鵜呑みにすることではありません。鵜呑みにして、自分の感覚と判断力を失ってしまうことこそ「私の言ったとおりにすること」であり、それこそが「間違い」なのです。それでは、老師から技など学ばなかった方がよかったのでし

ょうか。しかしそれは「もっと間違い」です。優れた先例から学ぼうとせず、自力だけでうまくなろうとするのも、ましてや人の教えを拒もうとすることは、賢明な態度ではありません。だから技を猿真似すれば間違いだ。しかし技に学ぼうとしないのはもっと間違いだというわけです。

　自主セミナーで示される技も、自分が必ずその通りに到達しなければならない目標ではなく、参考事例にすぎません。しかしそれを参考事例として十分に大切にしながら学んでゆき、技に自分を合わせながらも、同時に自分や自分の環境に技を合わせてゆくことが、深い意味で技を身につけることなのでしょう。もちろんいいかげんに参考にするだけなら、自分に変化は起こりません。あなたは我意にとらわれたまま変わらないでしょう。でも技を絶対視したら、今度は自分を失ってしまいます。最終的には自分が技を取り込むのであって、技に自分が取り込まれてしまってはいけないのですから、技は貴重な先例として、丁寧に参考にすることがバランスというものです。自主セミナーの講師も、自分がそうならなければならない規範ではなく、その人のあり方を参考にして自分を振り返り、自分を変えてゆくための材料なわけです。そうやって、優れた技の先入観に支配されずに、優れた技から学ぶことが、「技を使いこなす」ための重要な要素です。

3.3. 技に関する判断力を培う

　「技を言語化」し、「技を使いこなす」ことを会得したら、技に関する判断力を培うことが重要です。技に関する判断力を培うとは、技の全体像を見極めることです。その技はどのような背景で使われており、どのような限界を持つのかを冷静に理解することです。ここではそのために「技の前提を知ること」と「技を超えること」を学ぶことについて述べます。

3.3.1. 技の前提を知る

　技の前提を知ることについては、印象的なエピソードを紹介しましょう。これは倫太郎というペンネームでブログを書かれているある高校英語教師の記事によるものです[1]。

　ある時、倫太郎先生の高校に「お礼参り」が来ました。卒業生が暴走族の

仲間と共に爆音をたてながら学校の周りをバイクで旋回し始めたのです。教師なら誰でも「どうしようか」と緊張する瞬間ですね。そのバイク集団にすたすたと近づいていったのがS先生です。S先生は卒業生に何か話しかけます。するとまもなくそのバイク集団は学校から立ち去ったでありませんか。まるで魔法の呪文をかけたようです。新人だった倫太郎先生は興奮して、隣にいた先輩のT先生に「S先生は何て言ったんですかね！」と聞きます。魔法の呪文を知りたかったわけです。ですがT先生は事も無げにこう言います。「言葉が問題じゃなくて、日頃の関わり方、今までの流れが大切なんじゃないの？」。魔法の呪文などないというわけです。いやある言葉を「魔法の呪文」のようにしているのは、それまでの人間関係の前提があってのことだというわけです。倫太郎先生はこう述懐します。「日頃の人間関係がどうなっているかということを見ずして授業だけを見てもそれは理解できない。原稿用紙に書いてみれば同じセリフになったとしても誰が言うかで意味は変わってくる」。

　英語の授業の技もこの暴走族を説き伏せたS先生の「技」ほど劇的ではないにせよ、同じではないでしょうか。技には、それが必然となるような前提がいるわけです。私たちの目はとかく技そのものに注がれがちですが、その前提条件とは何かを知ることが技を見極めることであり、その技を今ここで使うかどうかの判断の材料になるわけです。自主セミナーで学んだ技は、どのような学校・学級状況で、どんな人間関係の中で使われているのでしょうか。生徒の学習状況はどのようなのでしょうか。その技は講師の英語教育実践全体の中でどういった意味をもち、どのような位置づけにあるのでしょうか。私たちは技を言語化しながらそのHOW, WHAT, WHYを学びながらもその前提や背景を推察し、必要に応じて講師に聞く必要があります。

3.3.2. 技を超える

　そうして技の前提を理解すれば、時には「技を超える」ことも生じるでしょう。技を正確に理解した上で、あえてその技を捨てることもできるようになることができるようになることです。そういえば日本の芸道では守・破・離といいますね。最初は技を忠実に学び（守）、次に技の一部を変えたりして

応用しながら（破）、最後にはその技にこだわらずにその場その場で必要なことを淡々とやる（離）というわけです。「技を超える」とは「離」に相当するかと思います。これに関しては約10年前の記事ですが、中学英語教師の岩本京子先生（現在は加藤京子先生）が非常に印象的な文章を残していますので、それを引用します[2]。

> 楽しい活気にあふれた授業をしてやりたいという善意からなのだけれど、教師は「いいクラス」を基準にして、授業はかくあらねばならないという思いを持ちがちである。その基準があると教師はどこかで生徒にむかって「このクラスはだめ。授業しにくい」というメッセージを送ってしまっているのだと思う。反応のないクラスを「いいクラス」に近づけようとして意図的に誉め言葉を多くしても、無意識の内に一方でそういうマイナスのメッセージを送っていると、生徒はどこかで嘘っぽさを感じてしまい、彼らの気持ちは教師に対して閉ざされていくだけだろう。（中略）中学や高校では同じ教材で同じ授業計画で数クラスを教えるのが当たり前のようになっていて授業準備の効率を考えればそれでもいいのだけれど、のりの悪いクラス用の授業をたててもいいと思う。授業のし易い活発なクラスに近づけようとするのでなく、そのクラスに合わせて授業の方法や手順を考える。同じ方法をとる場合はそのクラスにどこまで期待するか明確に意識しておく。（中略）教室で取り組む活動が多彩だと不思議なことに「どの活動についても一番よくできるクラス」というのがないのである。必ずそのクラスに合った活動があり、その時を捉えて心からほめる――これをどのクラスに対してもしたいものである。

技や技の前提条件にばかりこだわると、それらに合わないクラスはだめなクラスという決め付けを私たちはしがちです（先ほどの教育実習生がその極端な例です）。そうではなく、判断を技にだけ向けるのではなく、技を取り巻く状況全体に向ければ、そこでは技へのこだわりを捨て、その状況がもっとも活きる活動を探りあてるわけです。これこそが技に関する高い判断力ではないでしょうか。こうして技を多く知りながらも、それらの技にこだわら

なく常に最適のことができるようになった人のことを私たちは「達人」と呼ぶべきなのかもしれません。それでは今度はその「達人」についてもう少し考察してみましょう。

4.「達人」とはどんな人か

ここでは私が今まで見てきた英語教育の「達人」と呼ばれるにふさわしい人の特徴についてまとめてみます。特徴を人格的特徴と認知的特徴に分けて説明してみます。(と言っても両者は密接に関係しているのですが…)。

4.1. 人格的特徴―愛情深さと謙虚さ

達人の人格的特徴は、一言で言えば愛情深さと謙虚さとまとめることができます。愛情深いから愛する生徒や周りから学ぶことができ、謙虚だから自分の失敗から学ぶことができるわけです。それでは生徒から学ぶことから説明しましょう。

4.1.1. 生徒から学ぶ

ある達人は、教室での指示についてこのように言います。「35ページの4行目などと指示をしたら必ず指をその箇所に置かせてから、『はい、お互いに確認して』と言って下さい」。この達人はどうしてこのような技を使うようになったのでしょうか。それは彼が常に生徒の声に耳を傾けているからです。彼は学期末には必ずアンケートを自主的に取るそうですが、ある時ある生徒に「先生は僕らがわからないまま進むから冷たい」と書かれたそうです。ここで「冷たいとは何事だ。そもそもきちんと集中していない君たちが悪いのだろう」などと怒り出さず、冷静に自分の行動を振り返り、改善策を思いつけるところが彼の達人たるゆえんかと思います。ここでは指示の技そのものよりも、彼がその技をあみ出すにいたったプロセスに注目したいと思います。愛情を注ぐ者のために自らを低くすることができることが達人の特徴ではないでしょうか。

自らを低くすることができる別の達人は「教師は踏み台」とも言います。

蒔田守先生（筑波大学付属中学校）です。蒔田先生は、他の達人と同様、技やその技を使いこなす自分を高めようとするのではなく、ひたすら生徒を高めようとします。ですから自分がやることは、生徒に勉強のやり方を教えて、後はその勉強の成果を試す場を設定するだけだとも語ります。そうするとうまくゆく学年だと生徒は、まったく蒔田先生のサポートなど忘れてしまい、全ては自分たちの努力により自分たちが進歩したのだと思うらしいです。蒔田先生とて、少しはねぎらいの言葉を求めて「英語が上手になったね」と生徒に水を向けても、生徒は「当たり前だもん！　だってあたし勉強したんだから！」と息巻くそうです。それを苦笑しながら見守る蒔田先生は「教師は踏み台」とも言います。生徒への愛情から、ひたすら自分を脇役、いや脇役どころか踏み台にまで低めることができるのが達人のゆえんなのでしょう。

4.1.2. 周りの人から学ぶ

さらに達人が周りの人からも学ぼうとしていることは、自主セミナーの時の態度からもうかがい知ることができます。ワークショップを開始するあいさつの際の、さりげない、しかし配慮の行き届いた事務局や関係者全員への感謝の言葉がそうです。セミナーが終わった後も、当たり前のように会場撤収の力仕事を手伝ったりします。質問者にもとても丁寧に対応します（でもさすがに、たまにいるちょっと無茶な要求をする質問者には、丁寧にそれはできないと対応しています）。質問に誠実に答えようとする背後には、質問こそが自分のワークショップの足りないところ、誤解を招いてしまうところ、自分が考えもしていなかったところを教えてくれることを経験から学んでいるからかもしれません。まさに周りから学んでいるわけです。

4.1.3. 自分の失敗から学ぶ

達人は生徒と周りの人々から学ぶだけでなく、何よりも自分の失敗から学ぶことができます。私はこれが非常に重要な特徴だと思っています。正直な話、私たちの多くは、自らの失敗を認めることすら苦手にしています。認めることすらしないわけですから、ましてやそこから学ぶことはできません。

4.1.3.1. 失敗から目をそらさない

しかし達人は第一に、自分の失敗から目をそらしません。ここには達人の精神的な強さもあるのでしょうが、私は今までの観察から、達人には自分を責め続けない、良い意味での自己肯定感があることが大きいのではないかと考えています。人にはいろいろなタイプがありますが、1つのタイプは、失敗にとらわれてしまい、その失敗をやってしまった自分を責め続け、それで落ち込んでしまうというものです。そのような人は執拗に自分を批判し続け、いかに自分がだめかということを自分に示し続けます。良心的といえば、そうなのかもしれませんが、前向きではありません。このような人は、経験上、失敗を見つめることが落ち込みにつながることを知っているので、失敗から目をそらそうとします。また逆に、無責任なほどに自己肯定感が強い人も、失敗を直視しません。失敗は「相手が悪いから」、「周りが悪いから」、「運が悪いから」起こるのだとしか考えないからです。このようなタイプは、しばしの自分の精神の安定は保てるのですが、残念ながら自己の力量を上げることはなかなかできません。

4.1.3.2. 失敗の改善を試みる

達人は第二に、失敗の改善を試みます。失敗を認めたら、それを冷静に観察し、自分に何ができるかを考えることができるのです。ここでも私たちの多くは、「そんなことをいっても、どうしようもないんだし」と失敗の気まずさから自分を守るだけで、改善への想像力をすぐに閉ざしてしまいます。私たちはどうしてもエゴを守りたいのかもしれません。現状はベストで、改善のしようなどないのだと自分に言い聞かせることで、これまでの状況をもたらしてきた自分のエゴを守ろうとするのかもしれません。しかし想像力を解放することによってもエゴは守れるのです。達人は、現状が努力の限界だなどとはめったに考えず、何ができるだろう、どうすればいいだろうと考え続けることができます。ある達人は「極端な話、私はいつも考え続けています。考え続けていないと、ひらめきや気づきさえ得ることはできません」と私に述べたことがあります。このあたりの資質については、次の項の「実践的研究者としての教師」でもう少し詳しく述べることにしましょう。

4.1.3.3. 失敗を隠さない

　達人は失敗を直視し、その改善を試み、そして第三に、その失敗を隠しません。聞いている私たちが驚くほどの失敗を、そのために苦しんだ生徒への悔恨を込めながら、淡々と語る達人もいます。語るということは、その人がその失敗を克服したことを示すだけでなく、同じような失敗に苦しんでいる人たちへの解決の途をも示します。慎みを忘れずにお互いの失敗を語りあえるということは、自分の、そして仲間の成長のために非常に大切なことではないでしょうか。失敗を受け入れてくれる同僚のいる職場では少々苦しいことがあってもなんとか持ちこたえることができるものです。逆に、人間関係が刺々しいとか、仕事が多すぎて忙しすぎるとかの理由で、失敗どころか、本音を肩の力を抜いて語れない職場では、ちょっとした失敗で、教師は一人悩み苦しみ、ひどい場合は休職や退職にいたったりすることも実際にある話です。達人もひょっとしたら最初は失敗を認めることができず、改善も開示もできなかったのかもしれません。でもそんな若き日の達人を見守り、話を共感的に聞き、やがては若き達人が失敗を語り始めるのを辛抱強く待った同僚の存在があったからこそ、若き日の、経験不足の新人教師でしかなかった者も、今日の達人になれたのかもしれません。私たちも、仮に自分の失敗をなかなか語れないとしても、人の失敗を裁くことなく、温かく受け入れるような態度だけはせめて保てればと思います。ひょっとしたら教師も、一人で成長するのではなく、人との関わりの中で成長するのかもしれません。

4.2. 認知的特徴

　ここまで達人の人格的特徴をまとめました。達人は愛情深く謙虚で、生徒からも、周りの人たちからも、自分の失敗からも学べる人でした。そういった人格的特徴をもつ達人は、どのような認知的特徴をもっているのでしょうか。ここでは達人の認知的特徴を、メタ意識が強いという点と、フィードバック回路が成立しているという点の2つから考察してみましょう。

4.2.1. メタ意識が強い

　ここで「メタ意識が強い」というのは、自分がやっていることをより高い

次元から自己観察することができるということです。達人ではない教育実習生の例を考えることからこの意味を探ってゆきましょう。初めて教壇に立つ教育実習生は、しばしば自分のことだけで「いっぱいいっぱい」です。「教案と黒板しか見ない」とも言われたりします。自分がやるはずのことを実行するだけで精一杯で、その自分の行為が生徒にどう伝わっているかにまで気が回らないのです。仮に自分がやっていることをAと名づけましょうか。教育実習生はAの意識だけで授業をしてしまっているのです。しかし少し慣れてくると、教育実習生でも、指名している生徒との関係性の中で、自分を振り返ることができるようになります。指名した生徒を仮にBとしますと、今回はA–Bという一段上の関係性から自分がやっているAを捉えることができるようになっているわけです。しかし生徒Bとのやり取りに夢中になるあまり、他の生徒たちを置いてきぼりにしてしまうことがままあります。それも慣れるうちに教師は、今の自分の生徒Bとのやり取りが、他の生徒たちCとの関係性の中でどのようになっているかという配慮の中で、自分の行動を振り返ることができるようになります。A–B–Cの次元からAを考えることができているわけです。教師がさらにベテランになりますと、このやり取りが前の時間の教育内容Dとどのような関係にあるのか、あるいは来月導入する予定の教育内容Eとどのような関係にあるのかというように、A–B–C–D–Eといったさらに高次の次元から考えることができるようになります。ここではA–B–C–D–Eといった単純な記号化で教師が同時に複数の重なる次元から自分の行動を振り返ることができることを表していますが、達人の実際はもちろんA–B–C–D–E–F–G…Z…といった数え切れないぐらいの多くの要因を同時に把握しています。これこそが達人のメタ意識の強さであり、達人が常に的確な判断ができるかのポイントになっているように思われます。

4.2.2. フィードバック回路が成立

こうして同時に多くの視点から自分を振り返っていますから、その振り返りはフィードバックとなって達人が自分の行動を修正改善するのに役立ちます。この「フィードバック回路の成立」が達人の認知的特徴の第二番目で

す。ここでも達人でない私たち凡人の行動との比較で考えてゆきましょう。凡人はフィードバック回路をもたない、一方通行の思考で行動しがちです。典型的には「上から言われたことだけをやる」です。「上」にはさまざまなものがあります。文部科学省かもしれません。最近学界で流行の説かもしれません。あるいは達人の技かもしれません。いずれにせよ私たち凡人は、自分の行動を、そういった「上」がやるからといった理由だけで行い、その結果から学ぼうとしません。いやここでいう「凡人」ばかりを批判してもいけませんね。こういった一方通行の思考を助長する各種「講師」が多いことも現実です。「いろいろご意見があるかもしれませんが、文部科学省はこういう方針です。ですから従ってください」と言い切る講師もたまにいます。別に文部科学省の方針に従うことが悪いといっているわけではありません。私が問題にしたいのは、「文部科学省の方針です」という一言で、講師自身がそれ以上にその方針について説明し疑問に答えることを止め、そればかりか聴衆にもそれ以上の思考をやめるように促すことです。これは優れたリーダーシップとはいえません。優れたリーダーシップとは、みんなを説得し納得させた後で、ある方向に導くものです。そして現場からのフィードバックを何よりも大切にし、それにより方針を微調整したりまたは大幅に転換したりするのが優れたリーダーシップです。フィードバック回路の成立こそが、方針の正しさを確証してくれるものなのです。

「教育は上を向いてするものでなく、生徒を向いてするもの」とはある達人の言葉です。「下」とはあまり響きのよい言葉ではありませんが、ここでは「上」と対比的に使われて、生徒を指します。生徒こそは教師にとってもっとも大切で必要な情報を提供してくれるのです。実は私は最近、二十年ぶりにドイツ語学習を再開しました。日ごろは偉そうに教えているばかりの私が久しぶりに無力な第二言語(第三言語？)学習者になったのです。最初の授業は今でも覚えていますが、不安で一杯でした。授業は大学が提供している希望者へのフリーレッスンですから、参加者は、いかにもドイツ語の才媛のようにみえる女子学生や、外見からあきらかに留学生とわかる人や、ちょっと不安そうな顔をしている男子学生などさまざまでした。私はその中で最年長のようでしたが、ドイツ語の力はおそらく一番ないのだろうと不安は高ま

るばかりでした。やがてドイツ人の先生が入ってきました。心からの笑顔でした。ドイツ語でまずはいろいろと挨拶します。私はところどころの単語を拾ったりするだけでほとんど彼のドイツ語はわからなかったのですが、不安な気持ちはみるみるうちに消えてゆきました。彼の表情などから、彼が私たちと本当にコミュニケーションをとりたがっていることがよくわかったからです。彼は私たちに何とか気持ちを伝えようとドイツ語を使っています。また同時にそのドイツ語をわからない私たちの気持ちもわかろうとしていることが、私には直感的にわかったからです。その後、彼は日本語も結構できることがわかりました。彼は私たち一人ひとりの名前も覚えようと一生懸命努力しています。「そうか、つまずいたら彼に相談すればいいんだ」と教室での安心感が私の心の中で一気に広がりました。彼は私たちのことをよく見ていてくれる。それに私たちの話も聞いてくれる。彼とはコミュニケーションが通じる。コミュニケーションさえ通じれば、問題があってもなんとか解決がつくだろうと私は彼を信頼することができたのです。そう、私は彼が私たち生徒とのフィードバック回路を大切にしていることを理解したのです。教室をうまく経営するとは、科学的に考えれば、無数の要素が複雑に絡まっている理解を超えたほぼ不可能な研究対象なのかもしれませんが、常識的に考えればそれほど難しいものではないのかもしれません。教師が生徒をよく観察して、生徒の声をよく聞く。さらに同僚の話もよく聞く。このフィードバック回路さえあれば、問題が起こっても何とか対応できるのではないでしょうか。いずれにせよ達人と呼ばれる人たちはこういったフィードバック回路を非常に大切にしていることは私がこれまで観察してきたことです。

　こうして私たちは、自主セミナーに参加し、技をものにし、達人を目指す道筋を明らかにしてきました。その道筋は以下の図のようにまとめることができます。

```
┌─────────────────────────────────┐
│ 自主セミナーに参加                │
│                                 │
│   聞き手として                   │
│   身体で感じながら               │
│   遊び心と共に                   │
│   教科や学問の制約を離れて       │
│   何度も話を聞き、かつ           │
│   コミュニケーションとネットワークを広げる │
└─────────────────────────────────┘
              ↓
┌─────────────────────────────────┐
│ 技をものにする                   │
│                                 │
│   技を言語化する                 │
│   技の使いこなし方を会得         │
│       同じ技を工夫しながら使い続ける │
│       技の先入観に支配されない   │
│   技に関する判断力を培う         │
│       技の前提を知る             │
│       技を超える                 │
└─────────────────────────────────┘
              ↓
┌─────────────────────────────────┐
│ 「達人」を目指す                 │
│                                 │
│   生徒から学ぶ                   │
│   周りの人から学ぶ               │
│   自分の失敗から学ぶ             │
│       失敗から目をそらさない     │
│       失敗の改善を試みる         │
│       失敗を隠さない             │
│   メタ意識を強くして             │
│   フィードバック回路を成立させる │
└─────────────────────────────────┘
```

図1

　しかしいくらメタ意識を高くもち、フィードバック回路が成立しても、複雑な問題の解決の糸口を見つけることができなければ問題は残ったままになるかもしれません。人間は通常、一度に1つのことしかできません。最初にどこから手をつけるかを正しく理解していないと、対応がまた新たな問題を引き起こすことすら考えられます。私たちは(複数の)問題の所在をメタ意識とフィードバック回路から知るだけでなく、問題の本質が何であるかを理

解しなければならないのです。この問題の本質を知るという点で、達人は、実は研究者としての素養を持っているのだと私は多くの観察から思うようになりました。次は、その実践的研究者としての達人について考えてみましょう。

5. 実践的研究者としての教師

5.1. 実践的な研究者

　達人は実践的な意味での「研究者」でもあるのだなと確信したのは、私が久保野雅史先生（元筑波大学附属駒場中高等学校、現神奈川大学）のワークショップに出ていたときでした。ちょうどその頃、私は自分が学生に対して行っている論文指導を改善するため、「研究とは何か」といったテーマの本を各種読んでいましたから、研究のプロセスに関して非常に敏感でした。すると久保野先生の授業改善のプロセスが、研究のプロセスと非常に良く似ていたことに気づきました。久保野先生はまず問題のトピックを設定します。その時のワークショップでは大学入試のリーディング問題でした。大学入試問題への対応力をつけることは言うまでもなく、とても大切なことですが、必ずしも従来の指導では満足できません。そこで久保野先生は問題の新しい切り口を探します。自分の頭でもう一度入試問題を徹底的に見直して、入試への対応力の本質を探し当てようとします。ここでは具体的な詳細は省略しますが、久保野先生は、徹底的な再観察と思考と分析で得た、入試対応力に関する新たな本質を仮説としてもち、その仮説に基づいて授業を組み立てなおします。その改善に基づいて授業をやり、そこから多数のフィードバックを得ます。そうして仮説を微調整しながら授業改善を繰り返して、その結果が常に一定の成果を上げるようになったら、それを新たな定説としてワークショップで発表していたのでした。

　これはまさに研究のプロセスでもあります。「研究とは何か」ということについて、伊丹（2001）の言い方を私なりにまとめなおしますと、「研究とは問題の本質を発見し、その発見が妥当なものであることを、説得力ある形で他人にわかりやすく提示すること」となります。この定義に従いますと、問

題の本質とはいえないようなどうでもいいようなことをあれこれほじくりまわすこと、あるいは本質的でない情報を大量にばらまくことは研究とはいえません。また問題の本質と思えるようなことでも、他人を説得・納得できない形でしか表現できなかったりすれば、それも研究とはいえません。当たり前の話ですが、一定の統計分析さえ使っていれば研究であるなどということはありえません。しかし残念ながら日本の英語教育研究ではまだまだ統計分析といった形式だけ研究の体裁を整えたような研究発表が少なくありません。それらは厳しく言えば「報告」でしかありません。その点、久保野先生の発表は、統計分析こそは使っていませんでしたが、問題の本質の発見をし、それを他人も納得できる形でわかりやすく提示したものでした。聞いていた私たちも、今まで漠然としたもやもやした形でしかわかっていなかった入試についての事柄が、一気に明確になり、なるほどそうかもしれないと思えるようになっていました。

　考えてみれば久保野先生に限らず、他の達人たちも、ただダラダラと報告することなど一切なく、一気にズバリと問題の本質を示します。その本質に私たちが驚くのは、それが既知の定説の単なる繰り返しではなく、その達人が自分の観察と分析を通じて発見した新しい知見だからです。しかもその知見は、達人が様々に試行し改善しながら得てきた結果に基づいていますから、単なる「意見」ではなく、私たちも説得され納得します。達人と呼ばれる方には大学院を出ていない方が多くいらっしゃいますが、こういった意味ではそのような達人は、通常の大学院修了者よりもはるかに高い研究能力を持っているとさえいえます。またあるとき私がお会いした高校教師は、ワークショップでの問題の分析、方法論の選定、結果と考察のやり方があまりに見事だったので、ワークショップ終了後、話をしに行きましたら、現在、高校に在職しながら、とある大学院博士課程で博士論文を執筆中であるとのことでした。この達人の場合、高校での教師生活と、大学院での研究生活が見事に連動している好例だと思います。

5.2. 授業と「科学」

　達人の重要な側面が研究能力なら、やはり授業というのも「科学」の対象

なのでしょうか。たしかに「科学」という言葉を広く捉えて、問題に対する合理的なアプローチと定義するなら、そうともいえるかもしれません。しかし「自然科学」といった意味での厳密な意味で「科学」という言葉を捉えるなら、授業はやはり科学の対象とはいいがたいでしょう。先ほども述べたように、チョムスキーは言語研究の科学化を革命的に進展させた研究者ですが、彼は「言語」を通常概念よりも、はるかに狭く厳密に規定して研究を進めています。さもないと「科学」にならないからです。そんな彼にとって、日常概念の「言語」よりもはるかに曖昧な「コミュニケーション」などといったものは科学の対象としては考えられません。彼はコミュニケーションの研究を「何でも学」(a study of everything) と揶揄までしています (Chomsky 2000)。彼にとって「授業の科学」も「何でも学」に過ぎないでしょう。また第二言語習得をあくまでも科学として追求しようとしている第二言語習得学会は、彼・彼女らの「習得研究」は、授業などを扱う「外国語教育研究」とは異なるとして次のように述べています[3]。

> 私達の扱う第二言語習得研究は、言語研究、母語習得研究などの認知科学研究と同様、純粋な科学研究領域であり、第二言語習得研究の成果が言語教育に対していかなる示唆を含んでいるかという問題は含まれていない。

私もこれらの見解に賛同します。授業という現象は、厳密に科学の問題として取り上げるには複雑すぎます。授業は様々な関係性の上に生じているからです。これらの莫大な相互作用を考えると、1つの要因だけ取り上げて、その効果だけ喧伝しても、それは普遍的な法則ではなく、ある一定の局所的条件で、ある一時期に得られた結果の報告にすぎないとしか思えません（言うまでもなく、科学とは、ある結果の報告を求めるものではなく、普遍法則を求めるものです）。

授業の複雑な関係性を説明するために、ここでは授業を(A)教師、(B)学習者、(C)現代社会という要因から考えてみましょう（これでも単純すぎる要因化ですが、説明のためにこれでよしとしましょう）。

まず(A)教師からです。英語教師になろうと大学に入った学生は、まずは英語の習得に懸命になります。日本人の多くにとって英語は外国語であり、この習得は容易ではありません。まずは英語、つまり(A1)英語教育内容をマスターしなければならないのです。次に学生は(A2)英語教育方法を学びます。いわゆる「授業のやり方」です。ですがこの(A2)は、大学の講義では方法論の授業で単独に教えられるにしても、学生の中では(A1)英語教育内容と統合されていないといけません。英語力の裏づけのない英語授業運営など考えられないからです。ある種の英語教育方法は、ある特定の英語力を求めます。それを学生はしばしば学び直さなければなりません。(A1)の英語教育内容の講義は、ほとんどの場合(A2)の英語教育方法の講義と独立して行われているからです。さらに学生は、正式なカリキュラムにのっていないことも学ばなければなりません(これは私が長年教員養成系大学にいて学生を観察していて気づいたことです)。それは(A3)教師としての自分のパーソナリティです。(A2)の英語教育方法も、最終的には、いわゆる自分の「キャラ」に合わせて行わなければうまくゆきません。その(A2)も(A1)と連動していることも先ほど述べたとおりです。ですから英語教師になるべく大学に入った学生は、まず(A)教師としての学びを主に行うのですが、それは大きく分けても、(A1)英語教育内容、(A2)英語教育方法、(A3)教師としての自分のパーソナリティといった要素をもち、さらにそれらは(A1)-(A2)-(A3)という関係性の中で相互作用をもっているのです。

　しかしそうして(A)教師としての学びを終えた学生も、教育実習あるいは就職して実際の教壇についてみると、まだまだ自分が何も知らないことに当惑します。彼・彼女らは(B)学習者についてほとんど何も知らないのです。教育実習生はしばしば「生徒が何をわからないのかわからない」といいます。言うまでもなく、(A1)教育内容も(A2)教育方法も、(B1)学習者の知識に合わせて初めて定まっています。学習者の知識の状態に合わない授業を行っても効果はないからです。さらに新人教師は(B2)学習者の感情も正しく理解しなければなりません。特に思春期といった難しい時期にある生徒の場合、彼・彼女らの気持ちを捉え損ねて授業がうまくゆくことはあまりありません。また短期的な感情だけでなく、長期的に持続する(B3)学習者のパー

ソナリティをも理解しておく必要があります。この(B3)によって(B2)も判断するべきだからです。ごくごく単純に言っても、新人教師は教室でこういった(B1)-(B2)-(B3)をその連動性の中で理解しなければならないのです。さらに(B)学習者といった表現は、あたかも生徒が一人であるような印象すら与えかねませんが、いうまでもなく生徒は複数います。教師は生徒の数だけ(B1)-(B2)-(B3)を理解し、さらにそれぞれの(B1)-(B2)-(B3)が他の生徒の(B1)-(B2)-(B3)と相互作用を起こすクラス(学級)というダイナミズムを理解しなければならないのです。さきほどの(A1)-(A2)-(A3)は、それらすべての(B1)-(B2)-(B3)と連動し相互作用を起こします(こうしてみますと大学では優秀であった人が、教壇でしばしば当惑してしまうのもわかりますね。(B)に関しては大学では概念的な講義はありますが、基本的は現場で学ばねばならないものですから)。

　そうして(A)-(B)を統合させてくると新人教師もだんだんと授業がうまくなってゆきます。しかし彼・彼女らも時に「厳しすぎる」と言われたり、思うほどに卒業生に感謝されなかったりします。それは彼・彼女らが、まだ十分に(C)現代社会の理解をしていないのです。忙しい英語教師にとって「社会」とは、ひょっとしたら教室と職員室だけのように思えるかもしれませんが(いわゆる「仕事が終われば家に帰って寝るだけ」という生活です)、学習者にとって英語あるいは学校そのものも、社会生活の一部、人生の一部に過ぎません。学習者にとって英語とは、英語教師のように生活のかかった仕事ではないのです。学習者は学習者なりに(C1)現代社会の特徴、(C2)現代社会にとっての英語の意義、といったことを考え、それを(B)学習者自身の要因から鑑み、どれぐらい英語をやろうかという根本的な態度決定をしています。もちろんその決定の際には、日頃の(A)教師の要因も大きくかかわっています。(C)と(B)の要因から英語をきちんとやろうと思っていても、(A)の要因から今ひとつ勉強に意欲がわかない生徒は多くいますし、その逆に(C)や(B)の意識は低くても(A)の要因が魅力的だから、どんどん英語を勉強する生徒もいます。生徒一人ひとりの(A)-(B)-(C)のダイナミズムを理解しながら、刻々変わり行くクラスの状況で適切な判断を下し授業を行ってゆくのが授業の達人なのです。こうして授業という現象を(A)-(B)-(C)の

複雑な関係性と相互作用として考えると（下図参照）、自然科学が得意とする単純な因果的考察では、授業の達人になるための力量をなかなか解明できないことがおわかりいただけるかと思います。

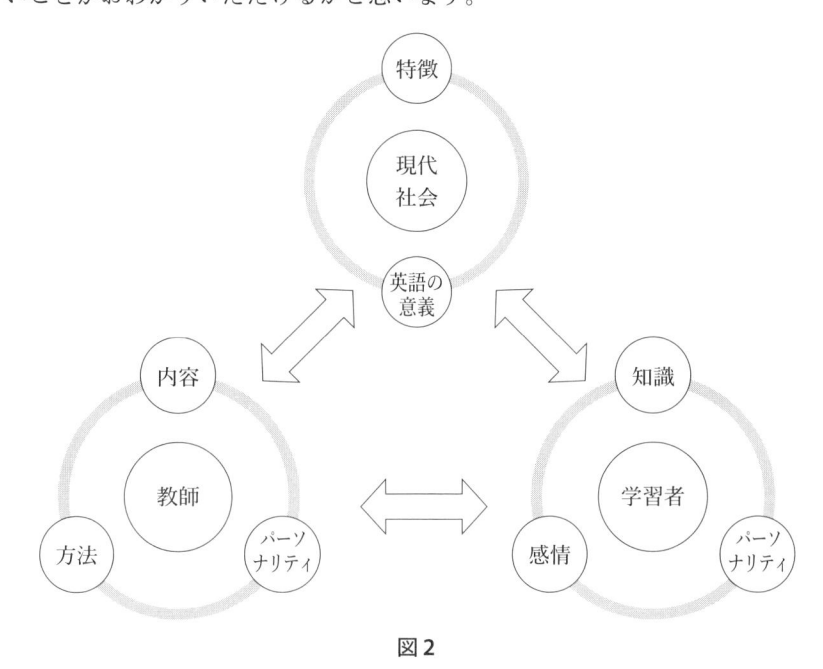

```
                    特徴
                    
                    現代
                    社会
                    
                   英語の
                    意義
            ↙↗              ↖↘
    内容                          知識
    
   教師          ⇔          学習者
   
方法    パーソ              感情    パーソ
        ナリティ                    ナリティ
```

図2

上で久保野先生のことを描写したときに、私は「仮説」という言葉は使いましたが、「仮説検証」という言葉は意図的に使いませんでした。それは「仮説検証」という言葉は、しばしば単純な因果的考察を含意するからです。単純な因果的考察とは「他の条件が同じならば」（other things being equal; ceteris paribus）という前提で、ある原因と結果の間の恒常的な関係を発見しようとします（しばしばその関係は「相関関係」であり「因果関係」ではありませんが、いずれにせよ「他の条件が同じなら」という前提は同じです）。しかし、現実世界は決して「他の条件は同じ」ではありません。また他の条件が変わるごとに相互作用も変わり、世界のあり方は変わってしまうものです。授業という現象も、ある一瞬の局所的状況では単純な因果関係も特定できるかもしれません。しかしあたかもそれを授業の普遍法則のように科学的知見として報告することは筋違いというものでしょう[4]。

実践ということを深く考えてきた哲学者のドナルド・ショーン(Schön 1984)は、実践者の仮説の考え方は、科学者の考え方とは異なることを指摘しました。科学者は上に述べたようなやり方で、仮説を「検証」(ショーンの言葉では confirm)しようとします。しかし、ショーンによれば、実践者はそのような厳密な因果解明にだけ興味を持っているわけではありません。実践者の仮説はもっと大きな(科学者から言わせれば曖昧な)もので、その仮説に基づき行動することで、実践は１つの変化だけでなく、複数の変化をこうむります。科学者ならば複数でなく１つだけの変化が生じるように実験条件を整えるところですが、実践者の前にあるのは生身の生徒の人生であり、研究計画の都合で、むやみに生徒の状況を(生徒から言わせれば恣意的に)変えるわけにはいきません。ですから、実践者は大まかな仮説に基づき行動し、それから生じる複数の変化の全体が大まかに「肯定」(ショーンの言葉なら affirm)できるものなら、その仮説をよしとします。この「肯定」(affirm)こそが、科学者の「検証」(confirm)とは異なる、実践者の仮説に基づく行動様式なのです。

　考えてみれば科学者やエンジニアが機械を作ることと、教師が人間を育てることは違うわけです。標準化された機械を作るためには、何度も科学的に実験を繰り返し、仮説を「検証」した上で、製造方法を決定するべきでしょう。その検証の過程でどれほどスクラップが出ようとも、それは予算が許す限りかまいません。スクラップが出ても、標準化された機械を作るためには、何度も実験を繰り返し標準化できる知見を同定するべきです。ところが人間を育てるときには「スクラップ」を出すことは許されません。もちろん私たちの教育がいつもうまく行っているというのは幻想です。私たちの実際の教育はうまくいかないことも多々あります。しかし人間を育てる営みである教育で、機械を作るために繰り返す実験のように、「真理」のために何度も試行錯誤を繰り返すことは許されません。スクラップにされた機械材料には(おそらく)心はありませんが、「スクラップ」扱いされた人間には心があるからです。そしてその心は深く傷つくからです。さらに作られる機械は標準化されたものですから、どれをとっても違いはありません。しかし教育で育てられる人間は個性をもったものです。その個性の多様性と相互作用を教

師は勘案しなければなりません。健全な「社会化」（社会で必要となる社会常識を教えること）以上の意味で、個性を消そうとする「標準化」は、たとえ英語教育の「効率化」のためでも正当化されるべきではないでしょう。

　しかしそうして授業に関する実践的な研究を厳密な意味での科学ではないとすると、そのような研究で何がわかるのかという批判が出てきます。普遍的な一般法則でない結果を知っても、何にもならないという反論です。たとえば事例研究などには、「これは1つの事例に過ぎず、一般性・普遍性を欠くものである」といった批判が未だに返ってくることがあります。しかしこれは短見というものでしょう。私たちは現在とは異なる、昔の時代の、他の国の歴史を学んでも、何らかの現代に関して学ぶことができます。臨床心理家は自分のクライアントとはまったく異なる事例を数多く他人から学ぶことによっても成長します。そもそも私たちは作り事にすぎない文学からさえも深い洞察を得ます。

　こうした広い意味で「物語」と総称できるものからの学びに関しては、ブルーナーが深いことを言っています（ブルーナー, 2007）。ブルーナーは認知科学の父の一人ともいえる高名な心理学者ですが、近年は物語など、従来の情報処理的な心理学がないがしろにしてきた知に注目しています。ブルーナーによると、物語は読者の人生を「仮定法化」します。つまり、もし読者の人生が、この物語が描写するものだったら…と読者に想像力を喚起します。これが世界を固定化して考えること、凡庸化することから私たちを救い出し、世界の再創造を助けるとブルーナーは説きます。

　私たちも、技について深く学び、ひいては授業を実践的に研究することにより、たとえ普遍化できる一般法則は生み出せなくとも、それにより実践家としての力量を上げることができます。その結果をワークショップなどで見聞きすることにより私たちも私たちの実践家としての人生を「仮定法化」し、そこから深い洞察を得ることができます。教員養成にかかわるいわゆるteacher trainer あるいは teacher educator の多くが異口同音に言うことですが、そのように洞察を得て、教師の何かが変わったとき、それはその教師の目の力、表情の生気感、肩の力の抜けによってわかります。「そのような身体的変化を論文に書くと、たちまちそれは嘘くさい広告の文句のようになっ

てしまいますが、その現場に立ち会った者にとってはそれはまぎれもない真実なんです」とはこの本の共著者でもある吉田達弘さん（兵庫教育大学）の言葉です。洞察を得ても、それは「何かが変わった」だけで、たちまちそれが直接の行動変容につながるとは限りません（むしろつながる方が珍しいでしょう）。ですが、洞察を得たということは世界の認識の見方が大きく変わったことなのですから、教師の行動のプログラムもやがて大きく変わり、未来の行動は大きく変わります。それが教師といった実践家の成長というものではないでしょうか。

6. おわりに

　ここまで私たちは自主セミナーの魅力を探ってきました。自主セミナーは、官製研修や学会発表などにくらべて、はるかに人間的な事柄を学びやすいものです。自主セミナーでは、聞き手の心理がよくわかります。身体の知恵がよくわかります。遊び心を楽しみ、教科や学問の枠組みから離れた総合的な知恵を学ぶことができます。何度も参加し、学びを深め、自分のコミュニケーションのネットワークを広げ深めることができます。もちろん自主セミナーの最大の魅力は、教師の実践的な力量を上げることができることでした。しかしそのためには第一に、技のHOWだけでなく、WHATやWHYも言語化することを試みるべきでした。第二に技の使いこなし方を学ぶことが必要でした。技の使いこなし方を知るとは、技を工夫しながら使い続けながらも、技の威光にひれ伏してしまわずに、冷静に技の背景や限界を知り、技に関する判断力を培うことでした。

　そうして技から入りながらも、技から離れることができ、その場その場で適切なことができるようになると、それは達人の名前にふさわしい存在になると私たちは論じてきました。多くの観察から達人は人格的には愛情深く謙虚であることがわかっています。そういった人格的特徴をもっているからこそ、達人は生徒からも同僚からも学びます。また自分の失敗からも学びます。それは達人が自分の失敗から目をそらさず（かといって自分を責め続けず）、失敗の改善を常に考えているからです。また達人は自分の失敗体験を

他人にも伝えます。そうして失敗を裁くことなくお互いで受け入れる共同体ができてゆきます。教師は個人でだけ成長するのではなく、こういった共同体によって育てられるのではないかとも私たちは考えました。さらに、達人の認知的特徴はメタ意識が高く、多くの関係性の中で自分を見ることができ、それらの多くの要因からのフィードバックを活かすことができるフィードバック回路が充実していることも私たちは確認しました。

しかし多くの要因を知っても、その中から本当に大切なものを見極めることが必要です。達人はこの本質の見極めができるという意味で、実践的な研究者でもあります。達人は、自分の授業実践の中の本質を見抜き、それを慎重な試行錯誤の中で確かなものにしているのでした（この意味で大学・大学院教育と実践家の共通性も示唆されました）。達人は複雑な関係性の中で、適切に判断し、その判断を具体的な行動で実践することができます。その達人の物語を聞くことは、私たちも私たちなりに達人の経験を追体験することです。それは私たちの実践家としての人生を「仮定法化」し、私たちの想像力を喚起し、洞察を深めるのでした。洞察の深まりは、直ぐには行動の変化にはつながらなくても、長い目では確実に教師の行動を改善するものでした。

こうしてみますと、自主セミナーで私たちが学んでいるのは、自分を知ることであり、自分との関係にある相手（学習者）を知ることであり、自分と相手が投げ込まれている世界を知ることだとすら思えてきます。自主セミナーに関するよく聞かれる言葉は「すぐに役立つ技を教えてもらえる」ですが、実は自主セミナーでは、そういった外面的な学びをする以上に、世界の中に相手（学習者）と共にいる自分を知るといった内面的、内省的、リフレクティブな学びをしているのではないかと思えてきます。

自主セミナーで達人が示してくれるのは、一種の実践研究です。その実践研究報告から、私たちがリフレクションを行い、教師として成長していくことは次の図のようにもまとめられます。

実践研究報告

```
┌─────────────────────────────────┐
│  交錯する因果関係   実験室のように「他  │
│  や相関関係       の条件は同じ」では  │
│                 ない中の実践      │
│                                 │
│      一つを変えると相互            │
│      作用も変わり、全て            │
│      が変わりうる                │
│                                 │
│  実践を「検証」する  教育で「スクラップ」 │
│  ことではなく、「肯定」 を作り出すことは許 │
│  できることを目指す   されない        │
└─────────────────────────────────┘

┌─────────────────────────────────┐
│   事例研究       「物語」         │
│   として解釈      として読み解く     │
│                                 │
│      「仮定法化」により             │
│      想像力を広め深める             │
│                                 │
│   認識を変える    自らの「あり方」   │
│                 を学ぶ           │
└─────────────────────────────────┘
```
リフレクション

図 3

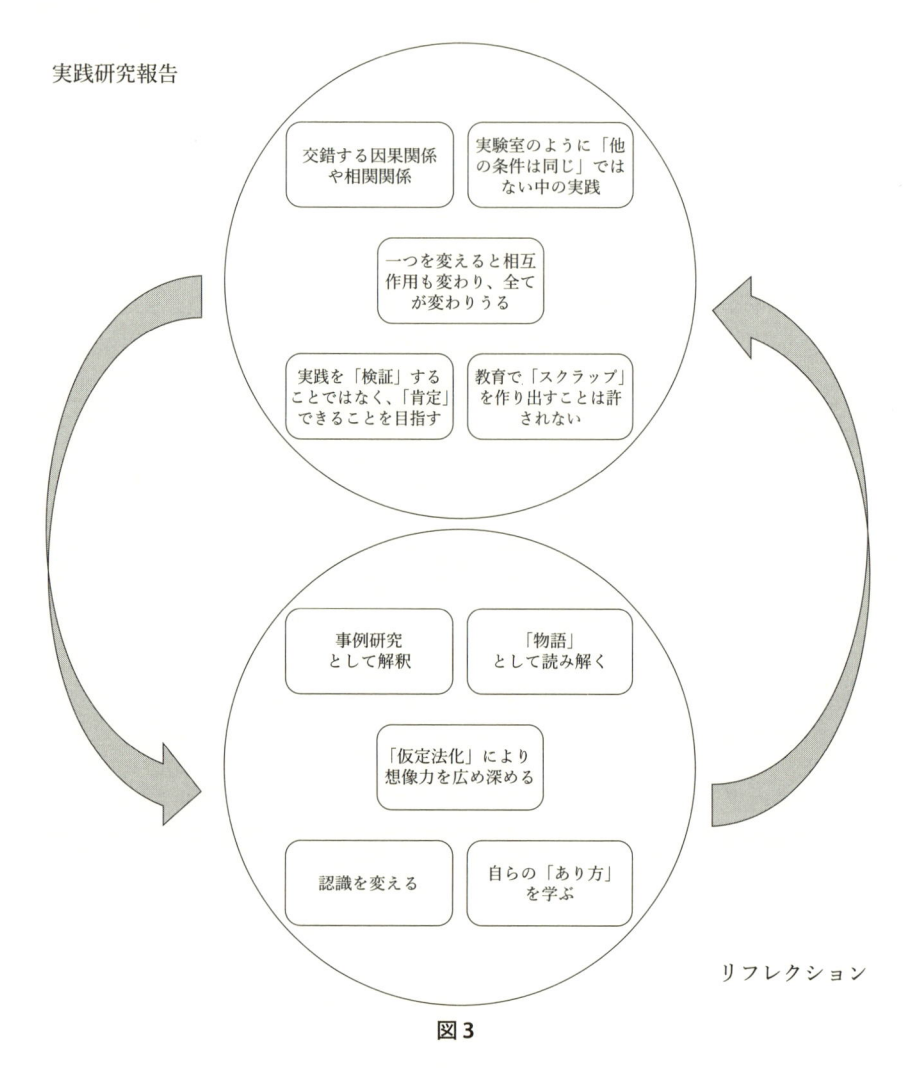

　上の図にまとめられた意味で、私たちは自主セミナーへの参加を通しても、究極的には教師としての「やり方」(HOW)以上に、教師としての自分の「あり方」(BEING)を学ぶべきなのかもしれません。自分の「あり方」をとらえ直すことこそが、教師の成長のためには最も重要ではないでしょうか。

参考文献

ブルーナー, ジェローム著、岡本夏木他訳（2007）『ストーリーの心理学―法・文学・生をむすぶ』ミネルヴァ書房.
Chomsky, Noam(2000) *The Architecture of Language*. Oxford University Press.
伊丹敬之(2001)『創造的論文の書き方』有斐閣.
菅正隆・田尻悟郎・中嶋洋一(2004)『英語教育ゆかいな仲間たちからの贈りもの』日本文教出版.
光岡英稔・甲野善紀(2006)『武学探究　巻之二』冬弓舎.
Schön, Donald（1984）*The Reflective Practitioner*. Basic Books.

注)

1　組田幸一郎　「同じ言葉は同じ内容を伝えない」『英語教育にもの申す』
　　http://rintaro.way-nifty.com/tsurezure/2006/07/post_6a50.html（2008/11/30）
2　『現代英語教育』1997年12月号、研究社
3　J-SLA日本第二言語習得学会　「発足の主旨」『J-SLA日本第二言語習得学会ホームページ』http://www.j-sla.org/about/purpose.html　（2008/11/30）
4　この意味で、単純な因果法則研究を批判する複雑系の研究が、第二言語教育研究でも注目されてきたのは喜ばしいことだと考えられます。詳しくは Larsen-Freeman, D and Cameron, L.（2008）*Complex Systems and Applied Linguistics*. Oxford University Press を参照のこと。

授業を理解することへの 2 つの接近
―授業者として観察者として―

今井　裕之（兵庫教育大学）

1. 視点の転換「アクション・リサーチ」と「Exploratory Practice」

1.1.「問題解決」の問題

　アクション・リサーチが、日本の英語教育関係者たちの話題にのぼるようになって 10 余年が過ぎました。実践の中に課題や問題を見いだして分析し、それらの課題をいかに解決するかを考えて実行し検証するという問題解決志向の研究は、これまでの理論と実践の乖離を解消する研究手法として注目され、年を追うごとに普及してきました。学校教育現場で行われる比較的長期の実践研究の総称としてアクション・リサーチということばが広がってきている感もあります。

　大学の研究者の立場から見ると、アクション・リサーチの普及を機に実践研究に加わる機会が増え、中高の教員研修会などでアクション・リサーチについて議論する機会も増えました。しかし、教育現場や学会でアクション・リサーチが普及するほどに、この実践研究は、研究方法や目的が一様でなくなっていることに気づきます。研究方法や目的、あるいは教育実践改善に対する考え方まで違ってしまうと、議論が噛み合なくなり実践研究の場が混乱してしまいます。

　英語教員の間でこの 10 余年普及してきた典型的なアクション・リサーチは、まず予備調査や省察により「問題」を発見・設定することから始まります。研究者も実践者も自分が関わる教育実践に対して批判的な目を向け、なにかの原因によって起こっている教室の問題点を見つけるわけですから、ス

タートする前から既に問題を抱えることになります。自らの問題を自らが見いだすことの苦しさゆえかもしれませんが、自らに改善の目を向けることに消極的になり、学習者に問題や課題の原因を帰してしまい、研究の場に生徒だけを残して、教師自身がそこにいない状態の研究になることもないわけではありません。

佐野(2005)は、教室の問題を階層化した「氷山モデル」を示し、「教師の指導」を問題階層の最も深いところ、一番最後に疑う問題として位置づけています。

```
①パフォーマンス
②練習・言語活動
③言語知識
④姿勢・態度
⑤教師の指導
```

図1　佐野(2005)による氷山モデル

「教師の指導」は、このように深層に位置する問題ですので、それを改善するには「長期的視野に立って、教師が指導法やテストのやり方を改善し、生徒との人間関係改善やムード作りに努力する必要があります(佐野 2005: 10)」と述べられています。時間をかけて、人間関係改善やムード作りといった、包括的な取り組みをする必要性があるということは、言い換えると、できれば疑いたくない対象であり、アプローチしにくい問題と解釈されていると言えるでしょう。

できれば疑いたくないとはいえ、教師の問題を棚上げにして、教師が変わることへと向かおうとしない研究を、果たしてアクション・リサーチと呼んでよいのでしょうか。教師は教室、授業という50分間の「アクション」の重要な成員なのですから、授業改善研究の中心的な存在に違いありません。前述の佐野(2005)でも、高知県の取り組みが紹介される中で、ある教師の「研究の結果ここまではわかったが、次にどうしてよいのか結局わからない」

という感想が取り上げられていました。この教師の声は、これまで多くの英語教育研究が抱えてきた「実践への示唆の欠如」の問題が、実のところ、教師の指導実践を研究対象としていないことに起因している事実を暗に示しているように思います。多くの英語教育研究者が、授業改善を望みながら、その成員である教師自身をこれまで研究対象としてこなかったとすれば、指導実践で何をどうしたら良いのか分からない、「示唆の欠如」状態になってしまうわけです。

　しかしながら、問題解決(problem solving)の枠組みに沿って、教師自らの「問題」を出発点にして研究するのは、やはり勇気がいることです。「アクション・リサーチは、正直いって精神的にしんどい(つらい)です」という教師の声も実際によく聞きます。教師が教室という固有の場での日常的実践を、研究という公共化を前提とする場で改善しようとすることの苦しさは、自らを批判対象にし、それを自らの口で同僚をはじめとする公に語らなければならないことにあると思います。No pain, no gain. とは確かに言いますが、自身の指導の「問題」に日々苦しめられている状況でもなければ、自分の実践に、わざわざメスを入れないのではないでしょうか。

1.2.　「問題→原因→解決」から「状況→説明→理解」へ

　アクション・リサーチによって教師たちが感じる痛みは、問題解決という研究スキームによるものであると述べてきました。それでは、それを避けるためには、どうすればよいのでしょうか。「問題」の対象から教師自身を外してしまうと授業改善は果たせないのだとすれば、研究スキーム自体を変えてしまうという方法が考えられます。

　研究の中心が研究者たちから、教育実践者たちへと移行し、問題解決志向のアクション・リサーチが興隆したことについて、Allwright(2006)は、問題解決とは異なる視点で考えることの必要性を強調しています。彼は研究のカギになるのは、問題解決ではなく「(教室の)理解(understanding)」であると言います。わたしたちの日常感覚では、問題解決のためには、現状の理解は必要だと考えますから、この発言は、問題解決まで至らなくても、教室理解ができればよいのだという一歩後退した消極的態度の現れではと思われる

かもしれませんが、そうではありません。Allwright が提唱する「探究的実践(Exploratory Practice)」では、教師も学習者も共に、教室という場を理解しようと努める者としてとらえられ、両者を研究対象とします。そして、研究の目的を "to reach locally helpful understandings"、つまり「その教室という場固有の出来事の理解にたどり着くこと」としています。これにより、問題解決による研究的知識の獲得をめざす、図2のようなアクション・リサーチの図式を乗り越えようとしています。

研究対象の決定→問題の特定→解決方法→実行→省察→研究の成果と新たな問題
図2　問題解決志向の研究過程

Allwright は、研究を行うことは研究の成果(新知識)を見つけることではなく、教師と生徒が教授・学習を行うことそのものであると言います。彼は研究という概念を「教師と生徒が、ともに教師、生徒として教室でなにをしているのかを、よりしっかりと理解すること」であると捉え直し、そのような理解の営みを通して、両者が「教室生活の質(Quality of Classroom Life)」を探究することが研究そのものなのだと言っているのです。理解が深まるほどに教室生活の質も上がり、それがすなわち学習の促進であり、研究の成果であるというわけです。「教室での出来事をより深く理解し、教師と生徒の生活を向上させることが研究である」という提案を、どう思われますか。私自身、大学教員として、研究と教育実践のバランスの取り方に悩み、また、教師にとって持続可能で有効な実践研究のあり方に悩んでいましたので、この Allwright の提案には、救われる思いがしました。

　教室生活の質の理解と向上を目指すという研究理念は、英語教育研究にとってことさら重要です。外国語を学ぶことを、「自己の再構築(reconstruction of selves)」であると論じたのは、社会文化的アプローチによる学習論を展開した Pavlenko and Lantolf(2000)ですが、新たな自己を築くこととは、言語を知識や技能として道具を獲得(acquire)するように学ぶのではなく、自分自身の声(voice)、発話(speech)として言語を取り込む(appropriate)ことであると捉えています。この社会文化的アプローチに従えば、教室は教師や同級生

とともに英語を使い相互理解を深めることを通して新たな自己を築く場であり、知識の伝達・獲得の場というよりもむしろ生活の場であるといえます。外国語を通しての自己表現や相互理解が促されるように授業という生活の場の質を向上させることが、ただ授業の研究のために重要であるばかりでなく、言語学習の促進という意味でも重要な研究テーマとなるわけです。

1.3. 教室生活の質へのアプローチ

しかし、教室生活の質を探究するとは一体どういうことでしょうか。具体的にはどのようにアプローチすればよいのでしょうか。当然、そのような疑問が湧いてきます。そもそも、教師が教室生活を「理解」するとはどういう意味なのか。日常的な意味での理解はとはどう異なるのか。まずはこの「理解」とはなにかを明らかにする必要があります。教室の理解とその深まりについての研究を以下に取り上げてみたいと思います。

佐藤ら(1990)の研究では、新人教師と熟練教師に、それぞれ授業のビデオを観察してもらい、その授業についての彼らのコメントを記録した結果、熟練教師たちの思考には、以下のような特徴があったそうです。

1）即興的思考　次から次へといろいろな場面について多くのコメントができる
2）状況的思考　観察される複数の事象に言及しながらコメントできる
3）文脈化された思考　時間的に前後する事象に言及しながらコメントできる
4）思考の再構成　新たな観察事象に基づいて、それまでの思考を再構成できる

そして佐藤らは、これらの特徴を備えた熟練教師の思考を「実践的思考様式」と呼びました。これは、私が勤める大学院で学んでいる小中高の現職教員とのやり取りの中でもしばしば感じ取ることができます。特に、彼らの思考の即興性、状況性、文脈性の高さは明らかで、授業分析の視点が生徒たちに向かう時には、さらにその傾向が顕著になります。生徒をプロファイリン

グする力には大変驚かされます。一方で、思考の再構成に対する構えについては、人さまざまです。他者の考え方や思考の文脈にとりあえず身を任せてみようとする傾向をもつ人や、自らの失敗体験をもとに授業改善を行える人は、思考の再構成に柔軟といえるかもしれません。いずれにせよ、佐藤らの示した「実践的思考様式」の4要素は私たちが目指すべき、教室生活の「理解」の特徴をよく表していると思います。

1.4. 実践的思考様式の育成へのアプローチ

　授業の「理解」のために、私たちは、この実践的思考様式をどのように引き出し、育てるのでしょうか。授業者としての経験を積めば、授業を観るやいなや、ぱっと浮かんでくるというものでもありません。次節で紹介する、田尻悟郎先生の授業を観た人たちの解釈、感想コメントにも現れていますが、たとえ共感するコメントであっても、授業のどの場面に基づいての話なのか、状況も文脈も読み取りづらいケースも少なくありません。過去の自分への戒めの意を込めて言えば、「ひとえに鍛錬」ではどうにもなりません。

　Preschool in Three Cultures: Japan, China, and the United States の著者のひとりであるTobinが提唱した「多声的エスノグラフィー（multi-vocal ethnography）」では、教育現場のエスノグラフィを重ねた経験から、研究者の声ばかりが強くなるのを避け、より確からしい言説を生み出すための手順として、以下のような4種類の「声」を集め、それらを研究者が再構成する方法を提案しています。

Visual ethnography	記録されたビデオ映像
Auto-ethnography	インフォーマントの語り
Ethno-sociology	インフォーマントと同じ文化コミュニティに属する人の語り
Ethno-ethnography	インフォーマントと異なる文化コミュニティに属する人の語り

　例えば、前述の著書では、アメリカ、中国、日本の幼稚園の様子をビデオ

撮影し、そのビデオを使って、それぞれの当事者に自分の幼稚園のビデオを観ながらのインタビュー（Auto-ethnography）、当事者以外の邦人（同国人）へのインタビュー（Ethno-sociology）、他国の幼稚園のビデオを観てのインタビュー（Ethno-ethnography）を行い、これらの異なる立場からの声を反映しつつ、幼稚園の教育文化と教師たちの文化認識についてまとめました。そこでは、クラスサイズについての日中米の教員の認識の違いや、教育目標や方法の違いが浮き彫りになり、興味深い解釈がなされた研究でした。私は、1998年当時、ハワイ大学で教鞭をとっていたTobin氏の大学院での授業でアメリカ人学生らとともに、彼が撮影した京都の幼稚園のビデオを観ました。日本人である私にとっては「ちょっと古いけれど、普通の幼稚園の風景」にしか見えなかったのですが、他の学生はビデオ観察中から驚きや戸惑いのような声があがったので、そのことにずいぶん驚きました。ハワイですから、日本人コミュニティもありますので、木造校舎に靴を脱いで入るのが珍しいといった、表層的な相違点に注目していたとは考えられません。その後のディスカッションで、私はEthno-sociologicalな声の持ち主として、Auto-ethnographicalな声（その京都の幼稚園の先生の説明）と、Ethno-ethnologicalな声（アメリカ人学生たちの考え）の両方に揺さぶられ、なおさら驚かされるとともに、「思考の再構成」を実感したのでした。日本の幼稚園はアメリカに比べてクラスの人数が多く、日米お互いの教室のビデオをみた先生たちは、互いの子供たちを「可哀想だ」と表現しました。アメリカの先生は、日本の状況では個人のケアが行き届きにくいと言い、日本の先生は、アメリカの小クラスの子供たちは友達をつくる機会に恵まれないと言ったそうです。その場にいたアメリカ人学生たちも、けんかの仲裁になかなか入らず、直接一人ひとりの子どもたちと話す様子も見えない日本人の先生に対して驚き、やや批判的であったように思います。のんびりとした「普通」の幼稚園だとしか思えなかった私は、いずれの解釈にもなるほどと思い、クラスサイズと教育目標の関連性の深さを実感、納得したように思います。トービンらの多声的エスノグラフィという研究アプローチもまた、「理解」を導こうとする点においては、Allwrightのいう教室生活の質を理解する研究と価値観を共有した研究事例と言えるでしょうし、実践的思考様式に近づく

ためのアプローチとして、この方法論は注目できると考えます。

　これまで、授業についてそれを語ることの意義や目指すところはなにか、語る言語をどのように深めてレベルをあげていけばよいのかについて議論してきましたが、本章では、以下において、こういった目標や方法がどれだけ有効で、どんな変化を研究する人々にもたらすのかを、事例をあげて見ていきたいと思います。「理解」への2つの接近のあり方として、1) 現職教員中心の大学院で他者の授業の観察を通して授業観を深めようとする実践事例、2) 教師と研究者が共に1つの授業実践に関わった授業開発研究を紹介しながら、教師が自らの実践に目を向け、よりよい授業作りに向かおうとする様子を紹介します。

2. 他者の授業を介した理解への接近——三人称的理解から一人称的理解へ

　最初の事例は、教師が授業現場から離れた状態で、他の教師たちや、教師になろうとする学生たちと共に、授業実践について語り合うという形式で行った、教室生活の理解を目指した事例です。私は所属する大学院で「英語科授業論」という講義を担当しています。2006年の講義でさまざまな授業の一部（NHK教育『わくわく授業』で紹介されたものや市販の授業ビデオ等）を紹介し、講義参加者に、観察した授業の出来事について、議論してもらいました。早速、初回の授業で、2004年の『わくわく授業』で放送された田尻悟郎先生の授業（1年生には発音指導、2年生ではクラスルームイングリッシュ指導、3年生とはスピーチの指導を行う場面が紹介されている）をビデオ観察して、まずはその感想を書くことになりました。

　私自身がはじめて田尻先生の授業をビデオで見た時の感想は、「対話に流れがあって授業が心地よい。」というものでした。正直に言うと、なにが自然なのかどうして心地よいのかは理解できていませんでした。田尻先生のことばや振る舞いが、いかにも教師らしいものとは異なるので、とても新鮮な印象がありました。さらにしばらく観察すると、先生ばかりではなく、生徒の語りや振る舞いも生徒らしくないことに気がつきました。ここでいう「教

師らしさ、生徒らしさ」をどう説明すればよいのでしょう。田尻先生の振る舞いが教師らしくないというと、ただフレンドリーで優しく話すことで生徒と教師の距離感がないとか、テレビタレントのように間を空けずにひたすら磨かれた独り語りを展開する話芸を披露することなどを想像するかもしれませんがそうではないのです。本当にたくさんのことを重層的に指導されているのですが、その行動が教師らしくない、生徒らしくない、よって関係も典型的な教師と生徒とは違うように見えるのです。授業に限らず、こういった「集団が醸し出す場の力」を観察者が言語で分析、描写、理解をするのは、とても難しいことだと思います。複雑に脈絡や絡み合い、参加者の背景の多様さに影響される授業という出来事を、描写力の高い語りで他者と共有するプロセスは、目的地がわからないまま道を探しながら進むように、あるいは落としどころが見えない会議を延々と続けるようにストレスのかかる営みと言えます。

2.1. 田尻先生の授業を観た人たちの最初の語り

　田尻先生の授業をビデオで観察した大学院生たちはどのように反応し、表現したのでしょう。私の勤める大学院は、約半数が現職教員で、学部新卒で進学した院生や教育現場未経験の人、外国の現職教員留学生たちと共に学んでいます。年齢層も幅広く、人生経験、教育経験ともバラエティに富んでいます。その人たちにビデオを観てもらい、感想を述べ合うディスカッションと、分析や解釈を書いて表すリフレクションをしてもらいました。そうすると、こんな感想がでてきました。

- It is very important <u>to motivate the students by putting them under the circumstance where they want to or have to speak English</u>, for example, by taking them to the river, by not giving the handout, or by administering an interview test after the school excursion.
- 教えなければならない、じゃなく、<u>生徒たちの意欲をくすぐっている</u>とてもすばらしい授業です。また自然な形で文法が身についてくると思った。

・生徒が英語を話せる環境を作っていくことが大きな特徴だと思った。<u>生徒がやらされているというのではなく、話したい、書きたいと思えるような授業となっていた</u>。また、生徒同士で教え合う、また考える場が多く、クラスの雰囲気がとてもよかった。もしひとクラスの人数が多い場合でも同じようにされるのか、違いがあるのかを聞いてみたい。
・教科書や授業で習う世界が、<u>学習のための学習から脱し</u>きれないとあのような生き生きした表情は出てこないのではないでしょうか。サラマンダーは<u>心が動いた時</u>をねらって What's this? の質問が始まりました。
・伝えたい、勉強したいと思わせる上で重要なことは、子供の<u>英語に対する興味づけ</u>だと思います。英語には4技能が常にからみあっていて、それを上手にからみあわせて授業化していくのがこの授業でした。<u>あきさせない展開</u>がポイントでした。

　田尻先生は、英語教師の間では、今では知らない人がいないほどの有名人ですし、2006年当時もNHK教育の「わくわく授業」をビデオ録画して繰り返し観たという人たちがいました。ですから、もはや私が提供する授業ビデオは「第一印象」とは言えませんでした。しかし、授業を観て、その解釈を書きまとめて発表するという経験は、誰にとってもほぼ例外なく初体験であったろうと思います。初体験がうまく運ぶよう支援するため、Tobin 氏の授業でも経験した方法を借用して、ビデオ観察しながらノートやコメントを書いた後、他の参加者とペアを組んでインタビューを行い、他者の意見に触れ、それらを取り込む機会を設けた上で、再度コメントをまとめ直して解釈に繋げるようにしました。一度他者との対話を通すことで、自分の語ったことが、観察した授業自体から見てとれることなのか、雑誌、テレビ、研修講演等で田尻先生の授業について知ったことなのかを識別する機会にもなります。

2.2. 翌週の授業で一人称的理解へと向かう

　他者との対話を経たとしても、ほぼ初見で授業を語り切ることはできません。そこで、翌週も同じ授業をとりあげ、今度は複数の授業場面に観察を限

定し、両者を詳細に対比し、それぞれの意味を理解しようとしました。前節の感想の中に、下線を引いた部分があります。例えば、4技能がからみあっていて「あきさせない展開」というコメントがありますが、飽きさせない展開かどうかはビデオを半ば生徒の気分で観ていれば自ずとわかってきます。しかしその「展開」が具体的にどんなものなのか、田尻先生がどのように「生徒たちの意欲をくすぐっている」のかを理解するためには、佐藤らが述べたように、より多元的に状況や文脈に即して事例を観察することが必要となってきます。多声的エスノグラフィの枠組みで言えば、Visual ethnographyのテクストです。以下に特に注目した2場面を取り上げます。

事例1
　2年生の授業では、「プリントを前回までに使いきったので新しいプリントが欲しい」と教師に願い出る際に英語でどういうのかをグループで考えるよう指示します。ようやく、ハンドアウトを手に入れることができたグループですが、プリントがひとり分足りないことに気づきました。

1 T:　Here you are.
2 Ss:　Thank you.
3 T:　You're welcome.
4 S1:　やっとできたあ。あれ、俺のは？　えっ、一枚足りない。
5 S2:　一枚ってなんだっけ、足りない、、、
6 S1:　Excuse me.
7 T:　Yes.
8 S1:　I don't have a handout.
8 T:　Ok, what handout? You don't have …A…handout.
10 S1:　A handout.
11 T:　一枚のハンドアウトをもっていない？
12 S1:　えっ？
13 T:　A handout means 一枚のハンドアウト．一枚のハンドアウト持っていません。I don't understand. I don't have …A じゃなくて、

14 S1: The
15 T:　THE handout. Very good. Here you are.
16 S1: Thank you.
17 T:　You're welcome.

　Classroom English の指導の過程で、冠詞の用法も指導する指導尽くめの場面のようで、6 行目から始まる会話自体は Excuse me. ではじまり、Thank you. You are welcome. で終わっている点で自然です。指導的会話に観察される IRE(F) の様式から外れています。一方で、ALT のダニエルさんと生徒の会話場面も紹介されていました。

事例 2
　授業の最初の場面のあいさつから
1 T:　So, good afternoon, everyone.
2 Ss:　Good afternoon, Danielle.
3 T:　<u>Very good, very good</u>. How am I, today? I'm very …
4 S1:　Cute.
5 T:　Ohhhhh, my number 1 student! Very good. (Cute. と応えた生徒の隣の生徒に対して)Again, again. How am I? Huh?（周囲に間違いを指摘されて) Who said? You said? Oh, no. Not you. You! How am I?
6 S1:　You're cute.
7 T:　<u>Oh, very good. Good English. Good student</u>. Thank you.

　あいさつされて very good と応えることは日常生活ではありえないでしょう。このダニエルさんの発言は生徒の発話に対する評価です。そうだとすると、それに続く How am I today? という問いかけに You're cute. と応じた生徒に対して、Again, again. と繰り返しを要求した発言の意図も「うれしいからもう一度聞きたいから言って」という個人間のやり取りというよりも、「みんなにもう一度聞かせてやって」という「教室全体へのブロードキャストおよび練習」という色彩を感じます。「あいさつ」として始まった教室会

話は、5 の How am I? から 6、7 の You are cute. Very good. と典型的な IRE 教室談話構造へと変わっています。

　これらふたつの Visual Ethnography のテクストを踏まえた大学院生のコメントとして以下のようなものがありました。

　　新しいプリントを貰おうという場面がつくられた上で、それを達成するために英語を使うという内容であった。場面設定があったため、教師と生徒の会話はとても自然な流れであったように思う。ダニエルさんとの会話では、good など子どもの英語を評価する言葉が多く、教師と生徒の立場がはっきりと別れていたように見えた。

　急いで付け加えておきますが、このビデオのダニエル先生と生徒のやり取りを観た人たちは、この場面に総じて好意的で、笑いもおきていました。また、教師が評価者であることは当然のことです。ただ、そのことを生徒に対してどういう時に見せ、どんな場面で隠すのかという問題です。

　田尻先生の授業中に見られた会話の自然さは、生徒に相応の達成感と安心感と（会話の展開に身を任せる際の）ドキドキ感（岡田 2004）などを与えています。一方、多くの授業に見られるような、教師の「評価」や「練習」が頻繁に入り込み、教師自身が会話の意図よりも評価や指導に注意が向かってしまうと、生徒たちは教師の意図を探すようになり、その結果、緊張感や不全感を与えることになるかもしれません。

　これらの大学院生の授業へのコメントは、観察の時間もコメントの時間も限られていましたので、あるいはもっと異なるコメントが引き出せたかもしれませんが、総じて言えることは、現職か新人かに関わりなく、授業をその場でただ一度見るだけでは、「見たまま」な観察や局所的な分析になってしまい、教室での複数の出来事の互いの繋がりや関係に注意を向けることが出来なくなってしまいます。授業を観察すると同時に、空間的情報と、音声的情報を記録（Visual Ethnography）し、観察記録を残した上で、観察者の見解や授業者自らの見解を重ねて見ていかないと、記憶はその詳細を失い、おおざっぱな印象的解釈に集約されてしまいます。そのような事態を避けるため

に、多様な見方(Auto-ethnography、Ethno-sociology、Ethno-ethnography)に触れて、「多様な声」を踏まえた授業の語りを授業実践研究者たちが目指すことは、有効なアプローチではないかと思います。

　しかし、このように教室現場から離れた教師が、他者の実践について語ることによって得られる「教室生活の理解」と、自分の実践を観察・省察の対象として語ることによる理解は同じとは言えません。いずれも自分自身の考えであり、授業という場についての、場固有の自分の思考には他ならないのですが、前者では、田尻先生の実践的思考の理解に近づくことはできても、その理解を自分の教室の中での行動をもって実感することはできません。一方自分の実践を対象としての観察・省察による理解には、次の授業での行動による理解の表明が伴います。次節では、小学校英語活動(現在の呼称は外国語活動)を支援する立場で教育現場に関わった私が、担任教師らと共に、どのように教室生活の理解を深めようとしたかについて紹介します。

3. 授業実践現場でできること

3.1. 授業づくりに関わった人々

　研究者の視線と教師の視線の向かう先として、「生徒の学びの環境(関係)」を共有し、学びを支える環境と関係の多声的分析を通して、教員とともに授業づくりを行い、教室生活の理解と質の向上へとアプローチする協働の試みを以下に紹介します。この取組は、以下の状況で行われました。

- 参与者たち：小学校2年生の英語活動の授業に関わる担任教師(大谷先生)、ALT(リッチ先生)、児童たち28人、参与観察者として私と大学院生の2人
- 授業観察の頻度：週一回の英語授業への参与観察と、週一回行われる英語授業研究部会の会議(1時間程度)への参加。
- 観察の期間・方法：2005年4月から(教師たちとの会議への参加はさらに遡る)同年12月までのフィールドノートとビデオ録画によって観察記録を採取。また、授業の継続的観察を終えた翌2006年7月に、当時

の授業ビデオを担任教師とともに見ながら振り返った討論の様子をオーディオ録音した。

　この学校では、週一回の英語活動が1年次から行われており、当時はすでに数年経過していましたので上記の子供たちは2年目の外国語学習の機会となります。地域の中学校や英会話学校での長年の指導経験を持つリッチ先生は、日本語も流暢な30代の男性で、この小学校で現在も英語を教えています。一方、大谷先生は、本校が初任校の20代の男性で、当時は勤務3年目でした。

　当時の小学校英語活動は、定まったカリキュラムや教材がなく、授業、指導法、教材の開発が強く求められていた頃でしたので、参与観察者として参加した私も、教材研究や指導方法や手順の検討に加わることができました。教壇に立つことはありませんでしたが、授業中も絶えず授業展開の先を読みながら、授業者の気持ちで2年生の子どもたちの反応を見ていました。

3.2. 事例1：交流の実感がわくあいさつへの取組み

　小学校の英語活動のシラバスを見せてもらうと、4月の内容は、多くの場合「あいさつ」になります。私が関わるこのクラスでも、あいさつや簡単な自己紹介からはじまりました。挨拶活動の実践では、子どもたちもいつもI'm fine. なわけはないのですから、How are you? と問われた時の受け応えにバリエーションをつけようという議論になることも多く、このクラスの場合もそうでした。

　授業の最初のあいさつもすっかり定着したので、受け応えにバリエーションをつけようということになった最初の授業が6月9日でした。「あいさつシート」（挨拶した相手に書き込んでもらうサイン欄が設けられたシート）を全員に配布し、あいさつの前に「じゃんけん」をして、勝った人がA役になり、以下の会話シークエンスを行う活動を実施しました。

　　A:　　Good morning. How are you today?
　　B:　　I'm great (fine, so-so, hungry), and you?

A: I'm happy (etc.).
B&A: Thank you. Sign, please. （お互いのシートにサインする）

　1年生の時から授業の最初に、この程度のあいさつのやり取りは教師と児童の間で声を揃えて行ってきましたが、子どもたち同士がひとりで挨拶するのはこれが初めてで、教師たちは I'm fine. 一点張りにならないために他の表現を盛り込みました。How are you? と尋ねられて、I'm hungry. と応える意図や、それに対して I'm fine. と応じることの不適切さなど、挨拶の場面で表現を増やそうとすること自体の問題はあったかもしれません。しかし、子どもたち同士で挨拶できる楽しさを期待して、この活動をはじめてみることにしました。

　最初の授業では、会話の発話練習は事前に行ったものの、ターンの回数が多すぎて覚えられず、ターン取りがスムーズにいかず、挨拶とはいえないほどの間が空いてしまいました。また、サインの交換が徹底せず、サインをしないまま別れて別の人と挨拶をはじめるケースが多く見られました。シートを見ながら挨拶するので視線が合いにくいという問題もありました。問題山積ではありましたが、大谷先生が驚いた出来事のひとつとして、子供たちが「英語じゃんけん」に強い関心を持ったことがありました。ALTのリッチ先生と児童全員で「じゃんけん」のリハーサルをした時から、勝った負けたで大盛りあがりで、大谷先生、リッチ先生と私は、教室での「じゃんけん」の汎用性の高さを考え、あいさつ活動とは切り離して、全員がきちんと英語で「じゃんけん」ができるように次回以降練習することにしました。もちろん、あいさつ活動も改善することになりました。

　翌週6月16日、あいさつ活動第二回では、以下のような改善案を実施しました。

・How are you today? I'm fine, thank you. を教室全体で練習
・I'm fine. にかわるバリエーションを確認
・一旦教室から出て、入室時に教師と挨拶を交わす
・教室の中を自由に歩き回り、友達と挨拶を交わす

・活動方法を HRT が説明するための時間をとる

　いざはじめてみると、教室に入った後に児童同士は挨拶をせず、ひとり遊びやふざけあいがはじまってしまいました。活動方法を説明するだけでは、クラスメートと出会って挨拶を交わし、終わったら次の相手をさがすという行動の連鎖は起こりませんでした。「サイン交換」は、彼らの気持ちを動かすには至りませんでしたから、別の方法を考えなくてはなりません。大谷先生と相談し、次の授業では、I'm fine. とこたえる際に、もう少し発話の実感を持たせたいと考え、練習の際に以下の二点の変更を行いました。

・活動に入る前に、I'm fine/sleepy/hungry/happy. を繰り返し発話させる
・自分の気持ちを表すフレーズの時に手をあげながら発話(教師のモデルをリピート)する

　自分の気持ち／状態を表すことばを選んで発話できるようになる前段階として、「手を挙げながらリピートをする」段階を与えたのですが、このためなのか、先生との挨拶を終えて教室に入ってからも、子どもたちはお互いに英語で挨拶をはじめました。そればかりか、なかには握手をしあう児童たちもでてきました。この劇的な変化に私たちは驚きましたが、まだこの時は、まだこの劇的変化の原因がなになのかが分からない状態でした。

　この頃の子どもたちの様子の記録には、「教師とあいさつする時は、ドアの縁に両手を掛けたり、視線を合わさなかったり、教師にもたれかかったりする児童も」と私は記していて、ビデオ記録からも子どもたちが入り口にたって教師の前で落ちつかないのか、体を左右にゆする様子が伺われます。あるいは、教師との挨拶をさっさと済ませているように見受けられる子どもたちもいました。観察からは、教師との挨拶が相変わらず恥ずかしいのか苦手そうにする子どもと、既に儀礼的、ルーティン化してきた子どもたちとに分かれてきたようにも思われました。

　しかし、教室に入ってから子どもたちの多くは俄然元気になります。「積極的に動き回り、相手を見つけてあいさつをする、相手に How are you? と

尋ねる時に手が動く、最後に握手するパターンが広がる」と私はメモしていました。あいさつにバリエーションがつくようになって以来、子供たち同士で自由に動き回りつつあいさつを交わす活動をしばらく続けました。互いの状態を述べ聞き合い、9月のころには、別れ際は握手ではなく See you. になっていました。Hello、Good bye 的なあいさつではありますが、一つひとつの行動が自然なあいさつの流れに意味づけられるようになったことを見届けて、あいさつ活動は収束させることにしました。

3.3. 事例2：絵本の読み聞かせ
3.3.1. 最初の絵本 Brown Bear Brown Bear What do you see?

　小学校の英語活動は授業頻度が低く、練習を繰り返して記憶の定着を図るような指導法はできれば避けたいという思いがありました。「何が好き？」「これは何？」というシンプルな会話モデルの空所を埋めて発話させるような活動は避けようということになり、絵本の読み聞かせを行うことにしました。大谷先生は、2年生の担任も初めてでしたし、英語活動は誰もが不慣れでしたから、週一回の英語活動については、他教科の指導以上に大変だったと思います。のちに彼は、絵本の読み聞かせを始めた時のことを「試行錯誤の原点っていうか。」と振り返っています。また、「自分の中に軸が欲しかった。」ことから「2年生をはじめて持って、紙芝居に興味を持っているのをみて、絵本が使えるかな。」と思ったと述べています。

　子供たちの関心が高い読み聞かせ活動を導入することで、大谷先生は「できる、言える、英語でなにかできますって言えるようにさせたい」「絵本を使ってリッチさんが読んでいるだけでもインプットになるし」と考えていました。最初に取り上げた Brown Bear Brown Bear What Do You See? の絵本は、色が授業のテーマだったことから選んだことからもわかるように、色の単語を覚える、言えることがねらいであったと言えます。絵本を導入に用いるにせよ、色の勉強をしてから絵本に繋げるにせよ、場面や状況を変えて英語を理解し発話できる、知識転移型の学習を想定していたと思います。

　授業では、絵本の文を子どもたちにまずリピートさせ、次に一緒に声を合わせて読み、動物の色と名前を覚えたころに、絵本にあった動物たちの絵を

ひとりにつき一枚配り、各自が動物に色を塗り、その絵を手に持って本のことばを使ってリレー的活動を行いました。

　グループ全員：Brown bear, Brown Bear what do you see?
　Brown Bear の絵を持った児童：I see a red bird looking at me.
　グループ全員：Red bird、red bird, what do you see?
　Red bird の絵を持った児童：I see a yellow duck looking at me.

図3　Brown Bear Brown Bear What do you see?

　動物の指名を受けた人がタイミングよく応え、それに続いて全員で声を合わせて次の問いかけをつなげ、グループ全員が続けられることを狙った活動を行いました。結果は、うまくいきませんでした。子どもたちは次の動物を選ぶことができませんでした。手遊び(手拍子など)で拍子を取りながらすると、少しつながるようになりました。席順で右回りに繋げるなどのルールを事前に決めて行うと、タイミングよく続くようになり、最後にはなんとか一回りできるようになりました。

　しかし、できるようになったとはいえ、無用な緊張感が子供たちの間に形成されました。"Brown Bear, What do you see?" というナレーター的な視点からの呼びかけは、呼ばれた Brown Bear の絵を持つ子どもにとって、発話のターンのタイミングを与えてはくれますが、答える際に、だれに対して次の発話を向けたらよいのか、何のヒントも与えてくれません。"I see a yellow duck..."と、自分で発話を向ける相手を恣意的に選ぶことになるか、あるいは、お友達関係で次にターンを振る人をさがすしかありません。発話の宛先(addressee)をどこに向けたらよいかわからず、何の必然性もない中で宛先を選ばねばならない、不自然な言語活動になってしまいました。もっとも、偶然性に身を任せることこそがゲーム的な楽しさを生むのかもしれませんが、とてもそんなゲーム性を楽しむ余裕もなく、子どもたちも教師たちも苦労しました。

　Brown Bearでは、やや満たされない経験をしましたが、それで絵本をやめてしまうのもつらいと思いました。読み聞かせ活動は、小学校英語活動では広く行われており、やり方しだいで充実した学習活動になるはずなのですから。

3.3.2. From Head to Toe がもたらした変化

　「Brown bear の時は、絵本を使いながらも、まだ内容がゲーム的(タッチゲームなど)だったけれど、だんだんと表現寄りになっていった。」と大谷先生も振り返っているように、色を習ってゲームや絵本で使う知識転移型学習観から、私たちは方向を変えていくことになりました。自分たちで絵に色を塗り、自分たちで絵本のコトバを発話し、自分たちで物語を完成させる、「絵本を教室でする」活動は、一度は不完全なまま終わり、次の機会をうかがっていましたが、しばらくして、同じ Eric Carl の絵本 From Head to Toe を使うことになりました。

図4　From Head to Toe by Eric Carle 1997 HarperCollins

　この絵本も動物が次々と何匹も登場します。そして各々の動物が隣にいる人間の子どもに話しかけます。

　　ペンギン：I am a penguin and I turn my head. Can you do it?
　　子ども：I can do it.

　といった具合に、動物名、体の部位と動作がポイントになった絵本です。一見、Brown Bearの絵本とは、体の部位か色かが違うだけで、同じような展開の絵本に見えます。これを教室活動に展開する時に、Brown Bearの時と同じ轍を踏むのではないかという危惧はありましたが、とりあえず教室で読み聞かせをすることにしました。一回目では、子供たちは絵本の構成やことばを覚えるために、先生のあとについてリピートしていましたし、動作が入った絵本ですので、首を振ったり、肩をすくめたり、特に英語学習経験のある子どもたちが先にジェスチャーをはじめ、周りの子どもが追従するかたちで進行していました。
　子どもたちの反応は良く、Brown Bearの時同様、次にどんな動物がくるかを予測してわいわい盛り上がりました。Brown Bearの時と違うのは、お話にページ間のつながりがないことと、動作（turn head、raise shouldersな

ど)があるので身体表現と言語表現を合わせることができる点でした。そこで、子どもたちに動作をもっと強調させようと、先生もジェスチャーを大きくして二度目の読み聞かせに臨みました。

　私は大学院生たちとその授業をビデオ撮影しながら観察していて、児童たちの反応に驚きました。児童英語教室などで経験豊かな人には、予測可能な当然のことかもしれませんが、その瞬間、大谷先生も思わず「おおっ」と声をあげました。

　　　リッチ先生：I am a penguin.
　　　子供たち：　I am a penguin.
　　　リッチ先生：and I turn my head.
　　　子供たち：　turn my head.
　　　リッチ先生：Can you do it?
　　　子供たち：　I can do it.（そういいながら首を振る）

　途中まで、前回と同様に先生のあとについてリピートしていた子どもたちが、Can you do it? という先生の発話に対して、反復者ではなく対話者であるかのように、I can do it. と応答してきたのです。最初は全員ではありませんでしたが、徐々に全員が応答する対話者となり、それにつれてジェスチャーにもオリジナリティを発揮しはじめ、馬の真似をして足を蹴り上げる場面では逆立ちをはじめる子どももいて、大騒ぎになりました。

　動作と言語のシンクロを意識して臨んだ読み聞かせでしたが、結果は「反復的なターン取り」から、「対話的なターン取り」へと移行する様子を観察することになりました。リッチ先生と大谷先生と私たち皆一様に、喜びと驚きを共有したのですが、どうしてそうなったのかについては疑問のままでした。学校外で英語を習っている子どもが、この本を使って対話的活動をしたのかもしれないとも思いましたが、そんな推論は次へのつながりも理解の深まりもないので不採用とし、絵本の内容を改めて検討してみました。

　ページ間の物語的つながりの有無、動作と発話の連動の有無の他に、ふたつの絵本には、「声の主と宛先」に違いがあることに私たちは気づかされま

した。Brown Bear の絵本の言葉 "Brown Bear Brown Bear what do you see?" の声の主は、読み聞かせをする場面では語り部(ナレーター)の声になり、声の宛先は絵本の中の各動物であり、読み聞かせの場では半ば子供たちにも向けられます。"I see a red bird looking at me." の声の主は動物であり、読み聞かせ場面では動物を演じる子どもたちになります。宛先は語り部(ナレーター)になるのか、それとも red bird になるのか曖昧な感じがします。

　一方で、From Head to Toe では、声の主と宛先は明快です。"I am a penguin and I turn my head. Can you do it?" の声の主は動物で宛先は絵本の中の子どもです。"I can do it." の声の主は絵本の子どもで宛先は動物です。登場キャラクター同士の対話で構成され、ナレーター的な声がないのですから、読み聞かせの場面では、語り部も聴衆も絵本の中に入ること、対話者になって演じることが要求されます。

　「声の主と宛先」の違いで、Brown Bear にはなかった、対話的なターンのやりとりを見ることになったわけです。"Can you do it?" という促しが、"I can do it." という子どものターン取りを呼び込んだ経験は、絵本の「読み聞かせ」という語り手と聞き手がいる場に展開する際には、どの声の主を誰が演じ、宛先をどこに向けるのかが、絵本のテクストによって異なり、授業活動の展開を考える上で重要な要素になるという新鮮な驚きと示唆を与えてくれました。今回のように、先生(語り部)の言葉をなぞるばかりではなく、自分のターンを取って、対話者のような役割を演じる言語活動に持っていけたことは、私たちも嬉しかったですし、子どもたちも、ずいぶん絵本の活動に対して積極的に参加し、その楽しみ方を覚えたように思いました。

3.3.3. Bears in the Night で絵本を演じる

　対話的な活動を生み出すために、「声の主と宛先」が絵本の登場人物(動物)の間でもっと多く行き交う絵本を使うことも考えましたが、2年生の段階で、対話のターンを個人が何度も取り合うような活動を英語ですることは無理があるだろうということになりました。たとえば、同じ小学校2年の国語の教科書に登場する Arnold Lobel の「ふたりはいつも(Frog and Toad All year)」などは、たとえ会話部分だけを取り出しても、英語では小学2年

生には難しすぎます。むしろ、やはり From Head to Toe のもう1つの特徴であった、身体と言語の連動の要素を生かした活動を考えようということになりました。

そうするうちに、前年度の授業でも用いた Bears in the Night を使おうという提案が大谷先生からありました。子どもたちの担任として始終学びに寄り添っていることで、以前に子どもたちが使った教材や、別の場面で学んだことを連携させ、子どもの興味を喚起し、一方で学習のよけいな負荷を減らすことを考えることができるのでしょう。Bears in the Night で、身体と言語の連携を狙いつつ、もう一度「絵本を教室でする」活動にチャレンジすることになりました。

図5　Bears in the night

　この絵本は、ベッドで眠ろうとしていた小熊たちが、Whooooo! という鳴き声に誘われて、ベッドを抜け出し、窓から外へ出て、湖や森を抜けて鳴き声の主を探しにいくというお話です。ナレーターの声のみで、登場動物の声といえば、"Whoooo!" だけですが、窓を抜け出し、森を抜けていく様子がとても短いフレーズで表現されています。

　In bed, out of bed, to the window, at the window...around the lake, between the rocks, through the woods, up spook hill, といった具合です。丘を登ったと

ころに大きなミミズクのような鳥がいて、Whoooo! という大きな鳴き声に驚いた小熊たちはあわてて来た道をとって返してベッドに飛び込むという結末です。短いフレーズが小熊の行動を的確に表しますので、ページの連結も明快でとても覚えやすい絵本です。

　この授業の一部、特に最初の読み聞かせをビデオで観察した人のなかにはこの絵本を「前置詞を教えるため」のものと判断する人も当然います。私たちの間でも、そういう認識はありました。「英語をやっている実感のようなものを残したかった。英語何やった？ と聞かれて前置詞とか、英語らしいことができたら良いと思った。」と大谷先生も振り返っているように、前置詞句が鍵でした。「前置詞を感覚で捉える。英語そのものを身体で表現することで何かできないかと思った。」と、前置詞を空間的に経験して理解することも狙っていました。しかし、最終的には「前置詞を身体にしみ込ませるよりも、絵本を媒介して、子どもと教師が呼応し合っている。英語は学んでいないかもしれないけれど、コミュニケーションができるようになった。」という捉え方に変わっていきました。

　授業を展開する上で、大谷先生はいつもの読み聞かせに加えて、カードと日本語で前置詞の意味を説明しました。子どもたちは前置詞だけではなく、名詞句に出てくる単語（woods, rocks, spook hill など）の意味も十分に分かってはいませんので、そちらも理解しなくてはならず、読み聞かせも大きなジェスチャーを補いながら何度も繰り返しました。大人にはとても bears には見えない登場動物の絵も、Bear という言葉の経験が少ないためなのか、子どもたちには違和感なく Bear として受け入れられていたことから、ことばの輪郭が全般にまだまだ薄いのだということが伺われます。大谷先生は、この後に予定していた「絵本を教室でする」活動で子どもたちが野放図に動き回らせないためにも、絵本の小熊たちの動きを模倣させるだけでは十分でないと考えて、「押さえ」の意味合いで前置詞の意味の説明を加えたようです。このように、英語という言語への理解の危うさゆえ、教える私たち大人に見えていた英語絵本の世界と、子どもたちの感じた世界とはずいぶん違うのだろうと思いますし、大人の間でも、見方によって何に注目するのかは違います。この絵本で2年生たちが体験したこと、また十分には体験できなかっ

たことが実にいろいろありました。

3.4. 絵本活動を通して子供が体験したこと
3.4.1. ターンの先取り
　リッチ先生の読みに続いて反復していた子どもたちが、唯一先生に先行してまでターンを取ろうとしたのは、ミミズクが何度か Whooo! と鳴くところです。ページをめくる前から Whooo! と合唱します。先生の cue を待たずに自分たちでターンを先取りしてしまう様子は、From Head to Toe の時の "I can do it!" を思い起こさせました。また、以下にも出てくる、普段静かで穏やかなリッチ先生のジェスチャーと声がいつもより大きくなったことも、元気な子どもたちに促されたからと考えられ、その意味でも、この場面では子どもたちがイニシアティヴを取ったと考えられます。

3.4.2. 体と声で表現する
　この絵本には、何匹もの小熊たちが順々に連なるように家を抜け出てくるため、何度も Out the window. など同じ表現が繰り返されますし、丘にたどりつくまでは、怖々とゆっくり登り、ミミズクの声に驚いてからは、大急ぎで帰ってくるという、リズムの変化もあります。それゆえ、同じことを淡々と反復するのではなく、リッチ先生と子どもたちの声とジェスチャーは、場の状況に合わせて変化しました。授業の発話を書き起こしたトランスクリプト上では、文字に表現してしまうので、単に反復しているだけに見えますが、実際には、声に合わせてジェスチャーの大きさやテンポも変わり、子どもの元気さにつられて先生の声とジェスチャーも大きくなっていて、互いに反響し合っているような状態になりました。前置詞句が多用されるため、空間認識のために体を動かすことが効果をもたらす教材だということもありますが、何より子どもたちが先生をリードするほどの勢いを見せてくれました。よりダイナミックな身体表現ができるように、教室全体を使って小熊たちの夜の冒険を劇化する活動をデザインしました。

3.4.3. 絵本を演じる

　座ったまま手を使って動きを表すだけでは満たされない様子の子どもたちを見て、真夜中の冒険に出かける小熊たちのドキドキ感を教室で再現してみようかということになったのですが、大掛かりな準備をする時間も予算もありません。夜中の感じは結局表現できませんでしたが、今思うと暗くすれば子どもたちがよけいに興奮するであろうことを、先生たちは見越していたのかもしれません。ただ、読み聞かせでは大丈夫だった市販サイズの絵本は、教室全体を使う活動では小さすぎましたので、絵本の絵をプロジェクターで教室のスクリーンに大写しにして臨場感をだしました。そのことで小熊を驚かせるミミズクの役は幸い必要なくなりました。窓は廊下側のドアで代用します。湖や岩や橋は、子どもたち自身の身体で表現することにしました。子どもたちを1)ナレーショングループ、2)湖、岩、橋になるグループ、3)冒険小熊グループの3班に分け、都合3回物語りを読むことで全員がすべての役割を経験できる仕組みを採りました。「橋」は、体を張ってブリッジで表現し、「湖」はグループ全員で寝転んで輪を作りました。ふたり一組でそれぞれが「岩」になり、小熊たちが間を通れるようスペースをつくります。間を通るだけの体験ではなく、"between"をつくる側の体験もして、ことばの意味がいくらか身近になったかもしれません。

　残念だったのは、ナレーションをグループ全員で行う際に、「せーの」で合わせて大声を発することになってしまったことと、小熊グループたちもつられて常時全力疾走になってしまったことでした。丘の上のミミズクに驚くまでの抜き足差し足と、驚いて一目散に逃げ戻るギャップを言葉と身体で表現させる工夫ができなかったのが心残りでした。先生と子どもたちが、声と身体を呼応・反響させながら絵本を読めたことを思えば、この時点で声を潜める読みや、驚きの表現、慌てる感じの読みを工夫できたはずなのですが、気づかなかったことは残念でした。しかし、一冊の絵本を囲んで、児童と教師が一つの世界を声と身体で表現し合えたことは大きな成果だったのではないかと思います。

3.5. あいさつと絵本を通して感じた児童のまなび

　認知主義的な見方をすれば、あいさつの実践にしても、絵本読み聞かせ活動にしても、繰り返しをどれだけ飽きさせずに行うかという工夫のひとつになってしまうかもしれませんが、私たちにとっては、絵本を使って対話的な言語活動が展開できる可能性が発見できた経験でもありました。大谷先生は当初、「教科的な意味でつく力」を読み聞かせに求め、「インプット」であることを重視していましたが、「絵本を介してコミュニケーションをしていることがよいと思えるようになった。」との感想を述べています。先生と子どもが絵本を媒介として声を合わせてリズムをつくることからはじめ、そこから徐々に子供と教師の表現が呼応しつつ変化することで、対話的なやりとりを実現できたのではないかと考えます。声を合わせる(resonance)ことから、ターンを取り合う(turn-taking)ことを実現し、さらに今後は、対話の中での役割を果たす(role playing)経験を経て、自分のことば・声を自立させるに至る協働的なことばの学びの一例として、この絵本活動を位置づけることができます。このような声の自立という発想での言語習得過程では、教師あるいは親のことばと子供たちのことばが常に互いの存在を支え合うように息づいているように思われました。

　一方、認知主義的な言語獲得研究で見られるように、「入力系(インプット)と出力系(アウトプット)それぞれの処理メカニズムを確立していく過程」とことばの学びを捉えると、処理されることばが行き場を失い孤立するように思います。入力／出力は常に繋がっていることを前提にしていませんので、入力され処理されたことばはそこに留まる(理解される)ための何らかの形式を持たねばなりません。また、出力される前のことばも同様になんらかの形式を持ち、どこかに留まっていて、そこから引き出されなくてはなりません。その「どこか」で人はパソコンのようにその形式を貯蔵しているのでしょうか。

　学習の方略や手段として、課題文を何度も聞いたり、発話したりすることを否定するものではありませんが、「インプットを処理する」「文をアウトプットする」といった言語学習のメタファに対して私が以前から抱いていた違和感は、小学校英語活動実践を先生たちと語り合ううちに、益々強くなりま

した。社会文化的な考え方では、ことばの行き来に終点や始点はありません。反響、反応を続けるところに意味の再認があり、ことばの学びがあると考える、そんな意を強くしたあいさつと絵本の実践でした。

4. 教室での実践研究—教室生活の理解へのアプローチ

　視点を教室での子どもたちの学びから、教室生活の理解に戻しましょう。私は、このクラスへの参与観察・授業支援を通して、小学校英語活動を長く観察し続けて来た Ethno-sociological な視点から、また、時には「英語の専門家」「大学研究者」として Ethno-ethnographical な視点から、大谷先生、リッチ先生と向き合い、彼らの Auto-ethnographical な声を引き出し、教室で起こった出来事の複雑さを互いに解きほぐしながら、児童の振る舞いの中に発見を共有するようにつとめました。三者それぞれに理解を表明し合い、「こうも見えたよ」と言い合える関係を維持することで、次の教材選択につながる発見やヒントを見つけました。教材(絵本)の使い方を試行錯誤しながら理解したことで、教室生活の理解が深まったように思います。「子どもに教える」でも「子どもたちにさせる」でもなく、子どもたちの学びに寄り添うように「子どもたちと一緒にする」英語授業に最終的に辿り着きました。フィールドノートを脇に置き、ビデオは三脚に固定して、小熊役の子どもが飛び越える塀(のかわりの段ボール)を支えたりしながら、いつしか教室の活動(生活)に参加するようになっていました。

　この実践を通して、実感を持って確信したことは、アクション・リサーチの駆動力は問題解決ではないということです。問題解決型のアクション・リサーチが「Problem-Cause-Solution」のサイクルを採るのに対して、今回の実践は、「状況に埋め込まれた出来事—出来事の説明の企て—出来事の理解の更新」のサイクルになっていて、そのサイクルを経て得た更新された理解は、言葉によって語られるものであると同時に、教室での相互行為(の変化)によって表現されるものであったということです。授業についての対話を通して、普段以上に詳細に言語化されたのは事実であり、それも理解に他ならないのですが、それでも、あいさつと絵本の授業実践を通して実感した変化

を言語化できたのは、ほんの一部のように思います。大谷先生と私でビデオを見ながら話し合った時の記録を聞き直すと、当時私たちが経験した授業や子どもたちの変化の大きさを語りきれないでいるもどかしさが伝わってきます。私たちの「理解」は教室での行動変化そのものであると考えるほうが、より腑に落ちる思いがします。

「教室生活の質を理解する」という目的を共有し、授業の出来事（経験）の理解を共有するために互いが対話を重ねることで、経験の理解が発展・更新され、授業の研究開発を目指す共同体として互恵的な関係を築くことが、おそらくは私たちのリサーチの駆動力になっていたのだと考えています。

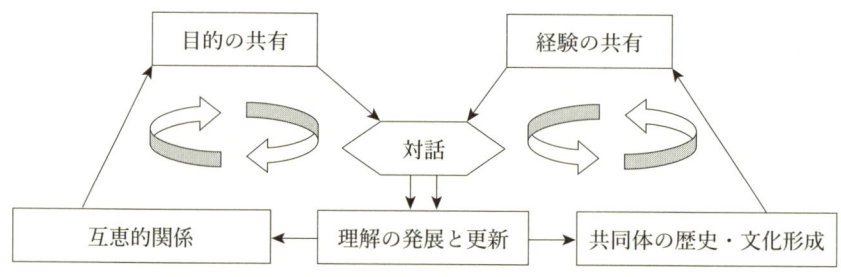

図6　授業生活の質を理解する研究のサイクルモデル

このようなリサーチを経験したことで、私たちは、問題とその原因探しというアプローチから自由になり、子どもたちのことを、親のように語りあう関係を作ることの意義深さを実感しました。ただ、今回のような機会に恵まれることは多くはありませんし、機会があったとしても必ずしもこのような関係を常に築くことができるわけではありません。第2節で紹介したような、他者の授業の三人称的な理解を一人称的理解へ落とし込んでいく接近方法は、第3節の事例とは、その方法が逆ですが、図6のサイクルモデルは、同じように当てはめることができます。小中高の現職教員、学部新卒の院生、留学生と各々異なる経験を背景に持った人たちが、目的（授業理解）と経験（他者の授業ビデオ）を共有すべく対話を重ね、相互理解を発展更新させる過程で、共同体としての歴史と文化が育ち、互恵的な関係を築くという流れは、第2節にも当てはまることだと思います。

この章では、問題解決アプローチに代わる考え方として、異なる立場の人

同士の対話を通して出来事の理解を進める研究のあり方を議論しました。そして、2つの異なる研究実践事例によって、「理解」への接近の過程を示すことができたのではないかと思います。

参考文献

Allwright, D. (2006) Six Promising Directions in Applied Linguistics. In *Understanding the Language Classroom*, (eds) S. Gieve an I. K. Miller, 11–17. New York: Palgrave Macmillan.

岡田美智男(2004)「相互行為のリアリティを支えるもの―エントラスティングとグラウンディングの概念を手掛かりに―」『STEP 英語情報』7, 5, pp. 35–38　東京：日本英語検定協会.

Pavlenko, A. & J. P. Lantolf. (2000) Second language learning as participation and the (re)construction of selves. In J. P. Lantolf (ed.) *Sociocultural theory and second language learning*. Oxford: OUP.

佐藤学・岩川直樹・秋田喜代美(1990)「教師の実践的思考様式に関する研究(1)」『東京大学教育学部紀要』30, pp. 177–198. 東京大学.

佐野正之(2005)『はじめてのアクションリサーチ―英語の授業を改善するために』東京：大修館書店.

Tobin, J., D. Y. H. Wu, & D. H. Davidson (1991) *Preschool in Three Cultures: Japan, China and the United States*. New Haven: Yale University Press.

英語教育実践の現場に研究者が関わることの意味
―教師の成長と研究者の成長―

吉田　達弘（兵庫教育大学）

1. 「はてな」からはじまった研究

　　4月となり、クラス替えが行われました。学級の力は後退しています。
　　英語活動への取り組みも、もう一度やり直しです。

　この言葉は、ある小学校で6年生の担任となった教師が、私とのメールのやり取りの中で漏らした言葉です。この一言を読んで、皆さんはどのようなことを思われるでしょうか。あなたが小学校の教師であれば、「4月のクラス替えは、リスタートの機会なんだよね」とうなずいていらっしゃるでしょうか。当時、私が授業観察を続けていたこの小学校は、2003年から本格的に英語活動の取り組みを始め、6年生は3年目の英語活動を体験することとなっていました。2003年といえば、外国語活動の必修化が始まることが決まる「遙か前」ですから、教師たちは、本当に手探りで授業実践の開発と改善を行いながら、週1回の英語活動を実践していました。私は、前年度、つまり、子どもたちが5年生頃から授業の観察を続けていましたが、その頃からすぐれた授業実践をいくつも見ることができ、英語教育を研究している私自身が学ぶ機会が多々ありました。また、実践に取り組まれる先生方が苦労しながらも、じわじわと力をつけているのがわかりました。そして、何と言っても、一人ひとりの子どもたちの成長も感じ取ることができていました。したがって、6年生に進級すれば、子どもたちの英語活動の取組みはさらにステップアップする、と期待していました。ですから、冒頭の言葉を担任の先生から聞いたときには、やや肩すかしを食らった感もありました。特

に、「学級の力が後退する」「やり直し」という担任の先生のネガティブな表現には少々驚きました。この言葉の意味は、今となっては、よく理解できるのですが、最初にこの言葉を聞いた時には、「『学級の力』って何？ なんで後退しちゃうんだろう？」といった、いくつもの「はてな」が私の頭の中に渦巻きました。

　そもそも私がこの学校でのフィールドワークを始めたのは、この学校を初めて訪れたときから「はてな」がたくさん見えたからでした。私自身が、小学校の教室にそれまであまり立ち入ることのなかったということも大きいのですが、いざ教室に入ってみると子どもたちは、とても人なつこく、また、先生方の研修会もずいぶん風通しがよく、新しい英語活動にあえて挑戦しようとする学校の雰囲気が感じ取れました。「良い」とか「悪い」という価値判断を抜きにして、純粋に「どうしてだろう？」という「はてな」がたくさん生まれました。考えてみると、私の専門性が教科教育研究としての英語教育研究にあるとすれば、その時抱いた「はてな」の多くは、その専門性の外側から生まれていました。つまり、英語という教科がある中学、高校の「学校文化」に比べ、小学校は、私にとって「異文化」でした（もちろん、大学で仕事をする私にとって、中高の学校文化にしても十分に異文化なのですが）。一連の「はてな」は、この異なる文化に足を踏み入れることから発生したのだと思います。研究者の端くれとしては、自分自身の「はてな」は「なるほど」に変えてみたくなるものです。私は、この学校の教師たち、児童たちの授業実践を実際に見続け、私自身の小学校の教室への理解を深めてみたい、と考えました。そこで、「授業の邪魔をしないので、1週間に1度、英語活動の授業を見せてほしい」とお願いしたところ、当時の校長先生は快諾してくださいました。それから少し時間が経った2003年9月から、私はこの小学校に2年の間、ほぼ毎週、通うことになりました。

2. 指導助言者として違和感

　私が通い続けた小学校は、兵庫県にある小野市立下東条小学校という小学校です。児童数は（当時）340人。周囲は北播磨の豊かな自然に恵まれてお

り、教室の窓からは美しい田園風景を眺めることができます。創立100年を超える歴史を持っている学校ですが、校舎は数年前に建て替えられ、ピカピカしています。花壇にはいつも美しい花が咲いています。玄関から職員室に向かって歩いていくと、机が1つ置いてあります。その上には、「今日の花」として花瓶に生けた花や植木鉢が置いてあり、花の名前が日本語と英語で書かれた説明の紙が添えられています。私がこの小学校に最初の訪れたのは、2002年の夏でした。学習指導要領が改訂され、総合的な学習の時間で英語活動（正確には、国際理解の一環としての外国語会話等）を行うことができるようになった年です。この学校も英語活動を試みに始めてみようということになりました（始めたきっかけは、後で触れます）。私の勤務校が近くにあった事もあり、私は「指導助言者」という立場で校内研修会に招かれました。そして、上で書いた担任教師、大西義則先生と出会いました。大西先生は、40代後半のベテラン教師で、教職歴22年（当時）、下東条小学校を含めて地域の5つの小学校で勤務した経験を持っていました。国語科の実践に関しては、地域の他校の教師たちの指導的な役割も担っている方です。偶然にせよ、この先生との出会いは、研究者としての私にとっては、本当に幸運な巡り合わせでした。

　先に述べたように、私は、「指導助言者」として最初に校内研修会に招かれたのですが、実は、常日頃からこの「指導助言者」という立場に何ともいえない居心地の悪さを感じています。指導助言者というのは、「専門家」として学校に呼ばれ、初めて出会う教師の授業を見て、まさに、「指導助言すること」が求められます。研究協議会では、参観した先生方が順番にコメントを述べられた後に（ああ、もう言うことなくなっちゃったなと思っているところで）、「では、先生のご助言おねがいします」と司会者に振られます。この瞬間、「初めてこの学校に来たビジターの私に『指導』なんておこがましいことはできません！」といつも言いたい気分になってしまいます。もちろん、すばらしい実践には拍手を送りますし、すぐにでも直した方がいいという点に対しては、（むしろ、会が終わってから授業者の先生にこっそり）「これはどうなんでしょうか…」と授業者に尋ねることもあります。しかし、私にとっては、授業はまさに「はてな」で満ちあふれる場所なのです。そし

て、「はてな」が見えてくるように授業を見るように心がけています。「はてな」中には、技術論で片付いてしまうものが無いわけではないのですが、私がディスカッションで深めたいのは、むしろ、授業の中で教師と生徒がそれまでに作りあげてきた関係や、生徒一人ひとりの学びの履歴が見て取れる場面、あるいは、教室内の教師と生徒、あるいは、生徒同士のやりとりが質的に変化するような場面です。例えば、授業中のある生徒の発言が気になった時には、きっとそれまでの授業の中に、その伏線のようなものがあるのだろう、という推測こそできますが、その発言の根っこのようなものについては、その時の授業だけでは分からないことがあります。先に述べましたように、そういった「はてな」は、英語教育学という私の専門性を超えたところから生まれるものも含まれます。例えば、それは、学級経営のことであったり、子どもたち同士の関係であったり、あるいは、直前の授業や休み時間にあったことなど、「英語」の授業そのものからはなかなか見えてこないものです。(でも、こう書いてしまうと、研究者の「専門性」って何だ、と思ってしまいますが…)。したがって、むしろ私自身が、授業者の先生からそういったお話を聞きたいということはあるのですが、指導助言者に与えられた短い時間ではそこまで掘り下げることはできませんし、ビジターの私はそこまで「ずけずけ」と実践に入り込む勇気がありません。だから、悪くすると、表面的な技術論やいきおい価値判断的な話し方をしてしまうはめになり、私の中では、「本当はそうじゃないのになあ」という気持ちで、いそいそと学校を後にしてしまうわけです。

　小学校英語活動の「指導助言者」として招かれるときには、この居心地の悪さはさらに増します。今でこそ、新しい学習指導要領の中で「外国語活動」が示され、また、先進校の実践やたくさんの教材が利用できるようになりましたが、当時の小学校では、教科書も何もない状態から計画を作り上げ、授業実践を行っていました。正直言って、私にも「こうすべきだ」という答えはなかったのです。また、クラス担任制では、教師と児童が学校生活の多くの時間を共有しながら進み、児童たちの学びは日常の生活体験と深く結びついた部分がとても多いのです。そういう点で、小学校の英語教育は、教科として教える中学校や高等学校での英語科とは異なる枠組みで動いてい

ると感じました。したがって、私自身、自分がそれまでに持っていたものと異なる価値や文化を持つ世界に入り込んだような気がし、かなり当惑していたと思います。同時に、今までの自分の考えの枠組みに収まりきれない授業実践を見るたびに、「はてな」が生まれました。後で述べますが、自分の属する文化やコミュニティの境界線を越えるときに、「はてな」がたくさん生まれますが、これを「なるほど」に変えるところにダイナミックな教育実践が生まれるのかもしれません。

　下東条小学校も、何もないところから実践を立ち上げてきました。最初に私が招かれた研修会では、私がそれまでに見た他校での事例をビデオで紹介し、活動、ゲーム、歌などの実践のイメージを具体的に持ってもらいましたが、そういったものをこちらからぐいぐいと押し付けるよりも、まずは、この学校がどんな「めあて」のもとに英語活動を始めようと考えているのか、英語活動の実践に利用できるリソースにはどんなものがあるのか、そして、一人ひとりの教師の意識や考え方はどうなのか、といったことを学校全体で考えなければなりませんでした。私がいつも肝に銘じているのは、「英語で小学校を荒らしてはだめだ」ということと、「英語で小学校の教師たちのコミュニケーションが分断されてはだめだ」ということです。2003年に文部科学省が発表した「『英語が使える日本人』を育成する行動計画」の発表後、グローバル化が進む社会の動きを背景にして生徒につけたい英語力を語る傾向が強まっています。小学校で必修化される外国語活動も、グローバル化が導入の理由の1つです。しかし、学校現場としては、「グローバル化」といってもピンと来ないでしょう。むしろ、当時は、特色ある学校教育のためだとか、隣の校区でも始めているから、あるいは、保護者からの要望があったからという理由で実践を始める学校が多かったように思います。この背景には、「英語は早く始めないとだめだ」というとても粗い論理があり、学校や学校を取り巻く人々の、一種焦りにも見える動きがあったように思います。このような状況で私の気持ちは、非常に複雑でした。なぜなら、このままの状況で実践をすすめてしまうと、保護者や子どもの早期教育や競争の意識を煽ったり、「やりたい教師だけやれば」という雰囲気が教師集団に漂い始めてしまう可能性があるからです。実際、そのような実践に出くわすと私自

身、英語教育を研究する者として罪悪感に苛まれます。コミュニケーションの道具となるべき英語という言語が、子どもや教師たちのつながりを断ち切ってしまうということだけにはなってほしくないと思っています。そういった意味からも、私自身が、小学校の現場に対する理解を深めながら、同時に、英語教育を研究する者としてできるだけたくさんの「はてな」を持たなければならないと思っています(同じことは、中高の教室にも言えます)。したがって、「指導助言者」の立場で、ただ1回の授業を見るのではなく、そのクラスの児童・生徒、教師とある程度の時間と文化を共有しながら、どのような学び、生活が展開しているのかをじっくり見ていくことなしには、「はてな」を「なるほど」に変えることはできないと思います。とは言うものの、私は英語科教育を研究する人間ですから、小学校では英語活動の授業がもっとも参加しやすい時間となります。子どもたちが学校で過ごす時間全体のことを考えれば、私が見ることができるのは非常に限られた時間となり、英語活動で見える学びは子どもたちの経験の総体からすれば、ごく一部のものでしょう。「これで、子どもたちの学びについて語っても良いのかなあ」という気持ちが生まれます。このジレンマについては、後半で言及したいと思います。

3. 観察の事例

さて、下東条小学校は、私が最初に学校を訪れた翌年の2003年に、市の教育委員会から研究指定を受けました。これは、英語活動を推進する研究指定ではありませんでしたが、「オンリーワン教育」というプロジェクトで、市が特色ある学校の取り組みを支援するものでした。下東条小学校は、英語活動をテーマとし、1年間の実践研究に取り組むことになりました。後でわかった事なのですが、英語教育に取り組み始めたきっかけは、何人かの教員が市からの要請で英語活動の教員研修にたまたま出張で参加し、その研修で、これなら取組めるのではないか、と思ったことからスタートしたそうです。特に、「英語は早くから始めなきゃ！」という意気込みはなかったそうです。

それでは、2003年度に行われた5年1組大西義則学級での実践を報告したいと思います。私は、このクラスの授業を週1回のペースで観察をおこなうことを許可してもらいましたが、このとき、授業を阻害しないことと、指導的立場というよりも私自身の授業への理解を深めることを目的とすることを私から約束しました。通常、調査や研究として授業観察を行うときには、何を明らかにしたいのかという目的や仮説をもって学校に入ります。例えば、教師のある教授行動が生徒の学習にどのような影響を与えるのか、教師と生徒のどのようなやりとりが効果的な学習を生み出すのか、そういったことを明らかにしようとするのですが、私には、明らかにしたい問題や具体的な仮説めいたものがあったわけではありません。先にも述べましたようにあったのは「はてな」です。つまり、この学校はどうして英語活動という実践に率先して挑戦しようとしているのか、そして、どうして新しい挑戦であるにもかかわらず、居心地のよい授業が実践できているのか、また、そのような環境が準備できたのか、などなどといった仮説にもならない「はてな」でした。現場にはいりながら、ビデオやフィールドノートを使い、その場で起きていることをできるだけ克明に記述しながら、データを収集する方法を参与的観察といいます。伝統的な方法論では、できるだけ現場に影響を与えないように（あるいは、研究対象を「汚染」しないように）観察をしなければなりません。そうしないと、主観性の強い観察となってしまい、調査結果の一般化を図ることが難しいからです。実は、この伝統的な方法論も私にとってはチャレンジすべき課題の1つになりました。つまり、今回の観察は、そもそも私自身の「はてな」から始まり、それを「なるほど」という状態に変えようというわけですから、観察そのものもある意味、主観性を帯びたものだと言わざるをえません。私は「はてな」を「なるほど」に変えていく中で、様々な実践の場面を記述し、理解するでしょう。また、大西先生や子どもたちにも「はてな」をぶつけてみるでしょう。実践の記述やそこにいる人々の声や対話を通じて「はてな」を、「なるほど」に変えていくプロセスには、その場にいる人々の解釈やものの見方が色濃くでて、「客観的」「科学的」とは言えないかもしれません。しかし、当事者の声や物語を重ね、綴ることで、同じような実践に取り組む教師、研究者にも理解され、読み手それ

それの持つコンテクストの中で解釈されていくのではないかと考えました。つまり、客観性ではなく、いかに読み手に「代理経験」をしてもらうかを考えたわけです。こういう意味で、今回のこの研究は、英語教育研究における伝統的な研究方法に対するチャレンジでもありました。すなわち、私は、研究者としての自分自身の立ち位置(positioning)についても考え直す機会になったのです。

　さて、今回の観察では、ビデオで授業を記録することも許可してもらいました。映像記録は強力な資料となりますが、これも撮影者が教室全体の景色の中から切り取ったものであります。ビデオを撮る私自身を「外側」に置くのではなく、この場面を撮っているのは私なのだということを自覚しておく必要がありました。私は、ビデオに加えフィールドノーツをとり、できるだけ教室内でおこっていることを記録しました。自分自身の現場に対する認識と記憶に依存する観察の手法では、ビデオとノーツが重要な道具です。さらに、私は大西先生との間にたびたび電子メールのやりとりをおこない、私の「はてな」についてたずねたり、子どもたちの学びについてコメントを送ったりというような事をしました。大西先生との一連の電子メールのやりとりの分析を通して、大西先生がどのように考えながら、英語活動に取り組まれたかがより明確になりました。そして、大西先生の考えの変化に寄り添う中で、私自身の「はてな」が、どのように「なるほど」に変わったかも理解できました。

　前置きが長くなっていますが、分析に入る前に、下東条小学校での授業スタイルについて簡単に述べておきます。この小学校では、指定を受けた2003年に英語専科の先生 (JTE: Japanese Teacher of English) が配属されました。その2年前まで中学校で英語の教師をしていた友藤智栄美先生です。この友藤先生がコーディネーターの役割で教材を作ったり、活動のプランを考えたりします。特に、英語活動導入の初期にあったこの小学校では、友藤先生の役割がことのほか大きかったのです。授業は基本的には担任教師と友藤先生のティーム・ティーチング(TT)で行われました。ALTやネイティブ・スピーカーの教師は、年に1、2度あったイベントをのぞけば、2004年度まではほとんど参加しませんでした。授業では、歌、チャンツ、ゲーム、

絵本の読み聞かせや朗読などが活動の中心でした。そして、「色」「数字」「動物」「食べ物」「スポーツ」といったテーマに関する表現や単語を中心とした単元が作られ、それぞれのテーマを中心に学ぶことが多かったのですが、担任教師の発案から、絵本の活動が、子どもたちが実際に行う劇や紙芝居作りといった活動、つまり、表現や発表、あるいは、作品化を伴う活動に発展することもありました。私たちは、この活動を「プロジェクト活動」と呼びました。例えば、大西学級では、エリック・カールの代表作で、小学校の英語活動ではよく用いられる Brown Bear, Brown Bear, What Do You See? という絵本の読み聞かせをよくやりましたが、5年生の時には、この絵本の劇をやってみたり、あるいは、ナレーションを自分たちで行い、デジタル紙芝居をつくったりしました。

　さて、本章で取り上げるのは、2003年度5年1組の3学期のプロジェクト活動です。「『外国人のお客さんが小学校にやってきた』という仮定で、学校紹介をする活動」です。大西先生は、5年生3学期の大きな目標をいくつか掲げていましたが、そのうちの1つが学校紹介の活動でした。このとき、大西先生はメールに次のように書いています。

1月17日
From: 大西義則 → To: 吉田達弘

　（前略）　三つ目は、「外国人のお客さんが下東条小学校にやってきた」という仮定で、学校紹介をする活動です。国語と英語活動の合科のような活動になっていくと思います。紹介する事柄をいくつか決め、日本語で紹介文を考えます。
　それを翻訳ソフトで英文に直し、JTE の友藤先生に見てもらいます。最初から友藤先生に英文にしてもらわないところが、この活動の特徴です。短めの文で、主語と述語がきちんと対応していると、翻訳ソフトが、完璧とはいえませんが、きちんと英文に直してくれます。おかしな日本語だと、変換できなかった部分が日本語のまま残ったり、おかしな英文になったりします。こうして、国語の学習と関連づけるつもりです。変換した英文は、友藤先生の点検を経て、紹介文とします。その後は、できた文の読み方を覚えたり、あるいはパソコンでポスターのようなものに加工したり、あるいはパンフレットにしたりする活動等を考えています。
　さて、毎週木曜の4校時に行っている英語活動では、2つ目と3つ目の活動をそ

の時々に応じて行おうかと考えています。これに、紹介するときによく使う文を取り入れた活動を入れながら、45分の授業にしていきます。中心は、3つ目の活動です。英語のシャワーを浴びるような活動ではなく、日本語がたくさん出てくる活動になりそうです。（後略）

実は、私は、以前別の学校の実践で、翻訳ソフトを使用する授業を見たことがあったのですが、その実践はあまりうまくいきませんでした。それで、大西先生からこの取り組みのことを聞いて、すぐさま次の内容のメールを送りました。

1月8日
From: 吉田達弘→ To: 大西義則

大西先生　吉田@兵庫教育大学です。メール、ありがとうございました。
（上掲の大西先生からのメールの内容に対して）
　実践がグレードアップしてきていますねえ。すばらしいです。「やってきた」が「仮定」ではなく、「実現」するといいですね。ところで、翻訳ソフトを使う作業は、過去に実践されましたか？　実は、翻訳ソフトを使う実践は、ある小学校の実践で昨年やってみましたが、結果的には、あまりうまくいきませんでした。そのときのことを少し書いておきます。その小学校では、クリスマスカードを作り、アメリカの姉妹校に送りました。そのときの実践がうまくいかなかった理由は、まず、先生がご指摘の通り、翻訳ソフトが「非力」だからです。というよりむしろ、子どもたちが伝えたい内容は、翻訳ソフトには置き換えられませんでした。翻訳しやすい日本語に直す作業だけで、かなり時間がかかりました。（確かに国語の学習が不可欠だと思います。）それに、仮にうまく英訳ができても、出てきた英文はまさに子どもにとって「記号」だったんですね。だから、負荷が高いし、ことばとして生きてこなかったんです。「これでいいよ」、といわれた英文を写すというのにも時間がかかってしまいました。結果的に、子どものモティベーションが下がるということになってしまいました。途中で、ALTの先生に入ってもらって、やりとりしながらことばを決めていった方が子どもたちも楽しそうでした。
　確かに、最初から友藤先生に英文にしてもらわずに、いいたい内容、紹介文をよく吟味していくことは、いい点だと思います。が、実際にどんな風に英語で言うのかを考えていくときには、パソコンではなく、先生にたずねた方が成果が大きいと思います。いかがでしょうか。もし人材が必要であれば、例えば、私の講座の大学

院生に声をかけて、授業に参加し、班ごとに英語に直していく作業のお手伝いをするというのも可能かもしれません。

　学校紹介でしたら、学校内の教室の名前、学校地図の読み方(まっすぐ、右、左)などの活動を交えながら、何を紹介するかを絞り込んでいくといいと思います。紹介文のひな型を一部与えておいても良いのかもしれません。
　"This is the music room.
　We use this room on Friday.
　We like music.
　I play the piano." "I sing a song." "I play the drum."
　一行目の "music"、2行目の "Friday"、3行目のコメントを変えていくという感じです。これくらいなら、音声で十分に指導ができると思います。
　(後略)

　「指導助言者」としての居心地の悪さについて述べたばかりでしたが、このときの私の返事は、まさに、英語教育的な観点からでてきた指導的なアドバイスでした。大西学級での活動が発展的になってきていることを肯定的にとらえながらも、翻訳ソフトを使用した実践がうまくいかなかった体験から、すぐに、翻訳ソフトが使えないことを指摘しています。さらに、観察者としての立場で授業を見せてもらっていたにもかかわらず、学生を連れてきて、児童たちの学習活動のお手伝いをしても構わないという提案をおこなっています。また、最後の部分では、これから実践が展開しようとしているにもかかわらず、お節介にも紹介文のひな型を提示しています。今、このメールを読み返してみても、実践の背後にある大西先生の意図を十分に理解せずに、私自信の経験を絶対視し(つまり、専門家としてのオーソリティに頼り)、実践がうまくいかないと言っているようなものです。

　これに対して、大西先生からはすぐに次のようメールが返信されました。

1月13日
From: 大西義則→　To: 吉田達弘

　下東条小学校の大西です。(中略)学校紹介について、アドバイスをいただき、ありがとうございました。
　(上掲の吉田からの提案に対して)

難しい紹介をするつもりはありません。ここにアドバイスいただいたような内容になると思います。1文目は、そこがどこなのかを説明する文です。続く2〜3文で、その場所の特徴を説明します。最後の1文で、その場所に対する自分の思いを述べます。例えば、「私は、音楽が好きです。」程度の文です。

今回も、子どもたちの反応を見ながら、今後の展開を考えていきます。ご指導、よろしくお願いします。

この中で大西先生は、「最後の1文で、その場所に対する自分の思いを述べる」とか「今回も、子どもたちの反応を見ながら、今後の展開を考えていきます。」など、子どもを中心においた授業観を示しています。それまでの観察の中で、大西先生の授業が子ども中心に進められることは、様々な場面でわかっていたのですが、子どもの思いを表現させたいという大西先生の意図をくみ取れず、いともあっさりと翻訳ソフトの使用を否定的に述べてしまったことを後悔しました。

この学校紹介プロジェクトは、学校内の教室や場所の名前、そこで使う道具などの表現を英語で学び、その後、児童たちが実際に紹介してみたい場所を取り上げ、紹介文を作るという手順で進められました。最初の数時間で、子どもたちは、computer room、science lab、swimming pool、home economics room、arts and crafts room、principal's office などの表現を学びました。そして、これまでに学んだ動詞の表現を使って、例えば、家庭科室であれば、"What do you do in the home economics room?" とたずねると "I cook." だとか、"I make cake." などとこたえる練習を行いました。教室の名前、教室ですることの表現を学びながら、生徒たちは、お客様を招待したい教室、場所を選びます。そして、自分たちで紹介したい内容を考えていきます。ただし、こうなると一人ひとりの子どもたちの書きたい内容を英語に変えてあげなければなりません。これは、子どもたち一人ひとりの考えを大切にするやり方ではあるのですが、とても手間がかかります。それに、担任の先生にとっては大変です。学校全体の英語活動のコーディネーターもやっている JTE の友藤先生にお願いしてすべての児童の作品に目を通すというのも大変です。大西先生が翻訳ソフトの使用を思いついたのも、こういった作業負担を軽くするためでもありました。また、はじめのメールにも書かれていた

ように、国語科の授業とも関連させた言葉の学習を行いたかったということもあります。いずれにしても、私の提案と大西先生がやろうとしていた実践の間にズレが発生してしまった様な気がしました。

行事などの関係で、英語活動は2週間ほど飛んでしまったのですが、2月5日に見た授業について私は以下のようなメールを大西先生に書きました。

2月6日
From: 吉田達弘→ To: 大西義則

　大西先生、吉田です。昨日は、授業見学させていただきまして、ありがとうございました。昨日も、楽しい授業でした！　昨日の「学校案内」の活動で、私が気になったことを述べさせてもらいます。(中略)
　これから翻訳ソフトを経由して、文字を書き写すという作業が始まると思います。(もしかしたら、プリントアウト［を配布されるの］でしょうか？)私が△△小学校で授業観察分析を行った経験からいうと、この文を写すという作業は、思った以上に大変なものです。そして、写した文と音声をマッチさせるという作業もかなり大変です。無理をすると、これまで音声を頼りに子どもが培ってきた単語同士のつながりやなめらかさが、切れてしまうことがあります(英語は単語をスペースで区切りますから)。できれば、音声でぐいぐいいきたいところですね。それから、昨年度見た別の小学校の授業でも思ったのですが、翻訳ソフトは、やっぱり非力です、残念ながら。以上が、気になった点です。もしかしたら、たくさん誤解しているかもしれません。そのときは、どうか訂正してください。

　このメールに対して、大西先生は次のようなメールを送ってきました。このメールから、私は大西先生が考えている授業展開についてかなりの誤解をしていたことがわかりました。

2月6日
From: 大西義則→ To: 吉田達弘

　下東条小学校の大西です。メール、ありがとうございました。(中略)
　書き写すこと、予定にありません。プリントアウトします。子どもたちには、日本語の文字入力をしてもらいます。それを、私の手で翻訳ソフトで変換します。そして、日本語と英語とを1枚の紙に印刷して、子どもたちに返そうと思っていま

す。子どもたちが手にした紙の英文は、子どもたちにとっては意味のないものです。英語の分かる人が読んで、初めて意味のあるものになります。だけど、そこに書かれてある意味は、日本語によって分かります。意味のないものが、その価値の分かる人の目に触れたとたん、意味のあるものになる。英文の分かる人の反応が、子どもたちの満足感に直結するのではないかと期待しています。文字は、子どもたちにとって意味のないものでよいと思っています。それでも、難しさを与えてしまうかもしれませんね。

（後略）

つまり大西先生は、子どもたちがアルファベットを書いたり、読んだりするようなことはほとんど考えていませんでした。誰かにでてきた英文を読んでもらい、それをもとに学習を進めるという考えだったのです。つまり、一人ひとりの子どもの英語活動の教材を準備しようとされたわけです。それでも、大西先生は、「パソコンを使って英語をつくっても、結局のところ、分かる人に見てもらわないと善し悪しは判断できません。そんなことも、伝えようと思いました。どうもハードルを高くしてしまったようですね。」ということも同じメールに書かれています。

前掲の2月6日に私から送信したメールには、その日の授業を見て気付いた次のようなことも書きました。

【吉田】
　そのほかのことを急いでリストしておきます。
○ There are 26 students in our classroom.
　という表現に違和感があると、［授業後に］申し上げました。この英語自体は、「〜がある・いる」を意味する表現としては、まったく間違いがありません。私の違和感は、この文を使う場面が、自分たちの学校であるというところからきています。There be... の表現は、多く使いすぎると、客観的、冷静な「報告」のように聞こえてしまいます。私の同僚のネイティブ・スピーカーに尋ねてみても、使いすぎると "unconnected" な（つながりがない）感じがするといっていました。そうなると「帰属意識」というか、「私たちの学校」を表現したいのですから、

　　We have 26 students in our classroom.
　の方が自分と教室のつながりを感じられます。
　（中略）

○教室の様子を日本語で子どもたちは書いていますが、
　これをできるだけ、1文＝1情報に限定すること、〈主語＋動詞〉という意識で書いてみる、そうするとメタ言語的意識が芽生えると思います。
　（中略）
　以上です。いろいろと書いてしまって、すみません。ただ、この活動は、「英語、大変だなあ」と子どもたちが思い出すかもしれない分岐点であるような気もしています。
　またディスカッションさせてください。

　子どもたちは学校紹介に使う表現として「…に〜があります」という意味で There is/are... の表現を学びました。子どもたちは、この表現を使用して、自分が紹介したい場所の表現をおこなっていましたが、授業中にこの表現ばかりを使う様子を見て、子どもたちの言いたいことが生き生きしてこないという印象を持ちました。これらの指摘は、一見、英語教育的な観点から行っているように見えますが、「帰属意識」あるいは「私たちの学校」、「自分と教室のつながり」などと言った表現は、私自身が、大西先生のメールの中にみられた子ども中心主義の発想に影響を受けたものだと思われます。さらに、私は「できるだけ、1文＝1情報に限定」した方が良いということを指摘をしました。これは、授業中に子どもたちが書いた学校紹介の日本語をみてみると、1つの文の中に多くの情報を盛り込みすぎているのを見ての発言です。私は、1文＝1情報が、子どもたちにとってあたかも簡単な作業であるかのようにさらりと提案していますが、次の大西先生の2月6日付のメールによって、私は子どもたちのことを十分に理解していなかったことに気づかされます。

【大西】
　「帰属意識」の問題までは、考えていませんでした。まさしく、分かる人の指導が必要な部分になってきます。
　「1文＝1情報に限定すること」が、実は結構難しいことなのです。もちろん、1文＝1情報を目指します。ここに、国語の学習の要素が生まれます。この学習で取り入れてみたかったことです。
　ただし、行っているのは、英語活動です。無理をして、英語活動を台無しにする

ことはできません。

　とりあえず、子どもたちの考えた紹介文を翻訳してみます。次回、友藤先生、藤田さん［＝地域ボランティアの先生］、吉田先生に読んでいただいて、最もよい文を1つほめてもらいましょう。

　そして、子どもたちの紹介文の中から、紹介のための定型を考えます。その中に、子どもたちの文を1つ、はめ込みましょう。もちろん、その1つにも修正が必要になってくるでしょう。定型に自分のオリジナルを1つ加え、紹介文とします。子どもたちの負担を考えれば、3文からせいぜい5文まででしょう。そうすれば、定型は、2文から4文ということになります。そのうちの1つは、最初の「This is ～」にします。

　子どもたちは、「ももたろう」の英語劇取り組みで自分たちの台本をつくってくれました。日本語でセリフを補うという創造性を発揮してくれました。この創造性を紹介の場に生かせないかと考えていたのですが、現時点では、問題が大きそうですね。早めにご指摘いただき、心の準備ができました。

　適切なアドバイスをいただき、ありがとうございました。今後の予定について、さらにアドバイスがありましたら、よろしくお願いします。

　大西先生は、5年生の子どもたちにとって、「1文＝1情報」が難しく、これを指導するには最初から大西教諭が考えていたように、国語科での指導が必要になることを述べています。さらに、大西先生は、「子どもたちの紹介文の中から、紹介のための定型を」考えると述べています。あくまでも、子どもたちの文章の中からモデルを出し、それを元に自分のオリジナル文を加えることをめざそうとしています。子どもの創造性を信頼しながら、今回の実践を考えていることもわかりました。私は、このあと、次のような返事を返し、私自身が実践の流れを誤解していたことを述べました。

2月10日
From: 吉田達弘→To: 大西義則

　大西先生、吉田＠兵庫教育大学です。お返事、ありがとうございました。先生の学級の子どもたちは、耳で学ぶという身体づくりが本当にしっかりできていることを知っているので、前回のメールで私はあれこれ言ってしまったようです。しかも、私は先生の授業の進め方について、かなり誤解をしていたようです。にもかか

わらず、丁寧なお返事、ありがとうございました。
　（上掲の大西先生の紹介文の説明に対して）
　この流れであれば、大丈夫ですね。
　なるほど。授業の進め方について、私は誤解していました。
　　　　　　子どもたちは、紹介文を日本語で書く
　　　　　　　　　　　　　↓
　　　　　それを先生が英語に直し、代表例のモデル提示をする。
　　　　　　　　　　　　　↓
　　　　　　子どもたち、紹介文の手直し、提出
　　　　　　　　　　　　　↓
　　　　　　翻訳文を子どもたちへフィードバック
　そうなると、その英文を子どもたちが、誰かに読んでもらうという作業が次に入ってくるのでしょうか。
　（中略）
　（上掲の大西先生の「ももたろう」の説明に対して）
　創造性は大切だと思います。
　一方で、はみ出しすぎない（＝負担を大きくしすぎない）ための枠組みもあった方がいいですね。［大海で泳ぐというより］プールで泳いでいる感じでしょうか。創造性を引き出すためには、前回のメールでも書きましたように、教室にある「物の名前」に加えて、そこで何をするかという動詞を学ぶことが必要ですね。
　（中略）
　学校紹介プロジェクトが、是非いい取り組みになればと思います。私にお手伝いできることがあれば、何でもやりますので、是非いってください。
　それでは、失礼します。

　毎週木曜日の授業を観察と大西先生とのメールのやりとりをしながら、学校紹介プロジェクトは進んでいきました。そして、2月10日、私は大西先生とのやりとりの中で、以下のメールを受け取りました。このメールの中で、大西先生自身が自らの信念を見直す場面に直面されていることがわかりました。

2月10日
From: 大西義則→To: 吉田達弘

下東条小学校の大西です。メール、ありがとうございました。
　今日、子どもたちに紹介文を日本語で書いてもらいました。その文を読んで、愕然としました。ただし、予想はしていました。それでも予想を覆してもらいたい、という願いは吹き飛びました。
　さすがに1つの文に2つの要素を取り入れた文は少なかったようです。だけど、無駄な単語が入っているものが多く見られました。また、主語と述語の対応の甘い文も見受けられました。
　何より、紹介したいという思いが乏しかったようです。子どもたちに任せてしまったところに、問題があります。どんなことが紹介できるか、もっと話し合っておけばよかったと思います。これが、これまでの指導の成果かと思うと、寂しくなってきます。
　しかし、これもある程度予想されたことです。これをスタートと考え、修正していきます。具体的な紹介文は、木曜日のお楽しみ、とさせていただきます。
　木曜日の授業では、意味の分かる英文を褒めてやってください。おかしな英文になった原因が、日本語にあるようでしたら、指摘してやってください。翻訳ソフトに原因があるものは、そのことを教えてやってください。これをもとに、自分の書いた文を振り返らせたいと思います。実は、そこにこの実践の別のねらいがあります。
　このあと、紹介のための定型をいくつか紹介します。その中から自分の紹介したいところに使えそうな文を選び、必要な単語が補えるようにしていきます。何より、紹介する場所の特徴が、考えられるようにします。そして、お互いに紹介ごっこをします。もし可能なら、だれかを案内できればと思っています。
　木曜日の英語活動は、12日を含めてあと4回の予定です。その後は、卒業式の練習があるので、不定期になります。あと4回で、なんとか紹介ごっこまでは持って行きたいと思っています。
　（後略）

　ベテランである大西先生が、子どもたちの日本語の学校紹介文を読んで「愕然とした」、「これまでの指導の成果かと思うと、寂しくなってきます」ととてもネガティブな発言をしています。英語活動という実践が、これまでの教科指導とは異なるために、子どもたちも教師も新しい学びに直面しているのかもしれない。私の頭の中には、またもや「はてな」が渦巻きました。しかし、国語の学習との関連、子ども中心の学習という大西先生の信念は揺らいでいるように思いませんでした。しかも、大西先生は、何がうまくいっ

ていないのか、そして、現状でどのように対処していけばいいのかを確実に押さえています。子どもたちに「何より、紹介したいという思いが乏しかった」と指摘しています。そして、「自分の書いた文を振り返らせたい」、「そこにこの実践の別のねらいがあります」とも述べています。このメールでは、さらに以下のような文章が続きました。

【大西】
　この紹介は、全くの未知の世界です。霧の中を進んでいく思いです。見えないだけに意外なゴールが待っているかもしれません。逆の結果が待っているかもしれません。とりあえず、次の子どもたちの反応を注目してやってください。
　さて、7日の学習発表会で、5年生は「ももたろう」[の英語劇] と三部合唱を発表しました。子どもたちは、緊張感に完全に負けてしまっていました。全くの別人が英語劇をしているようでした。担任としては残念で仕方がありません。子どもたちに任せるところと、教師が強引でも指導していくところとのバランスがまずかったのかもしれません。
　子どもたちと日々暮らしていると、できるだろうと思ったことができなかったり、こんな事までできたのと思うことがあったりと、ドラマの連続です。反省と喜びの毎日です。
　難しくしないように、を心に刻み、指導に当たります。次回も、難しさが感じられないか、チェックしてください。よろしくお願いします。

　大西先生自身が今回の実践を「全くの未知の世界」であること、「霧の中を進んでいく思い」であると告白しています。私は、この告白を誠実に受け止めなくてはならないと思いました。しかし、大西先生の文面からは、このような未知の世界へ踏み込んでいくことを決してネガティブにはとらえず、まるで子どもたちとともに探求することを楽しみ、その先に待つ「意外なゴール」を期待しているようにさえ思えます。さらに、

　　子どもたちと日々暮らしていると、できるだろうと思ったことができなかったり、こんな事までできたのと思うことがあったりと、ドラマの連続です。反省と喜びの毎日です。

という大西先生の語りには感銘を受けました。常に子どもたちを中心に置き、予期しなかった場面に直面しても省察を加えながら、ストーリーを展開する大西先生の姿勢にふれることのできた瞬間でした。「未知の世界」にいるのは、私も同じでした。私は、英語教育的な観点から、いろいろと言うことはできますが、それは、小学校の場合にはいつも通用するものではありません。小学校が中学校や高等学校と異なる学びの文化を持つからです。したがって、私自身も英語教育研究者としての境界線を越境し、この「未知の世界」に踏み込み、大西先生やJETの友藤先生、そして、子ども達と一緒に探求する必要があると思いました。これは、単に私自身の「はてな」を「なるほど」に変える以上の作業であると思いました。

　翌週(2月9日)の授業では、大西先生の要請を受け、小学校での英語教育に関心を持っていた大学院生の福重茜さん(当時。現在、神奈川県中学校教師)と一緒に、子どもたちの紹介文づくりをお手伝いすることとなりした。JTEの友藤先生、地域ボランティアの藤田先生、私、学生で、教室の四隅に「ラーニングセンター」を作り、それぞれのラーニングセンターに張りついた教師が子どもたちの紹介文づくりを手伝うという形式をとりました。大西先生は、この間、ラーニングセンターには張り付かずに、子供たちの様子を見ながら個別に指導したり、点検を終えた生徒たちの学習を見守ったりしていました。

　これまでの大西先生と私とのやりとりをご覧になってお気づきだと思いますが、ここでの私の立場は大きく変わってきています。つまり、観察の対象に影響を与えることを極力避ける参与観察を行う研究者の立場から、実際に実践に関与する立場へ変わっていたのです。このとき、私にも、この取組みをこのクラスにとって、ベストの実践に結びつけたいという気持ちがありました。実際、5年1組の子どもたちは、英語活動の時間の始まりのあいさつの時には"Good morning、Tomofuji-sensei、Ohnish-sensei"といったあとに、私の方を見て"Yoshida-sensei"と私の名前も呼んでくれていましたから、教室のメンバーとして、承認してもらっていたと言えるかもしれません。ですから、私が実践に関与し始めたことは、むしろ、自然なことだったと言えます。

この日の子どもたちの活動はとてもうまくいったように思います。その理由として、四ヶ所のラーニングセンターを作り、一人ひとりの生徒の文章に目を配ることができたのが大きかったのですが、もう1つには、大西先生が、子どもたちの提出した学校紹介の日本語文にすべて目を通し、そこから、良いものを取り上げ、紹介文の基本パターンを作成したことがあります。この日の活動後に大西先生から受け取ったメールには、次に様に書かれていました。

2月9日
From: 大西義則→ To: 吉田達弘

　　下東条小学校の大西です。
　　今日もご参観いただきありがとうございました。また、福重さんにもお越しいただき、しかも授業に参加までしていただき、感謝の気持ちでいっぱいです。
　　3学期の実践は、ずいぶんと思い切ったことをしてきたなと思っています。先生に見ていただいているので、いつでも修正はきく、という安心感からとでも言えばよいのでしょうか。
　　デジタル紙芝居作りと学校紹介の2つのプロジェクトを、平行して行いました。また、学校紹介では、翻訳ソフトを使うという暴挙に挑戦してみました。予想通りの結果に逆に愕然とすることもありました。そこは、先生のアドバイスのおかげで無事立て直すことができ、今日の授業につなげることができました。
　　子どもたちの紹介文がよくなったのは、基本文例を示したことが大きかったようです。それと、可能な限り主語の「わたし」または「わたしたち」を入れたこともよかったです。もちろん、子どもたちが紹介したいことのすべてが、基本文例で紹介しきれるわけではありません。それでも、多くのことは、基本文例で紹介できました。基本文例としたのは、次の四つです。
　　　1．ここが、（わたしたちの）〜です。　　　【場所の紹介】
　　　2．ここには、〜があります。　　　　　　【珍しい物、自慢できる物】
　　　3．わたしたちは、（ここで）〜をします。　【すること】
　　　4．その場所と自分との関係や、思いを伝える文。
　　子どもたちの中には、2の文を2つ書いたり、3の文を2つ書いたりする子がいたので、多くは4つから6つの文で紹介文ができています。前回と比べても、確かにまとまってきました。
　　今日は、文の最終点検と、読み方の確認をしました。福重さんに来ていただいた

おかげで、この活動が大変はかどりました。4人の先生方に点検していただいている間、私は点検を終えた子に関わることができました。次の指示が出せました。
「ちゃんとメモできた？」「忘れないうちに覚えよう」等、全体を見る余裕が生まれました。こうした人的な条件もあって、予想以上の成果が上がっているように思います。

　上のメールに示された4つの文のパターンが子どもたちに学校紹介の方向性を示しました。と同時に、「その場所と自分との関係や、思いを伝える文」に子どもたちはいろいろと考えをめぐらせたようです。「関係や思いを伝える」と言っても子どもたちが表現の道具として持っている英語の知識は多くありません。難しい日本語で表現しようとすると、英語でも難しくなるということを子どもたちもわかってきたようです。それでもなんとか、自分の思いを伝えようとする姿勢が見えてきました。この日のメールの中で、大西先生は、次のようにも綴っています。

【大西】
　正直なところ、やっている私の方が、わくわくしてくるのです。英語活動の指導をしていて、確かに楽しいです。
　今、学校紹介の活動のゴールが見えてきました。ぜひ、ニール先生に来ていただき、学校を紹介したいと思っています。
　適切なアドバイス、ありがとうございました。福重先生にもよろしくお伝えください。

　1ヶ月ほど前のメールでは、「外国人のお客さんが下東条小学校にやってきたという仮定で、学校紹介をする活動」だったものが、実際にゴールが見え始めた今、市のALTであるニール先生に実際に来てもらいたいという願いに変わっています。大西先生は、先日の「霧のなか」から抜け出して「ゴールが見えてきた」というような表現を使われていますが、実は私は、少し違うように見ていました。つまり、途中、困難がありながらもある活動に向かってきたというよりも、この活動そのものが別のものへと変わり、それによって、そこに関わる子どもたち、教師の見方ややる気が大きく変容したのではないかということです。当然、設定されていたゴールそのものも変わっ

てしまったのではないかと思っています。元々の活動は、子どもたちに自分たちの伝えたい内容を発表するということに重きが置かれていました。だから、前回のメールで、大西先生は、子どもたちどうしで発表を行う「紹介ごっこ」まではたどり着きたいとメールに書いていました。しかし、学校紹介活動が、自分たちとの関係や思いを考え、それを誰かに伝える活動へと進化した結果、もはや「ごっこ」ではない、ほんものの新しい活動へと拡張したのだと考えられます。同じ学校紹介であっても、本質が大きく異なる活動になったと、私は見ているのです。

　こうした活動を2〜3週間続け、ついに「学校紹介プロジェクト」本番の日を迎えました。こともあろうか、私自身は、本番の日には所用で授業に参加できませんでした。ここまで子どもたち、先生たちとつきあってきながら、最後の子どもたちの姿を見ることができないというのは、本当に悔いが残りました。私は、本番直前の3月7日の授業を観察した後、翌週の学校紹介プロジェクト本番には参加できない旨を大西先生にメールで伝えました。その日の授業は、JTEの友藤先生にALT役を演じてもらい、本番に向けてのリハーサルをおこないました。

3月5日
From: 吉田達弘→ To: 大西義則

　大西先生　吉田＠兵庫教育大学です。本日も授業を見せていただき、ありがとうございました。5年生の授業は、本日の参観が最後になりそうですが、学ぶことの多い数ヶ月でした。特に、今日の授業は、これまでの歴史がぎゅっと濃縮されて、本当に内容が濃かったと思います。
　紹介文を「自分の紹介文」にしていくまでの過程、教室で一斉に練習するときのやり方と、実際に、友藤先生に対して紹介するときの違いへの気づき、そして、さらなる内省と工夫…。いい授業だったと思います。
　数人の子たちが、移動する前に教室でデモンストレーションしてくれましたが、その時のパフォーマンスと、実際に教室の前でやったパフォーマンスは、まったく違っていたように思えました。
　もちろん、後者の方が良かったのです。子どもたちは、言葉を丸暗記するのではなく、環境とインタラクトする中で、そして身体を動かすことで適切なやり方を身

につけていっているように思えました。脱文脈的な「基礎・基本」なんてぶっ飛ぶなあ。

　一人ひとりの紹介のあと、友藤先生が1つ質問をされていましたが、あれも良かったですねえ。心をこめて紹介してもらったあとには、何かをたずねたくなるというのは、本当に自然なコミュニケーションですよね。

　子どもたちは、質問のことまで気が回っていなかっと思いますが、大西先生の「質問から逃げないでわかろうとしましょう」「まちがっても良いんですよ」というサジェスチョンは、今までの英語教育のあり方に、ズバッと切り込む言葉だと思いました。私の心にもしみました。

　子どもたちは、受けた質問に対して「次は何とか答えたい」といっていました。自分の知っていること、言いたいことを軸にしながらコミュニケーションを紡いでいこうという気持ちが育ってきているなあと思いました。

　16日にお邪魔できないのが、本当に残念でたまりません。

　ぜひぜひ、ビデオに収めてください！

　（後略）

　私のメールに対して、大西先生は次のようなメールを返してくれました。

3月7日
From: 大西義則→ To: 吉田達弘

　下東条小学校の大西です。
　（吉田からのコメントに対して）
　身に余るお言葉です。ありがとうございます。自分以外の目を持つことができ、英語活動の楽しさ、難しさを体験できました。結果としては、満足しています。

　振り返れば、うまくいかない時間を何度も経験しています。その都度、先生の的確なアドバイスのおかげで、立て直すことができました。

　3学期には、子どもたちの伝えたいことを英語で言えないものかと考え、学校紹介を計画しました。この実践から、次の課題を考えています。それは、動詞をどう子どもたちに獲得させるかということです。もし、来年度も高学年を担任することになれば、挑戦してみたいと思っています。

　ALTのニール先生に来ていただくときが、今年度の最後の英語活動になります。締めくくりにふさわしい活動となるようにしたいと思います。もちろん、ビデオで記録しておきます。

　（後略）

後日、大西先生からは当日のビデオと様子を伝えるメールが送られてきました。メールによると、子どもたちがそれぞれの場所を紹介したあと、ALT のニールさんが、関連する質問をいくつかするという展開になったということでした。

3月21日
From: 大西義則→　To: 吉田達弘

　小野市の大西です。　先日、無事に今年度の英語活動が終了しました。ニール先生をお迎えし、子どもたちが準備してきた学校紹介をしました。
　「Good job.」のニール先生の言葉に、子どもたちは大いに励まされたようです。
　また、子どもたちに質問をしていただきました。今回の子どもたちは、回答を考えてくれました。覚えたセリフを言って終わりではなく、コミュニケーションがそこにあったように思います。5年2組も、同様に紹介ができたようです。ほっとしました。
　ネイティブの英語をシャワーのように浴びる英語活動ではありませんでしたが、これまでとはちょっと違った活動が展開できました。工夫次第では、この活動をさらに発展させることができるかもしれません。今後の課題としたいと思います。
　（後略）

　送られてきたビデオを私は急いでみました。「覚えたセリフを言って終わりではなく、コミュニケーションがそこにあったように思います」という大西先生の言葉通り、子どもたちは、何とかして伝えたいと言葉やジェスチャーを重ね、伝わると楽しいという気持ちで取り組んでいました。子どもたちにとっても、この学校紹介プロジェクトの初期にあったものとは異なる目標、動機で取り組んでいることがよくわかりました。子どもたちの紹介の場面を1つ紹介しましょう。写真1.2の二人は、運動場について説明しました。一人の児童の紹介は次のようなものでした。

> That is our playground.
> We have five tires.
> We play soccer.
> We love soccer.

もう一人の男の子の紹介は次のようなものです。

That is our playground.
We have five tires.
We play soccer.
I also like to play baseball.

どちらも、大西先生が示した基本パターンを使っています。一人目の男の子は最後の文を言うときに、右手を胸に当てて、"We LOVE soccer"の様に言っています。(ちなみに二人が言っている"five tires"というのは、運動場の端に半分だけ埋めてある大型トラックのタイヤで、遊具でとして使われているものです。)

写真1　That is our playground.

この二人の紹介を聞いて、ニール先生は「何を聞こうかなあ…」と間をおいて、グランドを指さしながら、

What are they playing now?

とたずねてきました。子どもたちは、グランドに目をやり、すぐに"Softball"と答えましたが、周りで聞いていたクラスメートの一人が、"Baseball"とも答えました。ニール先生は、"Softball, baseball, the same?"とたずねてきます。写真左側の男の子は、間髪入れず、「ボールがでかい。

写真2　"Softball, baseball, the same?"

あ、ball big、ball big」とジェスチャーを交えて答えました。ニール先生は、すかさず、"Like a basketball?"と返しますが、子どもたちは「ノー、ノー」と返し、どう説明したらいいかなあと、やはり、ジェスチャーをまじえて何とか伝えようと、がんばります。「ソフ

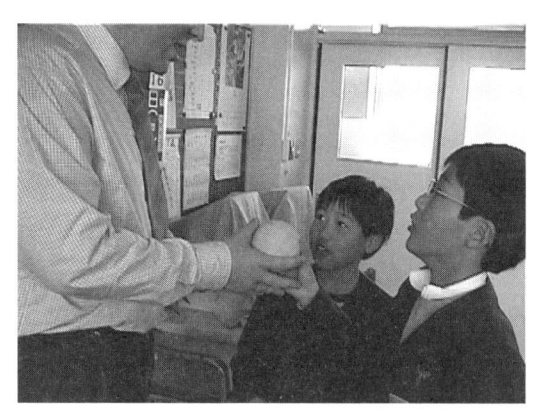

写真3 "Softball, baseball"

トボールがこのくらいで、ベースボールがこのくらいで…」と格闘しました（中学校で習う比較級って、便利だなあと私は思いました）。やがて、ニール先生が"Good job."とほめてあげると、みんなから拍手がおこり、子どもたちは発表を終えました。しかし、二人はどうも満足できなかったようです。この様子を見て大西先生は、「体育館に行ってごらん。ボールがあると思うよ」と二人の子どもたちに声をかけました。子どもたちは、教室に戻る途中に体育館に立ち寄り、軟式野球とソフトボールのボールを1つずつ持ってきて、それをニール先生に見せます。大きいボールを見せながら"Softball"、小さい方を見せながら"Baseball"と言います。そして、ソフトボールのピッチャーのまねをして、こうやって使うんだと示しました。

学校紹介プロジェクトは、このようにして幕を閉じました。

4. 大西先生へのインタビュー

私は4月になり、新学期になって大西学級6年2組で再び授業観察を行うことになりました。本章冒頭に書いた「4月となり、クラス替えが行われました。学級の力は後退しています。英語活動への取り組みももう一度やり直しです」という言葉は、新学期になって大西先生とやりとりしたメールの中に出てきた言葉です。学校紹介プロジェクトであれほどの成果を見せた子どもたちを見ていれば、「学級の力は後退している」「やり直し」という言葉

は、「ちょっと言いすぎじゃないの、大西先生」と私は言いたくなりました。私は、子どもたちの成長を大西先生と喜ぶと同時に、大西先生からこのような言葉を聞き、再び「はてな」がわき上がってきました。そこで、5年生の実践で見てきたことをまとめ、また、あらたな「はてな」を「なるほど」に変えるために、私は大西先生にセミフォーマルなインタビューの形でお話を聞かせて欲しいとお願いしました。直接的に担任教師としての大西先生の教育的な信念に耳を傾け、自分の実践の記述を補強したいと思ったからです。大西先生は快く受けてくださいました。インタビューは、2004年4月に行われました。

　私は、英語活動に取り組むようになって、大西先生自身何らかの変化があったかをまずたずねてみました。

吉田：英語活動を始められて3年ですが、先生ご自身の変化、あるいは先生の周りの変化というものはありますか。

大西：私自身に関していうと、私自身も英語に対する関心が高まりました。もうこどもたち同様です。あのう、小学校の教師をしていると、英語なんて使うこともありませんし、もうすっかり忘れていました。それが、英語活動に取り組みだして、私自身の英語への関心が高まったということが大きいですね。それから、子どもへの見方が変わってきましてね。英語活動に子どもたちが取り組んでいる姿を見て、国語や算数といった教科の学習では見られない姿が見られるようになってきたんですね、それは、「活躍」という言葉でいうとわかりやすいかもしれません。算数や国語と言った教科で「活躍」できない子どもが、英語活動で堂々と「活躍」している、そういう姿を見て、子どもたち一人ひとりの子に今まで知ることができなかった面があるんだなということが、わかってきました。「新しい子ども像」の発見といいますか。これは、子どもをさらに、こどもを見るまた別の角度が生まれたと言ったらいいんでしょうか。そういう点でよかったなと思います。

　「『新しい子ども像』の発見」という言い方は、非常に印象的です。また、

「活躍」という言葉が象徴するように、子ども一人ひとりが異なった教科の中で力を発揮する場を持っているとする授業観を大西先生は持っていることがわかります。英語活動は、あらたな「活躍」の場として、位置づけられています。一人ひとりの子どもたちにそれぞれの活躍の場があるということです。さらに、大西先生自身の子ども理解については、次のように述べています。

吉田：子どもたちの成長している姿として「活躍する」という言葉が出てきましたが、英語活動を通して、子どもたちにこんな風になってほしいというイメージがあれば教えていただきたいのですが。

大西：今の子どもたちとはもう2年目のおつきあいになります。クラスは途中で変わっていますが。（中略）今の子どもたちは、5年生の1学期というのは、子どもたち同士のつながりというのが本当に薄い学級だったんです。だから、日常的に些細なことで喧嘩が起こっていました。これはもっと子ども同士つながりを持たせないといけないな、という強い思いに駆られました。それから、クラスの中では内輪では大きな言葉でいえても、一歩外に出るとなかなか声にならないんですよ。だから、井の中の蛙というのか、そういうところを変えたいなという思いがあって、そういう願いを英語活動の中で達成できないかということは考えています。ですから、できるだけ個人の活動になってしまわない、もちろん個人の活動も入れるんですけど、グループの活動であったり集団の活動であったりというのを意図的に多く取り入れています。すぐにグループ化をいろいろな場面で図ろうとするわけです。それから、人前で話すことができるようになるために、できるだけみんなの前に出させるようにしています。成果を確認する場をできるだけ持つ、今日も4つのグループごとに発表しましたが、そんな場を持たせるというわけで、人前で話せるようになってほしいなという、そういう生活面、子どもたちの態度からの願いなどもくんでいます。それと、学習面からすれば、「やったらできるんやんか」という単純明快なことが、英語活動で子どもたちに本当にわかってもらいたいなという願いも持っています。それは実際子どもたちにも良い

方に向いているように思います。

　このインタビューからは、一人ひとりを大切にしながらも、集団での学びを大切にしている大西先生の考えが読み取れますが、これも子どもたち一人ひとりの実態を理解した上での考えです。ここで、冒頭に引用した「学級の力」という言葉の意味がようやく見えてきます。つまり、「学級の力」とは、集団での学びの力であるということです。そして、大西先生は、ご自身の教師としての成長についても述べています。

大西：それから3年間続けてきますと、英語活動のレパートリーが増えてくるのがわかります。本当に何にもやっていない中からスタートしたわけですから、何にもできなかった自分がチャンツができるようになったり、一緒に歌が歌えるようになった、劇ができるようなった、読み聞かせができるようになったり、という風に自分に英語活動のレパートリーが増えてくるのがわかってきます。やはり、<u>成長していく自分と出会える</u>と言いますか、<u>自分自身にもまだこういう可能性がある</u>のか、そういうところにもつながっていきます。だから<u>自分自身への自信</u>にもつながっていきます。自分を肯定的にとらえる、<u>自尊感情</u>と言いますよね、そういうものを自分自身にも当てはめることができると思います。
　　　　　　　　　　　　　　　　　　　　　　　　（下線部、筆者）

　大西先生は、ゼロから英語活動を始めたご自身が成長していくのを実感されています。それは、「成長していく自分との出会い」「可能性」「自身」「自尊感情」という表現からも明らかです。ベテランの先生でも新しいことにチャレンジし、そこで成就感を得ることができたと述べていますが、常に学び続け、実践に省察を加えることのできる教師は、成長し続けることが可能であるということを示しています。そして、成長していく教師との対話を通して、研究者としての私自身も教室の理解を深め、成長できたのではないかと思っています。長期にわたる下東条小学校での研究の成果はいくつもあります。しかし、最大の成果といえば、小学校の実践者と大学の研究者という異

なるコミュニティや立場に属する二人が、それぞれの立場を越えつつ、水平な立場で対話することができたことです。そして、この対話を通して、子どもたちの成長を見守りながら、教師と研究者としてのお互いの成長を実感できたことだと思います。

5. 教師の成長と研究者の成長

さて、3ヶ月間の学校紹介プロジェクトの取り組みの内容を、私と大西教諭のメールのやり取りを分析し、さらに、インタビューを通して、大西先生を支える信念、成長に対する認識を明らかにしてきました。ここまで読まれた方は、「どうも実践をだらだらと綴っているだけだ」とか「当事者たちにはいろいろと発見があったのだろうが、So what? という感じがする」と思われた方もいると思います。もう一度、今回の研究を整理してみたいと思います。

5.1. Exploratory Practice (EP)からとらえた研究

この章の冒頭で私は、小学校の現場でたくさんの「はてな」を発見すると言いました。そして、この「はてな」を「なるほど」に変えるために教室に入り、その教室で生活する教師、生徒、そして、彼らの文化（私にとっての異文化）に踏み込んでいくと述べました。これは、何か教室での問題(problem)を発見し、その解決を図るために行動を起こす仮説検証型の研究、あるいは、(狭い意味での)アクション・リサーチとは異なります。実は、教室の「はてな」、あるいは教室を理解することから始めようという主張は、Dick Allwright が Exploratory Practice(EP)(探究的実践)に関する論文の中で述べていることです(Allwright 2003)。Allwright は、自身が研究者として指導的な立場で理論を現場に提供し、それを教師が現場に応用するという、いわば、〈教師＝理論の消費者〉という関係の中で仕事をしてきました。しかし、80年代後半に、そういった図式がまったく当てはまらないことをブラジルでおこなった現地の教員研修の中で経験します。そして、自らが持っていた実践と理論の関係を反省的に捉え、まず、教室で実践者が抱く疑問

(puzzles)から始めること、そして、教室の「生活の質(quality of life)」の理解を深めることを研究とすべきだと主張し始めました。これまで Allwright 自身が方法論をパッケージ化することを避けてきたのですが、2003 年の論文で次の 7 つを EP の原理としてまとめました。

一般原理としての Exploratory Practice
原理 1　教室の「生活の質(quality of life)」を重視せよ
　　実践的な問題(practical problems)は、状況から独立した技術的問題に還元されがちだが、その問題が発生したコンテクスト中に、つまり、「生活の質」の中に埋め込んで考えるとうまく扱うことができる。
原理 2　言語教室の生活を理解することを優先して研究せよ
　　必ずしも直接的に問題解決をする必要はなく、問題から距離を置き (stepping back)、コンテクストの中で問題をとらえよ。これは、変化することを否定しているわけではなく、教室のある状況での生活を真剣に理解することによってのみ、変化することが必要か、望ましいか、可能かを見極めることができることを意味する。教育で発生する「問題」はしばしば、技術的問題としてとらえられるが、「実践的問題」を「理解」が必要となる「難問(puzzle)」に変換していくことが必要である。
原理 3　あらゆる人びとを関与させよ
　　社会的な場である言語教育の教室の研究は、必然的に社会的であるべきである。この点では、学習者は研究の対象ではなく、共同研究者ともなりうる。
原理 4　同僚性を高めるよう研究せよ
　　教育現場では、人びととの結びつきを分断するさまざまな力が働く。教師―生徒、教師―教師、教師―研究者の間の同僚性(collegiality)を高める必要性がある。
原理 5　また、相互の力量形成につながるように研究せよ
原理 6　理解のためのあらゆる研究を教室実践に結びつけよ
　　理解のための研究は、それ自体が普段の教室実践の一部に結びつけられるべきである。

原理7　研究を継続的な取り組みにせよ

（Allwright 2003: 128–130）

　この原理に従えば、私は、原理1と2を重視して観察を開始したことになります。そして、結果的には、原理3～7にもしたがって研究を進めたことになりました。特に、原理4、5が示す「同僚性を高めるよう研究せよ」「相互の力量形成につながるように研究せよ」という原理は、私の研究にとって重要な原理となっています。このような枠組みをもつことで、伝統的な研究とは異なる新しい研究の言葉(ディスコース)を生み出すことが可能になると思いますが、今回の授業観察、メールやインタビューの分析は、EPの枠組みから見ることによって、一層説得力のあるものになると思います。

5.2.　参与観察研究から関与研究へ

　本章の中で私は、冒頭で参与観察という言葉を用いました。しかし、実践の一連の流れの中で、私の関わり方、あるいは、私の関わり方に対する大西先生の認識も変わったと思います。つまり、伝統的な参与観察のルールとは異なるルールが働いたと思います。質的研究方法の入門書の著者メリアム(1998)は伝統的な参与観察の方法を次のように書いています。

　　　伝統的な調査のモデルは、研究を「汚染しない」ように、できるだけ客観的で、距離をおくことが理想とされている。しかし、調査者自身がデータ収集の主たる道具である質的調査においては、当然、主観性と相互作用生がその前提とされる。観察者と被観察者の間の相互依存関係は、双方の行動に変化をもたらす可能性がある。それ故問題は、観察のプロセスが観察されるものに影響を及ぼしているかどうかではなく、調査者が、どのようにしてこれらの影響を明らかにし、データ解釈の中で説明していくのかである。

　この一節はまさにその通りだと思います。そして、本章では教師と研究者

の相互関係が相互の行動に変化をもたらしたかを綴ってきたつもりです。しかし、同時にこのような研究方法は、フィールドワーク研究のような質的な研究がまだ根付いていない英語教育学研究はおろか、教育学研究や心理学研究の分野でさえ、まだマイナーな研究手法だと思います(なぜなら、研究対象を「汚染」しているからです)。フィールドワークを研究手法とする心理学者の當眞(2006)は、これまでの研究のあり方を乗り越えるフィールドワークを「形成的フィールドワーク」と呼んでいます。

> 私は、現場の人とは異なる役割を担いながら、現場の人々とともに実践を形成していく過程のなかに研究を織り込むことにより、従来の基礎と応用という二分法的枠組みを超えた研究と実践の関係を構築したいと考えている。そして、具体的な現場でのフィールドワークを方法論的ベースの1つとして、このような研究者や専門家の実践および研究活動のあり方を構想・表現するために、「形成的フィールドワーク」という用語を提案している。　　　　　　　　　　　　　　（當眞 2006: 171）

> 形成的フィールドワークでは、あくまでも「より良い」実践を形成していくことにその原動力があるため、フィールドでの実践創りにどこまで研究的側面が寄り添えるかが、方法論的なチャレンジとなる。何を「より良い」とするかは、それ自体、議論されるべきことであるが、ここでは、『かかわり合いを通してたがいに育み合うこと』を支える実践としておくことにしたい。　　　　　　　　　　　　　　（當眞 2006: 173）

當眞の言葉には本当に励まされます。そして、私や大西先生が模索していた方向性が間違っていないことを示してくれているように思います。私自身が、伝統的な教室研究者としての自分の立ち位置を変えようとしたとき、その背後にあったのは、大西先生や子どもたちとベストの実践を創ってみたいというモチベーションでした。そして、再三述べてきたように、私と大西先生はともに「育み合う関係」にあったように思います。さらに、當眞は、形成的フィールドワークの特徴を示す上で、3つの「みること」と3つの「き

くこと」という研究者のとるべき行為の様式について述べています。

> 1つめの様式は、フィールドワークに身を置いて、そこで出会う様々なことに身も心も大きく開いて、比較的非選択的に「見ること・聞くこと」である。2つめの様式は、重要・必要と思われることを（あるいは、重要・必要なことを探りながら）システマティックに「観ること・聴くこと」である。そして、3つめの様式は、何が課題・問題となっているのか、何が寄る辺となる資源・伝統・持ち味なのか、問題を成長のきっかけにする糸口がどこにあるかといったことに見当つける（臨床心理でいう「見立てる」）過程としての「診ること・訊くこと」である。
>
> （當眞 2006: 178）

この「みる・きく」のプロセスは、先に取り上げた Allwright の探求的実践が重要視する理解そのものであるようにも思えます。そして、當眞は、形成的フィールドワークにおいて、「見ること・聞くこと」「観ること・聴くこと」「診ること・訊くこと」を端的に表現する言葉として、「関与研究」という用語を提案しています。「関与研究」。今思えば、私が、参与観察から、自分の立ち位置を変えて、大西学級の実践に関わっていった様を表現する言葉でもあります。

5.3. 活動理論からみた実践、教師、研究者の関係

さらに、今回の実践を当事者同士のミクロな視点からだけでなく、実践者と研究者、あるいは、双方のコミュニティの交流という点から捉えることができないかと考えました。そして、その方法論として、活動理論があるのではないかと私は考えています。活動理論は、エンゲストローム(1987)らの人間の発達や学習の研究者たちが、ヴィゴツキーの発達理論を拡張することで構築した社会文化的アプローチの理論です。ヴィゴツキーは、子どもの発達は、受けた刺激に対して直接反応するのではなく、常に、道具的な媒介物を通して反応する、つまり、媒介物によって自らの反応をコントロールするとしています。たとえば、私が今まさに行っている「書く」という行為は、

ペンやパソコンによって媒介されます。私の場合、まず、パソコンにインストールされているワードというソフトウェアでひたすら文字を打ち、そして、出来上がったところで紙にプリントアウトし、ペンで朱を入れて校正していきます。いきなりペンだけで書けといわれると、私はほとんどお手上げだと思います。つまり、私の「書く」という行為は、さまざまな道具によって媒介されており、このような道具は、物理的道具とよばれます。一方、媒介的な道具には、私たちが獲得する言語、ジェスチャーその他の記号、シンボルといった心理的道具も含まれます。ヴィゴツキーは、高次精神機能をさせる心理的道具としての言語の役割を重視していました。

以下に示した三角形は、心理学の教科書などでご覧になったことがある方が多いと思いますが、今述べた関係を図式化したものです。私たちは、対象に対して直接的に反応するのではなく、常に、道具的な媒介物を通じて、対象と向き合っています。そして、主体と対象の社会的関係の内在化していくことが学習や発達と考えられています。

媒介の手段（ツール）
（機械、文字、音声言語、身振り、建築物、音楽など）

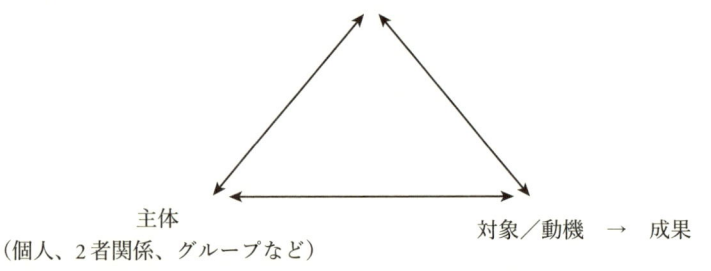

主体　　　　　　　　　　　　　対象／動機　→　成果
（個人、2者関係、グループなど）

図1　一般化されたVygotskyの媒介された行為のモデル（山住，2004: 36）

石黒(2004)は、次のように述べています。

> 人間の発達は道具的媒介を通して対象に向き合うという活動システムを構成している。この活動システムの中で、人は意識を獲得するのである。

つまり、私たちの発達や学習は、このような「活動システム」を1つの単位としてみることができるわけです。ヴィゴツキーのいう活動システムは、個人レベルに焦点を当てたシステムであります。しかし、実際の人間の活動は、主体が属するコミュニティによって大きく変わりますし、また、媒介となる道具の本質も社会の変化とともに大きく変化します。先ほど述べたパソコンやソフトウェア、あるいはインターネットの役割もこの10年で大きく変わり、それとともに私たちが従事する活動も変質しています。しかし、残念なことに、ヴィゴツキーの媒介理論では、主体を取り巻く社会的変化、文化的変容をとらえることができません。石黒(2004: 18)は次のように批判しています。

> 　たとえば「書く」といった1つのスキルがあると考えるのは根も葉もない常識的な抽象化にすぎない(中略)1つの技能はそれぞれが埋め込まれている社会的実践と一体のものである。「手紙を書く」ことと「メモを書く」ことはそれぞれ別の社会的実践としてとらえられる必要がある。両者をそれらが埋め込まれた実践から切り離して「書く」とまとめることの危険性を認識することが必要だ。

　石黒が指摘するように、私たちの行為や実践は、状況の中に埋め込まれているし、それぞれの行為の目的によって本質的に異なるものとなっているのです。そこで、エンゲストロームは、ヴィゴツキーの媒介の理論を拡張し、人々の協働による文化的、社会的、歴史的な「活動システム」(activity system)を研究の基本的な単位とする理論を提案しました。たとえば、山住(2004: 77)は、学校での教師の仕事を例にとって次のように述べています。

> 　学校における教師たちの仕事は、子どもの学びと育ちを対象にした協働の活動であり、ひとつの「活動システム」を形成している。学習や仕事は、孤立した個人によってなされるのでも、個人の内面で起こることでもない。それらは、同僚やコミュニティ、物質的な資源や道具、ルール、慣習、分業や組織の体制、言語的な資源、理念や価値が相互作用す

る、文化に媒介された集団的活動システムにおいて現実化する。

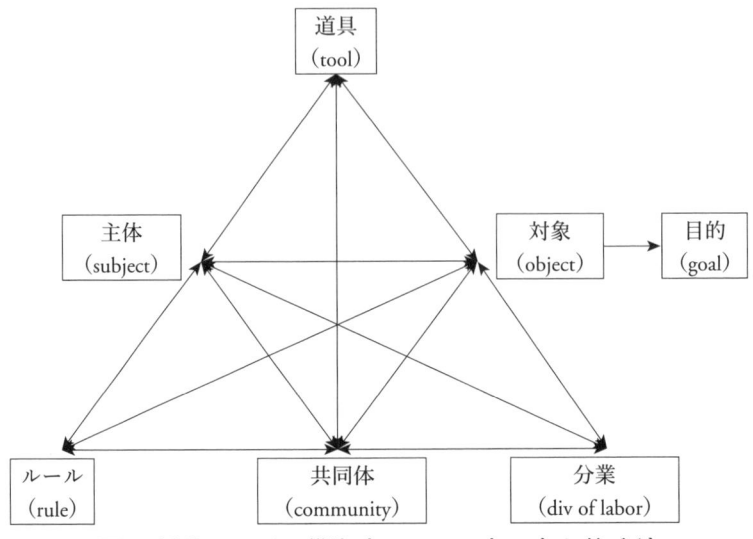

図2 活動システムの構造（Engeström（1987）に基づく）

つまり、ここでは、主体と対象の媒介的道具を通したシステムから、主体、媒介道具（人工物）、対象、ルール、コミュニティ、分業までを取り込んだ活動システムのモデルが想定されるわけです。これを図式化したものが図2です。図1の三角形の下の部分に活動システムのルール、コミュニティ、分業が加えられています。通常、学習や授業の実践を考える場合、われわれは、目につくことの多い活動のシステムの上の小さな三角形にばかり注目していますが、山住(2004)の主張にもあったように、学校での教師の仕事は、様々な構成要素に下支えされているわけです。この点で、活動システムのモデルは、「氷山(iceberg)」にも例えられますが、つまり、私たちが通常、教室でよく目の当たりにする実践の営みは、海面から突き出た氷山のようなもので、実は、海面下には、通常は見えにくい大きなかたまりがあり、これらの要素も海面上の営みと密接に関係しあっています。活動理論は、このような構成要素も取り込んで人間の営みを語る理論です。

では、活動理論は具体的にどのような働きを持つのでしょうか。まず、活動理論では、図2の三角形の図式をモデルとして現場の営みを記述分析し

ていくわけですが、石黒によれば、このモデルは、現場の実践に対する「とりあえずの発見手続き」あるいは「チェックリスト」として利用できるとしています。そして、活動システムを構成する要素の分析をおこない、そこで発生しているコンフリクトや異なるコミュニティとの接触などを明らかにすることができます。このためには、現場をつぶさに観察し、当事者の声を丹念に拾っていくフィールドワークが必要となってきます。そして、何がうまくいっていて、なにがうまくいっていないかを明らかにし、もし、必要であれば、介入（intervention）をおこない、新しい活動システムを生成するための実践のデザインをおこないます。このように、活動理論のモデルは、人間の活動の記述をおこない、かつ、社会的な介入のあり方を教えてくれるモデルであります。

　さて、活動理論のモデルを使って5年2組の実践および大西学級と私の関係を捉え直してみたいと思います。まず、大西先生の英語活動での取り組

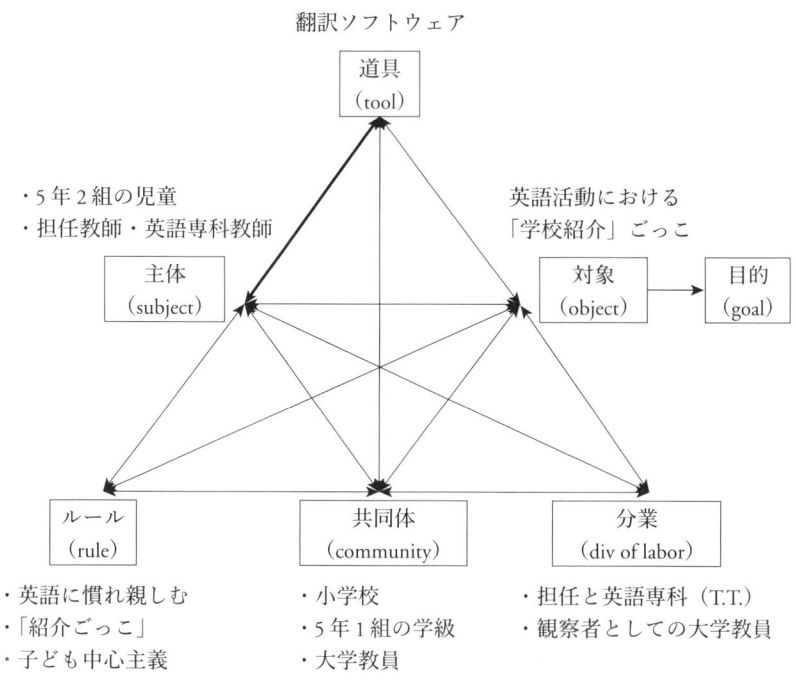

図3　初期の「学校紹介をしよう」の実践の構造

みの変化を考えてみます。当初、大西先生は、翻訳ソフトを使い、子どもたち一人ひとりの話したい内容を英語にしようとしました。つまり、図3に示すように、子どもたち（主体）を「学校紹介ごっこをしよう」という活動（対象）へ導く媒介の道具として翻訳ソフトの使用が試みられたわけです。翻訳ソフトを使った背景には、子ども一人ひとりの表現を大切にする大西先生の「子ども中心主義」の考えがあることはすでに述べましたが、この教室での「ルール」である子ども中心主義は、学校紹介ごっこという「対象」とうまくつながりませんでした。これは、媒介的道具としての翻訳ソフトがうまく機能しなかったためですが、同時に、子どもたちも、活動の目的をしっかりと意識できず、日本語でうまく紹介文を作成することができませんでした。しかし、この出来事をきっかけに、学校紹介活動をめぐる活動システムの構成要素は、変化を見せました。大西先生は、翻訳ソフトに見切りをつけ、子どもたちの活動に対する媒介物（者）として、教員、私、学生を使ったラーニングセンターを準備しました。また、紹介文のパターンのなかに「自

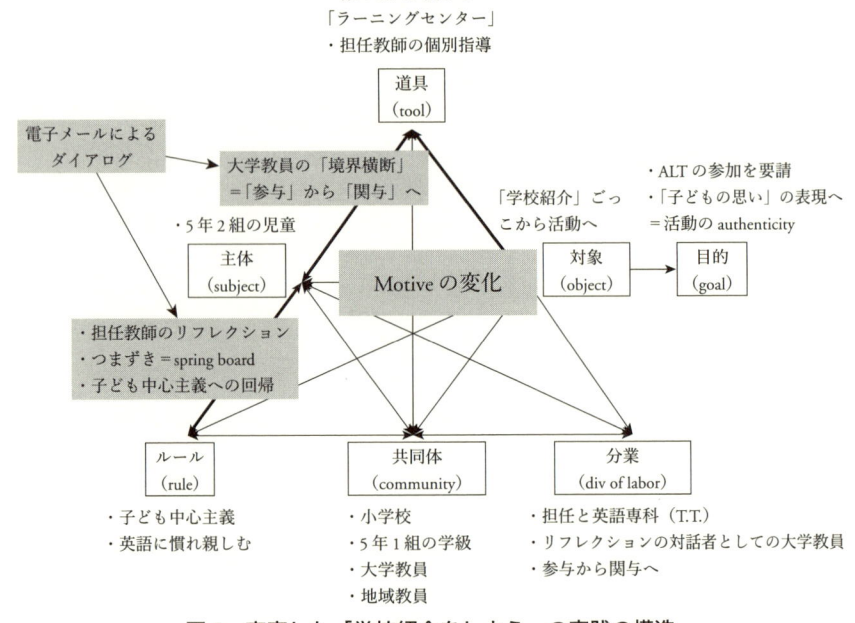

図4　変容した「学校紹介をしよう」の実践の構造

分の思いや関係」を表す一文を入れることで、子どもたちの「紹介したいという思い」に変化が生じ、活動を動かしていく原動力(＝motive)も大きく変化しました。これらの構成要素の変化によって、大西先生のもっている子ども中心主義という信念(＝ルール)は、実際の活動とぴったりと重なっていきました(図4を参照)。

　また、一連の活動の中で、当事者の気付きや活動システムの大きな変化をもたらしたのは、大西先生と私の間に取り交わされた電子メール上でのやりとりです(図5)。これによって、小学校と大学という異なるコミュニティに属する両者は対話の場を作ることができ、関係も大きく変化しました。メールでのやり取りは、その日にあった授業での出来事を振り返る格好の道具となりましたが、このようなリフレクションの道具をおくことで、私たちは、

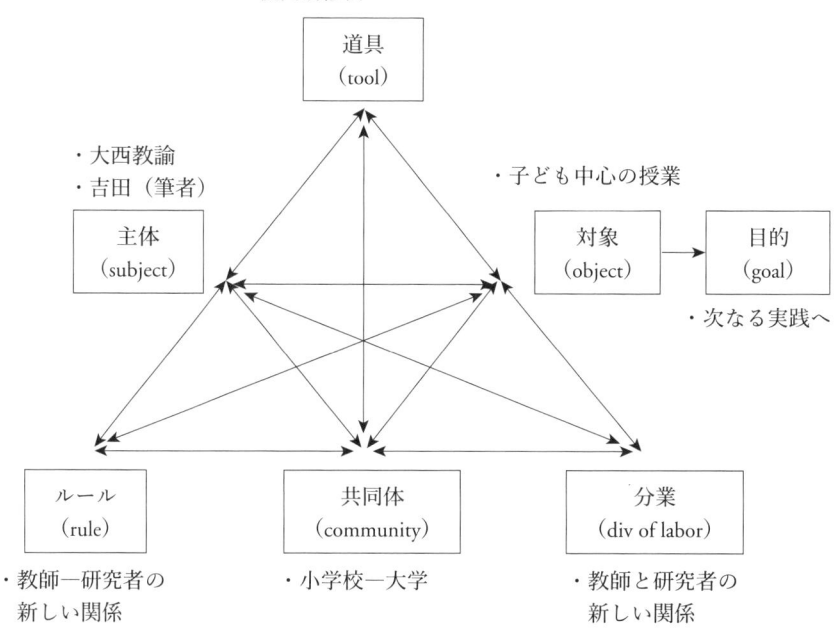

図5　「学校紹介をしよう」の実践を支えた協働の構造

お互いの考え方を視覚化し、どのようなコンフリクトが発生していて、どのように実践に介入すればよいのかを検討することができました。研究者としての私自身の立場の変化も電子メール上で明らかになったように、観察者としての私の立場から実践へ関与する立場へと大きく変わりました。つまり、大西先生は、英語活動という未知の領域へ、私自身は小学校での教育実践という未知の領域へと、お互いがそれまでのコミュニティの境界線を踏み越えていくこと（boundary crossing; Engeström, et al. 1995、Tuomi-Gröhn and Engeström 2003）で、教室内に新しい活動システムを構成したのだと言えます。このとき、お互いのコミュニティの境界線上で対話を可能にした電子メールような媒体（boundary object と呼ばれています）がなければ、両者の間に協働的な取り組みをおこなうことは不可能だったでしょう。活動理論は、このように活動システムを俯瞰的にとらえ、関与する人々がそれぞれの立ち位置の周辺に引かれた境界線を越えながら、新しい活動システムを生成していく過程を記述することを可能にします。

6. まとめ

　本章では、私の抱いた「はてな」から始まった小学校の英語活動の実践研究の中で、教師と研究者がどのように成長してきたかを綴ってきました。今回の研究は、偶然のきっかけから始まりましたが、研究者としての私にとっては、本当に幸運な出来事でした。これまで私自身の学校教育現場との関わり方については、どちらかというと「指導助言者」として、その場限りのかかわり方が多かったので、今回、英語活動の実践をめぐって大西先生と交わしたやりとりやインタビューデータを、当事者として子どもたちと直接関わりながら、また、研究者として、一歩引きながらとらえる視点を持つことで、学校教育の現場で教師、子ども、そして、研究者がどのようにかかわり合い、成長していくのかを記述することができたように思います。もし本章で綴った物語によって新しい英語教育研究方法の可能性を少なからず示すことができたとすれば、本当にうれしいことです。

謝辞：本章執筆および授業観察にあたっては、当時、小野市立下東条小学校に勤務していた大西義則先生(現小野市教育委員会指導主事)の全面的な協力を受けました。いや、協力というより、本章の半分は大西先生によって語られていると言った方がいいでしょう。いつも私に授業を開き、向かい入れてくださる大西先生、そして、多くの子どもたちに感謝申し上げたいと思います。

また、本章の研究成果の一部は、平成18〜20年度科学研究費補助金(基礎研究(C))「社会文化的アプローチにもとづく英語科教師の学びに関する研究」(課題番号18520436)の補助を受けています。

参考文献

石黒広昭(2004)『社会文化的アプローチの実際：学習活動の理解と変革のエスノグラフィー』新曜社.
當眞千賀子(2006)「形成的フィールドワークという方法―問いに答える方法の工夫」吉田寿夫編著『心理学研究法の新しいかたち』誠信書房.
メリアム、S.B.(堀薫夫・成島美弥・久保真人訳)(2004)『質的調査法入門―教育における調査法とケース・スタディ』ミネルヴァ書房.
山住勝広(2004)『活動理論と教育実践の創造：拡張的学習へ』関西大学出版部.
Allwright, D.(2003)Exploratory Practice: Rethinking Practitioner Research in Language Teaching. *Language Teaching Research* 7(2): 113-141.
Engeström, Y., Engeström, E. & Kärakkänen, M.(1995)Polycontextuality and boundary crossing in expert cognition: Learning and problem solving in complex work activities. *Learning and Instruction* 5: 319-336.
Tuomi-Gröhn, T. & Engeström, Y.(2003)*Between School and Work: New Perspectives on Transfer and Boundary-crossing*. Pergamon.

質的研究のあり方について

柳瀬　陽介（広島大学）

1. はじめに

　この小文の目的は、英語教育研究においての質的研究のあり方についての関係者の理解を深めることにある。英語教育研究においては、従前のエッセイ的な論証が恣意に流れかねないとの反省から、1980年代頃より量的研究が盛んになり、2000年代では高度な統計手法を駆使した研究も珍しくなくなった。しかしその研究の量的厳密性は、現場教師の問題意識と乖離しがちであり、英語教育研究が「研究者のための研究」と一部では評される状態を招いた。私たちは量的研究の成果を踏まえつつも、英語教育研究をより実践的(かつ客観的なもの)にする努力を行なわなければならない。

　一方、1990年代の関連分野においては、英語教育研究に先んじて、深刻な方法論的反省が行なわれていた。平山(1997: I-V)も述べるように、1990年代中頃に、日本教育方法学会、日本教育工学会、教育心理学会などは方法論上の論争が激しく行なわれ、以来、質的研究は、量的研究とならんで、教育研究の1つの柱となった。

　このような現状を鑑み、私たちは英語教育研究にも質的研究の適切な導入が必要と考える。以下、質的研究方法論の大まかな特徴を述べ(2 方法論の決定とは、3 質的研究の位置づけ、4 質的研究の特徴)、続き質的研究方法の代表例に関して簡単にまとめ(5 ケース研究について、6 インタビュー研究について、7 ライフストーリー研究について、8 フォーカス・グループ研究について)、最後に質的研究における分析と記述について概括する(9 質的研究における分析、10 質的研究の記述と報告)こととする。従来の量的研究法に加えて、質的研究法が新たに英語教育関係者に普及し、英語教育研究がより実り豊かなものになることが私たちの願いである。

2. 方法論の決定とは

　「質的研究の導入」といえば、ついつい「量的研究か、質的研究か」という二律背反の図式で語りがちになるが、言うまでもなく、それは不毛な論争に過ぎない。教育研究に長年関わりあった研究者として佐伯は次のように語る（秋田他2005:13）。

> 初学者から「メソドロジー」に関する質問を受けることは多いし、かなり経験を積んだ自立した研究者からも「メソドロジー」の妥当性に関する質問を投げかけられることは少なくない。この問いに答えるのは至難である。なぜなら、これらの問いを発する人のほとんどは、研究主題や研究対象やリサーチ・クエスチョンとは無関係にフィールドワークやアクション・リサーチの「メソドロジー」が存在するものと想定している。これらの人びとの質問は、その方向を転換する必要がある。この問いを発する人びとは自らの研究の意図や主題や研究対象やリサーチ・クエスチョンの曖昧さを問い直すべきなのである。フィールドワークもアクション・リサーチも方法論は多様であり複雑である。研究テーマにより研究対象により研究方法は千編自在に変化し、ひとつの研究を行うごとに最も説得力のある方法を研究者自身が自ら創造しなければならない。その創意のなかに研究の価値が内包されているというのが、私の25年間の経験から導きだされる結論である。

　この小文は英語教育研究への質的研究の導入を目指すものであるが、「質的研究しか認めない」というのも「量的研究しか認めない」というのと同様、不毛な見解であろう。私たちにとって最も重要なのは英語教育という研究対象であり、方法論においては適切な限りにおいて量的方法と質的方法の両方を臨機応変に使い分けることが必要である。そのためにも現時点での私たちは質的研究に関して過小評価も過剰評価もすることなく適切に理解しなければならない。
　だが質的研究というのは、それを選択することを決定したとしても、量的研究ほどには整備されたものではない。量的研究の場合においては、実験計画法や統計分析について予め学んでおけば、あとはその研究方法を適用すればよいという傾向が強いが、質的研究においては、研究の対象と内容によって、その都度研究方法を考え・編み出し・改善してゆくといった傾向さえ見られる。このあたりをウィリグ (2005: 2)は次のようにまとめる。

> 　研究のプロセスを一種の冒険と考えてみよう。大学生だった頃、私は「研究方

法」を料理のレシピのように思っていた。研究は、正しい材料（代表的なサンプル、標準化された測定道具、正しい統計的検定）を選んで、これを正しい順序で調理すること（「手続」）だった。結果を出すために全力を尽くすたびに、固唾を飲んで、実験が「うまくいく」ことを願った。まるで、完璧に焼けた料理がオーブンから出てくるのを待って、台所をうろうろするように。

　今、私は研究をもっと違う目で見ている。「研究方法」は、問いに答えるための方法になった。研究方法は、答えが正しいかどうかを判断する方法でもある（これは、研究方法と認識論の接点でもある。これは後で述べる）。どちらにしても、研究というものは、私にとって、機械的なもの（適切な技法を問題に適用する方法）から創造的なもの（どうやったらわかるようになるのか？）へと変化したのだ。研究のプロセスの中で、研究方法はレシピだというメタファーを、研究プロセスは冒険だという見方に置き換えたのである。

この「冒険」のメタファーは読者によっては詩的過ぎるように聞こえるかもしれない（そもそもレシピだけでは料理は作れないという反論もあるかもしれない）。だが、ウィリグのポイントは、既成の方法論に依拠することだけを研究のあり方とするのではなく、方法論を必要な場合には新たに作り出し、そのたびごとに研究の信頼性と妥当性を問い直しながら、研究を進めてゆくことである。これは実は量的研究の最先端でも行なわれていることであり、研究のあり方としては、実は、非常にまっとうなことを述べていると考えられる。上のメタファーが奇抜に感じられるとしたら、私たちが関連研究領域の「お下がり」の量的研究法を無批判に正しいものと前提し、それに沿うことを学問性のあり方だと混同しているからである。私たちは量的研究法と質的研究法の両方をそれぞれに的確に理解して、それらを使い分けなければならない。量的研究（実験心理学）から研究者生活を始め、次第に質的研究に移行したやまだは次のように述べる（秋田他 2005: 61-62）。

　　実際にやってみると、実験心理学はその範囲ではおもしろかった。問題の焦点をきりきりと焦点づけてクリアーにし、論理的につめていく探究のしかたはすっきり気持ちがよかった。実験的な方法では、純粋な条件に統制した実験室で少数の要因に仮説をしぼりこんで、仮説演繹的に実験を積み重ねて、結果を数量化し、できるだけ単純にクリアーにだしていく。これは、現在の私が行なっているフィールド研究や質的方法とは対極にある方法である。
　　しかし、いまから思えば、「純粋な少数要因にしぼりこむ」実験法を学び、それを対極として常に意識せざるをえなかったことで、逆に「複雑なフィールドの多要因の相互連関」を大事にするフィールド研究の重要性がわかるように

なった。また、現象をただ記述するだけではなく数量化してはじめて見えてくるものがあり、その逆に、現象を質的に意味づけてとらえなければ見えてこないものがあることも実感できた。現象を、量としてとらえる、そして質としてとらえる、その両方のアプローチがあり、両者は相互補完的であるが、ただ折衷的に両方やればよいというものではなく、両者の長所を最大限に生かした組み合わせを考える必要があることも、しだいに鮮明になってきた。すっきりと論理を組み立てる実験のおもしろさもわかるので、「いろいろあれもこれもと欲ばって、でも最終的に何がわかったかはっきりしない」というゴチャゴチャ・タイプのフィールド研究に出会うたびに、その弱点もよく自覚できるようになったと思う。

量的研究法は英語教育界において一定の理解が達成されていると考えられる以上、この小文では以下、質的研究の理解を試みることとする。

3. 質的研究の位置づけ

これまで質的研究は量的研究と対比して語られてきた。だが、この位置づけはやや単純すぎるかもしれない。メリアム(2004: 5-6)は、おそらくハーバマス(2000)に従って、研究を実証主義的(positivist)、解釈的(interpretive)、批判的(critical)の三種類に分ける。研究の実証主義的方法においては、科学的で実験主義的な調査をとおして、定量的な知識を得ることを目的とする。この観点からの教育の「日常世界(リアリティ)」は、静的で、観察・測定可能なものである。次に、解釈的方法においては、教育は1つのプロセスとみなされ、学校は生きられた経験の場となる。こうしたプロセスや経験の意味の理解が、演繹的というよりは帰納的で、仮説または理論の検証ではなく生成を目指すモードによって研究が進む。多元的な日常世界が、人びとによって社会的に構成されることを前提とし、「唯一の真理」の決定は求めない。第三の方向性である批判的方法においては、教育は、社会的・文化的な再生産・変革のための1つの社会制度だとみなされ、教育実践の領域における権力や特権、抑圧へのイデオロギー的批判を目指す。

質的研究は、このうち、二番目の解釈的な方向性を強く持つものである。フィールドワークにより、実践者の生きる世界をできるだけ再構成するような記述を第一に目指し、既存の理論との整合性よりも、現実との整合性を重要視するのが質的研究といえよう。質的研究はそのため、新たな記述法や研究方法の開発も厭わないのである。

一方、量的研究は上のまとめならば、実証主義的なものである。自然科学を範と

する実証主義は人類の知的遺産であり、英語教育研究においてもその精神が有効である場合においては実証主義的研究方法を採択すべきことは言うまでもない。

他方、質的研究と量的研究の二元的対比からこぼれおちがちなのが、上のまとめの三番目の批判的研究である。もとよりイデオロギー批判の形を借りた、それ自身がイデオロギー的な言説を生成することは、私たちは研究者として断じて許してはならないが、教育が社会的制度であり、社会的制度は価値に基づいたものである以上、教育を語る際には、その価値についても語らざるを得ない場合がある。古今東西、どんな時代・場所においても、現存の制度(そして価値)が完璧だった例はない。そのことからすると英語教育研究も場合によっては、現存の英語教育制度の依拠する価値について語らなければならない場合も生じるかもしれない。その語りは、価値に関する語りであるがゆえ、必ずしも実証に寄らない、「批判的」な語りにならざるを得ないかもしれない。それを禁ずることは、教育研究としては不適切であろう。以下、私たちは、批判的研究を積極的には目指さないものの、質的・解釈的研究の探究が進むにつれ、批判的言説が必要となれば、それを促進するべきという態度を保つ。

4. 質的研究の特徴

このように解釈的(そして場合によっては批判的)な色彩を帯びた質的研究をさらに具体的に特徴付けるとしたら、以下の波平・道信(2005: 2-3)のまとめが有益であろう。彼女らはA：研究方法の複数性、B：研究方法の選択性、C：研究対象の日常性、D：研究対象の文脈性を「質的研究についての多様な定義」の「共通点」として捉える。

A：人間の生き方は多様である。したがって、人間の生き方の具体性と多様性を明らかにするための研究方法は、多様にならざるをえない。
B：質的研究は既存の理論や方法論の有効性を確認したり検証することを目的としない。あくまでも研究対象を明らかにすることを目的とする。したがって、研究対象の特性に応じて研究方法が選択される。
C：質的研究においては何よりもまず、対象となる人びとが自らを取り巻く世界を、また自分たちの生活をどのように見ているのかに注目する。すなわち、研究対象者(研究される人々)の視点を明らかにすることにつとめる。そして、研究対象になる人々が多様な立場にあること、その多様な立場から日常生活を見ていることを、研究調査の前提とする。
D：質的研究の特徴は、研究対象となる事象を、できるだけそれが生じている社

会的、文化的、歴史的文脈においてとらえ、理解しようとすることである。

したがって私たちが質的な英語教育研究を行なう際も、A：その研究対象事象に対しての1つの解明を行なっているのであって、決して唯一絶対の解明を行なっているのではないこと、B：（海外からの輸入された）既存理論を証明するために研究を行なっているわけではないこと、C：現場の教師や学習者の日常的な物の見方・考え方を解明すること、D：英語教育現象が生じる社会的、文化的、歴史的背景を重視することを心がけなければならない。

また平山(1997: 27-29)は、エスノグラフィー（エスノ法）を質的研究の典型例とした上で、上述のまとめよりもさらに詳しく、研究者と研究対象者の関係について、量的・行動科学的研究との対比の中でまとめている。

データ収集の対象者への扱いが異なる

量的研究法は対象者を仮説検証という見地に立って被験者に接し、彼らに研究者の意図を知らせないようにする。一方、エスノ法は対象者が情報提供者であるので、研究者の意図や重要と思っている内容を彼らに知らせるようにする。

インタビューでも両者の扱いは違ってくる

量的方法は、被験者を回答者としてみなし、質問紙やインタビューで扱う内容と表現を標準化して客観的なデータを採集しようとする。一方、エスノ法は、情報提供者が普段仲間内で使う日常語あるいは符丁を重視し、それらを使いながら、彼らの本音をとらえようとする。

観察場面と対象に対する見方も違ってくる

量的・行動科学的方法は統制された場面で事象を変数としてとらえ、それを量的データに変換して相関、因果関係を説明する。したがって、ある現実を代表するサンプルサイズ、説明変数あるいは基準変数による事象の割当て、その変数間の関係を表現するための統計的処理方法の選択とその解釈が重要な意味をもってくる。

一方、エスノ法は、自然生態的見方あるいは質的現象的見方を重視する。自然生態的あるいは質的現象的見方とは、自然の場が人間行動に影響を与えるという立場から、社会組織の一部をなす伝統、価値観、役割、規範が人間の観念にどのように規定するかを解釈することをさしている。

こうしてみると質的研究では、研究者は量的研究とかなり違う異なる態度を取らなければならないことがわかる。研究対象者は「被験者」（subject＝支配下に置か

れている者)ではなく、相互協力者であり、彼／彼女らの日常言語は専門用語によって徒に否定されてはならず、自然な状況での観察と理解を重視しなければならない。このことは、質的研究を行なう場合は、量的研究を行なう場合以上に、研究倫理を重視することを意味する。ウィリグ(2003: 26)は質的研究の倫理について以下のように述べる。

> まとめると、研究参加者を損害や喪失から守らなければならない。また、研究参加者の心理的な満足や尊厳をいつでも維持するよう目指すべきである。多くの質的研究者は、これらの基本的な倫理的ガイドライン以上に気を使っている。単に研究参加者を損害や喪失から守るだけではなく、研究参加者に肯定的な利益をもたらすことも目指す。たとえばアクションリサーチは、よりよい方向にプロセスやシステムを変化させることによって、そのプロセスやシステムに関する知識を生み出すようにデザインされている。ここではどのような行為も「研究に参加した人々にとって最大の利益になること」でなければならない。同様に、批判的な言説分析は社会的な不平等、偏見や力関係に挑戦することを目的としている。

　要は質的研究においては、研究者は、量的研究以上に、研究対象者(英語教育研究でいえば、教師や学習者)の立場に立つことを鮮明にし、その努力を惜しまないということである。英語教育研究という実践性の高い研究においては、質的研究の重要性は強調されるべきであろう。
　それではこのような質的研究にはどのようなパターンがあるのだろうか。質的研究は上にも示唆されていたように多彩であり、簡単な要約はここでは困難であるので、その包括的な説明は他書に任せ、以下では、代表的だと考えられるケース研究、インタビュー研究、ライフストーリー研究、フォーカス・グループ研究について概括しよう。

5. ケース研究について

　ウィリグ(2003)のまとめによるなら、ケース研究(Case Studies)は、定義的な特徴として、次の五つを持つ。

(1)　個性記述的視点：
　　　研究者は、一般的なことより特定の具体的なことに関心がある。その目的は、個別のケースを、その特殊性から理解することである。これは、法則定

立アプローチとは対比的である。
（2）文脈的データへの注目：
全体論的アプローチをとり、ケースを文脈の中で考える。
（3）トライアンギュレーション：
さまざまな情報源からの情報を統合する。
（4）時間的要素：
時間経過にともなうプロセスに関心をはらう。
（5）理論への関心：
理論の生成を促す。

　だが、ケース研究はさらに下位区分される。引き続きウィリグ（2003）のまとめを借りるなら、ケース研究は次のような観点で区分される。

（1）固有　対　道具的ケース研究：
固有ケース研究（intrinsic case study）が扱うのは、そのケース以外の何者でもない。反対に、道具的ケース研究（instrumental case study）では、ケースはより一般的な現象の例である。
（2）単一　対　多元的ケース研究：
単一ケース研究（single-case study）は単一のケースを詳細に探求し、研究者個人の関心事がわかったり、既存の理論を現実のデータへ適用する可能性を検証したりすることができる。反対に、多元的ケース研究（multiple-case study）デザインは、新しい理論を作り出す機会となる。このデザインでは、ケースを比較分析することで、理論を発展させ、修正する。
（3）記述的　対　説明的ケース研究：
記述的ケース研究（descriptive case study）は、その文脈の中での現象の詳細な記述を目的とする。反対に、説明的ケース研究（explanatory case study）は、関心下の出来事を説明することが目的である。

6. インタビュー研究について

　インタビューの手法は、メリアム（2004）によるなら、「高度に構造化／標準化」されたもの、「半構造化」されたもの、「非構造化／インフォーマル」なものに大別することができる。
　いずれにせよ、インタビューは単に面白く話を続けるというものではない。インタビューとは「目的をもった会話」である。メリアム（2004: 105）は次のように言

う。

> われわれがインタビューをするのは、直接観察できないことがらを相手から引き出すためである。…感情、思考、意図といったものは、観察することができない。過去の行動も観察できない。観察者が立ち入ることができない状況も観察できない。人びとがまわりの世界をどのように体系化し、そこで起こっていることにどのような意味づけを行っているかも観察できない。そのようなことがらについて知るためには、我々は、人びとに質問しなければならないのである。それゆえ、インタビューの目的は、他者のものの見方のなかに分け入っていくこととなる。

私たちは、こういったインタビューの原則を徹底し、話の表面的な面白さではなく、話の中に垣間見える本質的なポイントの解明を目指さなければならない。その際の、質問の方法としては、引き続きメリアム(2004)のまとめによるなら、「もし…だったら」といった仮説的(hypothetical)な質問、「あえて反論しますが…」といった故意の反対の立場からの質問(devil's advocate)、「理想的にはどうしたいですか…」といった理想的(ideal)な質問、「…についてはどうお考えですか」といった解釈的(interpretive)質問などの、「良い質問のタイプ」を重視する。他方、同時に複数のことを尋ねる多重質問(multiple questions)、誘導質問(leading questions)、対話が深まりにくい Yes-No questions などを避けるべき質問のタイプと基本的に考える。また、いずれにせよ、質問の答えが返ってきたら、それにさらにさぐりを入れ(probe)て、対話を深めることが大切である。

7. ライフストーリー研究について

インタビューにおいて展開される語りは一種の「物語」であるともいえる。「物語」に関してやまだ(2000: 20)は Bruner(1986)の「論理実証モード」と「物語モード」の区別から、物語を規定する。

> 論理実証モードは、心理学者が用いてきた科学的パラダイムです。「ある出来事についての陳述が、真か偽か?」と問い、そこから、真か偽を明らかにする条件設定がなされ、実証によってどちらかの答えがみちびかれます。物語モードでは、「二つ以上の出来事が、どのように関係づけられて陳述されるか?」が問われ、出来事がどのような意味関連でむすびつけられるかが問われます。どれが正しいかを決定することが問題ではないので、物語論では、複数の答え

が両立しえます。

やまだのいう「ライフストーリー研究」とは、インタビュイーが語る「物語」を解明する研究である。(ちなみに「ライフストーリー」に、研究者が近現代の社会史と照合し位置づけ、注記を沿えて構成したものが「ライフヒストリー」と呼ばれる(やまだ 2000: 15))。やまだ(2000: 1-2)のまとめるライフストーリー研究の意義を報告者なりに敷衍すると次のようになる。

(1) 人生の経験を「物語」としてとらえることができる。「物語」とは「二つ以上の出来事を結びつけて筋立てる行為」であり、ライフストーリー(人生の物語)とは、「その人が生きている経験を有機的に組織し、意味づける行為」であり、「たえざる生成・変化のプロセス」である。「物語」として語ることにより、自然科学では捉えられない生活者・実践者の意味関連が解明される。

(2) 物語の語り手と聞き手によって共同生成されるダイナミックなプロセスとして物語を語り直すことによって人生に新しい意味を生成することができる。経験されてもあまり語られることのなかった過去の体験が、「物語」として、聞き手との協働解明の中で新たに語られる・語られ直すことにより、語り手も新たな気づきを得ることができる。

(3) 人生の物語を語ることが、個人の物語を超えて、現世代から、次の世代や未来世代へのコミュニケーションとして、世代と世代、時代と時代をつなぐ働きを担う。「物語モード」は私たちが生活者・実践者として慣れ親しんでいるモードであり、このモードでの語りによって、他者の経験はより深く聞き手・読み手に伝えることが可能になる。

8. フォーカス・グループ研究について

さてそういったインタビュー研究においては、話の深まりが重要である。したがってあるインタビュイーに複数回話を聞き、インタビュアーはその度ごとに分析や解釈を試みながら、語りをより信頼性と妥当性の高いものにしてゆく方が、一回だけのインタビューで終わるよりも好ましい。しかし他方で、特定単独のインタビュイーだけを選定し単一ケース研究を行なう特別の理由もない場合、私たちはより妥当性のある洞察を得るために、複数のインタビュイーに対してインタビューを行なうべきだとも考えられる。そうなると複数のインタビュイーに対して、複数回のインタビューを行なうこととなる。だがそうなれば、例えば6人のインタビュイー

にそれぞれ5回の単独インタビューを行なうとなると、合計30回ものインタビューが必要となる。これはかなり非現実的である。またインタビュアーの恣意的すぎる分析・解釈を防ぐためには複数のインタビュアーがいるべきだとも考えられるが、一人のインタビュイーに対して複数のインタビュアーがいれば、インタビュイーによっては非常に圧迫感を感じてしまう怖れがある。

こういった諸問題を解決するのがフォーカス・グループによるインタビューである。ウィリグ(2003)のまとめによると、フォーカス・グループという形式では、研究者はグループのメンバーをお互いに紹介し、グループのフォーカス(例：質問、広告・写真などの刺激)を紹介し、ディスカッションを静かに進める議長の役割を果たす。このように進めることでグループの本来のフォーカスを定期的に呼び戻し、グループのメンバーが生み出す論点にお互いに回答するように促す。例えば、研究担当者の一名を「議長」とし、その他の研究担当者をインタビュアーとして、複数のインタビュイーに同時に、一種の座談会形式でインタビューを行なうことを複数回繰り返すという形が考えられる。だがフォーカス・グループ・インタビューが単なる「座談会」にならないようにするためには、私たちは引き続きフォーカス・グループ・インタビューの方法論に関して学ぶ必要はあるであろう。

9. 質的研究における分析

さて、今まで述べてきたような学界背景、質的研究法の位置づけ、各種質的研究方法の特徴の考察から、私たちがあるインタビューの形式を選択したとする。しかし、インタビューの形式以上に重要かもしれないのが、得られたデータの分析である。この分析に関しても、質的研究においては、量的研究と異なった配慮、というより認識論が必要なので、この節では鯨岡(2005)を基にしながら、質的研究における分析についてまとめておきたい。

質的インタビューにおいては、インタビュイーが「感じたこと」、その語りを聞いてインタビュアーが「感じたこと」、あるいは両者で共感的に理解することを重視する。だが、このような感性重視の方法は、従来の量的研究の思考法からすれば、なんとも主観的で情緒的すぎるもののように思えるかもしれない。鯨岡(2005: 17)は次のように述べる。

> 関わり手に感じられる相手の「思い」やそのような「生き生き感」や「息遣い」は、関わる相手の生のありように結びつき、その人の存在のありようを告げるものです。ところが、これまでの行動科学の枠組みではそれを捉えることができません。そればかりか、むしろそれを排除しなければならないと考えて

きました。なぜなら、それらは客観主義の立場では観察可能なものではなく（目に見えるものではなく）、常に描き出す「私」の主観を潜り抜ける中でしか捉えられないもの（「私」の身体が感じられるとしかいいようのないもの）だからです。そのことは、観察する人（記述する人）が無関与的な透明な存在であることを前提とする従来の客観主義の枠組みとは確かに相容れません。

たしかに従来の量的研究（行動科学）の枠組みでは、主観的（あるいは参加者が共に感じるという意味の哲学用語である「間主観的」）である「感じ」あるいは「思い」、「生き生き感」、「息遣い」などは捉えることができないだけでなく、むしろ積極的に排斥するべきものである。だが、現実世界に生きる人間にとってはそのような主観性および間主観性を否定することはできない。そういった量的研究から抜け落ちてしまう事象を取り扱うのが、質的研究であり、質的研究の分析は、そういった事象の扱いにひとしお注意を払わなければならない。

それにしても上の引用で「客観主義」という言葉が批判されたので、驚いた読者もいるかもしれない。客観性こそは学問の要諦だからである。しかしここで鯨岡が「客観主義」として批判するのは「実証主義」のことであり、実証主義（だけ）を客観的態度と考えるのは、偏った考えであると鯨岡は彼の現象学の素養を背景に主張しているわけである。「事象の客観的側面（あるがまま）に忠実であることと、事象を客観主義的＝実証主義的に捉えることとは別のことである」（鯨岡 2005: 20）として、彼は次のように述べる。

> 生の実相のあるがままに迫るためには、その生の実相を関わり手である自分をも含めて客観的に見る見方と、その生の実相に伴われる「人の思い」や「生き生き感」など関わり手の身体に間主観的に感じられてくるものを捉える見方が同時に必要になります。後者を重視することが、あたかも客観的な見方が必要でないと主張しているかのように誤解されたり（自分の中に生まれた考えや観念をただ述べればよいと誤解されたり）、客観的な見方も必要であると主張することが、あたかも客観主義＝実証主義を肯定したかのように誤解されたり、といったことが生じるのは、おそらく、この「客観主義の立場」と「客観的な見方」との混同に起因しているように思われます。　　　　　　　　（鯨岡 2005: 23）

私たち英語教育関係者もこの高次の意味での「客観的な見方」を理解するべきであろう。すなわち観察・記述とは、対象の問題だけではなく、観察・記述者の問題でもあるということを自覚するわけである。対象と観察・記述者の両者を、観察・記述者は、自分を対象化するという困難にも挑みながら、「客観的に」捉えること

を試み、かつ、その場で経験される間主観的な感じも大切にすること、これが高次の意味での「客観的な見方」といえるだろう。観察・記述者の存在を無化し、見えるものだけを取り上げ感じられるものを無視することは、低次の「客観主義」にすぎないともいえるだろう(もちろんその逆に自らの主観性ばかりに耽溺するのは学問ではないが)。しかし観察・記述者の問題や間主観性に関して言及したり考察したりする事例研究などは、「これまでの学問動向の中ではその内容よりもその手続きのところで門前払いしてしまう動きがあったこと」(鯨岡 2005: 40)は、英語教育研究においても事実であろう。こういった問題は克服されなければならない。

しかし、質的研究のエピソード記述には、しばしば「これは一つの事例に過ぎず、一般性・普遍性を欠くものである」といった批判が浴びせられることがある。しかし鯨岡はこの批判は、「すでに行動科学の土俵の上での議論だといわねばなりません」(鯨岡 2005: 45)と述べる。彼の反論の根拠は、人間は一般・普遍からだけでなく、特殊・個別からも学ぶことができることにある。人間は想像力を持ち判断をすることができる存在である。鯨岡(2005: 45)は次のように述べる。

> 一つのエピソードを一つの事実として提示するとき、前項でみたように、もしもそれが読み手に自分の身にも起こりうることとして理解されるなら、つまり過去に同じような経験をもったかどうかに必ずしもこだわることなく、それはありうることとして理解されるなら、それはエピソード記述に固有の事実の提示の仕方として認められるべきだということです。これは、私たち一人ひとりが自分の経験世界に閉じられていないこと、他者の経験世界に可能的に拓かれていることに拠っています。つまり、身体的には類的同型性をもち、それゆえ感受する世界はかなりの程度同型的であることを基礎に、幾多の類似した経験をもつ私たち人間は、絶対の個であると同時に類の一員であり、それゆえ大勢の他の中の一人でもあります。しかも、豊かな表象能力を付与されている人間は、その想像力によって、他者に起こったことはそのようなかたちで我が身にも起こる可能性があると理解することができるのです。

このことは人間存在が想像力と判断力を持つことの再確認だけにとどまらない。「いかにして私たちは真を知るか」という学問の基礎である認識論の拡充を求めるものでもある。量的研究は実証主義的な認識論だけを採用していたが、質的研究におけるエピソードの記述は、実証主義を超えて想像力と判断力による認識論を提示しているとさえもいえるかもしれない。次は鯨岡(2005: 47)の言葉である。

> ともあれ、いま議論しておきたいのは、私たちが可能的に他者の世界に開かれ

ていること、それゆえ、他者の一つの体験の提示が、我が身にも起こり得る可能的真実であると受け止めることができること、逆に、エピソード記述はその読み手の開かれた可能性に訴えかけるものであることを認めることです。これによって、従来の再現可能性や検証可能性、あるいは信頼性といった、行動科学の枠組み内の認識論とは違う、エピソード記述の方法論に固有の認識論を構えることができます。

　この鯨岡の見解を私なりに説明したい。従来の量的な英語教育研究は、実践者(教師)をあたかも機械のようにしか捉えていないのではないだろうか。「教師には、誰でも当てはまる一般的なルールを教える。そうすれば実践は良くなるはずだ」というわけである。なるほど、それはその通りであろう。しかし「誰でも当てはまる一般的ルール」は、たいていの場合、とても常識的なことにすぎない。だが、教師は一般的ルールが当てはまらない特殊・個別な状況にも対応しなければならない。多くの教師はこの対応を、自らの経験から学ぶだけでなく、他人の経験(つまりは他人が語るエピソード)からも学ぶ。それは教師には、全ての人間がそうであるように、想像力というものがあり、その働きにより、様々な判断力が養われ、新しい場合にも、その判断力を活かして対応ができるからである。そもそも私たちはそうやって歴史や小説を読み「教養」をつけているのではないだろうか？　極言をすれば、想像力・判断力・教養といった存在を、量的研究は、はなから当てにしていないことを存在基盤としているようにも思える。量的研究の専横は現代の浅薄さの表れといえば話が大きくなりすぎだろうか。だがいずれにせよ、量的研究が扱いきれないところを、質的研究が異なる認識論的前提に基づきながら細心の注意を持って遂行されることにより、英語教育研究もさらに現実的に、そして客観的になるということは言えるのではあるまいか。

10. 質的研究の記述と報告

　こうして分析を進めれば後は記述と報告となる。記述に関しては、鯨岡(2005)は(エピソード)記述の基本構造を、(1)背景の提示、(2)エピソードの本体の提示、(3)(第一次・第二次)メタ観察の提示、としている。

　(1)の背景の提示に関して、質的研究は、量的研究以上に、研究対象者の背景の記述を厚くしなければならない。背景文脈の重視こそが質的研究の条件だからである。(2)のエピソードの提示に関しては、エスノ(グラフィー)に重なるところが多い。志水は次のように述べる(秋田他 2005: 143)

エスノの基本的性格については、佐藤郁哉の「文学と科学にまたがる性格をもつ文章」(佐藤、1992: 45)という知られた定式化がある。これは私自身の実感に近い。エスノの作成には、みたものを的確に、かつ印象的に読者に伝えるための文学的センスがやはり不可欠である。しかしながら、他方、私たちは論文としてエスノを作成するかぎりにおいて、各種の科学的な基準や体裁と無縁ではありえない。いきおい私たちが書くエスノは、文学と科学の性質をあわせもつハイブリッドな書きものとならざるをえない。

私たちも文学の細心性と科学の明晰性の両方を忘れない記述を目指さなければならない。

(3)のメタ観察とは、エピソードの記述が終わってから、再度それを読んでの研究者の考察である。こここそは研究の「考える」部分であり、「深い洞察」が期待されるならここの思考こそが十全でなければならない。思考の結果は第一次メタ観察として他の研究者との討議にかかり、そうして私たちは第二次メタ観察へと至り、研究報告書の執筆へと至ることとなる。

研究報告書執筆のプロセスは、(メリアム 2004)のまとめによるなら、(1)読み手・聴衆の想起、(2)報告書の焦点を絞ること、(3)報告書のアウトラインを先に作ること、(4)実際の執筆を開始すること、である。私たちは、この研究報告により最も益するであろう英語教師(および英語教師をサポートする英語教育研究者)を常に想像しながら(1)、漫然とした報告にならないように記述の要点を明確にし(2)、予め十分に計画を立ててから(3)、十分な時間をとって執筆を行なう必要があるといえよう(4)。

以上簡単に質的研究の特徴を代表例、および分析・記述・報告の方法についても簡単にまとめた。英語教育研究にも適切に質的研究が取り入れられることを願う次第である。

参考文献

秋田喜代美・恒吉遼子・佐藤学(編)(2005)『教育研究のメソドロジー―学校参加型マインドへのいざない』東京大学出版会.

Bruner, Jerome.S. (1986) *Actual minds, possible worlds.* Harvard University Press. 田中一郎訳(1998)『可能世界の心理』みすず書房.

ハーバマス, J (1968、2000)『イデオロギーとしての技術と科学』平凡社.

平山満義(編著)(1997)『質的研究法による授業研究　教育学・教育工学・心理学から

のアプローチ』北大路書房.
鯨岡峻(2005)『エピソード記述入門　実践と質的研究のために』東京大学出版会.
メリアム, S.B. 著　堀薫夫・久保真人・成島美弥訳(2004)『質的調査法入門―教育における調査法とケース・スタディ』ミネルヴァ書房.
波平恵美子・道信良子(2005)『質的研究 Step by Step』医学書院.
佐藤郁哉(1992)『フィールドワーク―書を持って街へ出よう』新曜社.
やまだようこ(編著)(2000)『人生を物語る―生成のライフストーリー』ミネルヴァ書房.
ウィリグ, C. 著　上淵寿・大家まゆみ・小松孝至　共訳(2003)『心理学のための質的研究法入門』培風館.

おわりに

玉井　健（神戸市外国語大学）

1. 授業・教師教育研究への入り口に立って

　授業・教師教育研究についての議論を読まれてどのように感じられたでしょうか。なるほど、そうかと思われた読者もいれば、とらえどころがないな、という印象を持たれた読者もいるでしょう。もしそう感じられたとしたら、その感覚はさらに踏み込んで考える価値のある感覚と言えるかもしれません。「とらえどころがない」という感覚そのものが、逆にある意味で本書で議論されている教師の成長のためのアプローチの特徴を正確にとらえていると思えるからです[1]。同時にそれは、本書で取り上げられている様々なアプローチへの入り口でもあります。最後にこの幾分パラドクシカルな感覚の背景について皆さんと一緒に考えて本書の締めくくりにしたいと思います。

　とらえどころのない、何となくはっきりしないフラストレーションのような感覚の源は、どこでしょうか。1つには、教師の成長のための要諦はこれだ、これが原因でこれが必要なのだと言い切らない、あるいは言ってくれないところから来ているのではないでしょうか。問題原因が特定され、特定の知識と解決法が定まればはっきりとした行動指針の立案や提示は可能になります。「教師に必要なのは、この言語知識、技術と理論、そして後は実践である」と考えて、それをいかにうまく伝達するかと考えるならば、学ぶべきことを一定の知識と技術に置きかえて教えることが可能になります。ピッチングで言えば、カーブの握り方はこう、という風に、可視的でわかりやすさが売り物です。練達の教師による、大学入試受験対策はまさにこの点を徹底的に追求した典型的な分野と言えるでしょう。

　伝統的に授業・教師教育研究においてもこのやり方が基本的に行われてき

ました。客観的に(つまり他者からの)はっきりと言葉にできる方法です。そのように、あらかじめ決められた幾つかの変数に原因や要因の絞りこみを行う要素還元主義（reductionist)的探求法では達成し得ない、しかし教師の成長にとっては本質的な意味を持つまだ未開拓の大きな領域があることが本書での議論から明らかになったのではないでしょうか。

　授業をする主体としての教師自身、学びの主体としての学習者、その二者相互の関わり、文脈の存在、そういったものの交わりを有機的に考える授業研究、それが学びを「営み」ととらえ、複雑で微妙な学びの「過程」に探求の目を向ける実践であり研究、あるいは志向と言えるでしょう。そういったスタンスでの授業・教師教育研究が具体的な形を取ったものが探求型アクション・リサーチ(横溝)であり、自律的に参加する自主セミナー(柳瀬)、研究者の参与観察(吉田、今井、津村)であり、教師の協同研究(坂本)、リフレクティブ・プラクティス(玉井)であり、またここに寄稿された実践家達の論考の発信するメッセージなのです。

　我々が本書で議論し、とらえようとした教師教育における新たな部分がどこなのかを、1つの図に表してみました。すべてをきれいにとらえるには多少乱暴な試みかもしれませんが、本書で提言されている授業・教師教育研究が何を対象とするか、しようとしているかが大まかにつかめるのではないかと思います。

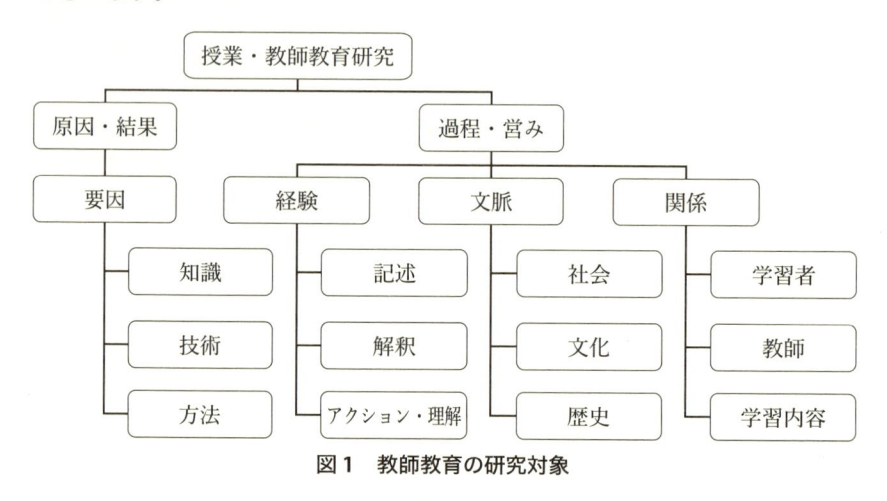

図1　教師教育の研究対象

左図の左側が要素還元主義的な実証科学において、そして伝統的な教師研修において焦点をあてた部分です。それに対して、本書の執筆者が新たな授業研究・教師教育の領域としてアプローチした部分は、右側の部分にあたります。「原因・結果」では下方に向かうにしたがって部分に分かれていく、つまりいくつかの要因に帰結させながら授業や教師教育を考えようとするのに対して、「過程・営み」はそれ自体が全体的ですので、バラバラな要素の集合とはとらえません。分割ではなく、そこに関わるものの相互の関係とか、段階ごとに見えてくるものの変化や差異、背景としての文脈と人との関わりとかを丁寧に記述して解釈／分析を加えていきます。つまり後者は、教室に起こることを全体的(holistic)なこととしてとらえ、それぞれの視点から解釈を行い、取り出しえたことを次への授業に還元していくスタンスと言えるのではないでしょうか。図を参考に簡単に対比をしてみましょう。

2.　原因と結果

　学習は個人の内部で起こるものとするこれまでの学習論の立場に立つものです。考察の主な対象になるものは原因と結果です。よって個人の学習の結果つまり成否に影響する要因が研究の焦点となります。教師の成長を考える上では、指導法であったり、特定の知識であったり、英語コミュニケーション力とかであったり、授業技術であったり、あるいは従うべき原理・原則がこれにあたるでしょう。成長の秘訣は個別の要因に帰結させることができますから、要因が特定されさえすれば、後はいかに効果的にそれを教えるかに焦点は移ります。また教えた結果や変化は「効果」としてとらえられます。効果は数値データで収集することが可能ですので、評価は誰の目にも明らかな客観的数値として表されます。薬理学などでは治験の成績や副作用の可能性などを客観的に知り、その情報を一般性のあるものとして共有する必要がありますから、結果を一定の要因から説明することはとても重要なことなのです。一般性は個々の文脈から離れてこそ確保されるのですから。
　教育でも、学習を個人の内部に留めて考えると、シンプルに考えることが可能になります。これは大変魅力的なことのように見えますが、本書で横溝

が指摘するように、現実の多くの面を探求の対象から捨象してしまう危険も孕んでいます。

3. 過程・営み

　教育分野でもエリート塾や予備校のように、一定の動機や生徒が生活を持ち込まないことを前提とする文脈では、要素還元主義や古典的な学習論が便利かもしれません。しかし学校教育がそのように単純でないことは誰の目にも明らかです。要素還元的な手法に対して抵抗感があるのは、教育が結果に至る長い過程の中で学習者と様々な関わりを持ちながら行われていく営みだからでしょう。

　原因と結果の2点のみから考えるスタンスでは、仮説検証のために不要な変数をそぎ落としてしまう結果、原因と結果の間に存在する長い過程への視点や、学びの全体像を人間の営みや暮らしとしてとらえようとする視点などは、価値を持たないものとして排除されてしまいます。学習が個人の内に留めてなされるのではなく、教室の内外で様々な人と相互に関わってなされる過程の概念、地域の文化を所与のものとする中でなされると考える社会的な視点、時間の中で捉えようとする歴史的な視点は、学習要因をいくつかの変数に削り込んで考えるという枠組みの前では、もはや意味を持たなくなるのです。

　他の分野は別としても、教師の成長を目指す教師教育(teacher development)の分野では、実践家であれ研究者であれ、原因と結果との間にある「過程」にこそ、精緻で豊かな分析の目が注がれるべきだと考えられないでしょうか。それは杜氏が酵母による豊かな醗酵の過程を見守りつつ、馥郁たる香りを放つ酒に姿を変えていく樽の中の変化に思いを致す過程に似ているように思うのです。長い年月を経た樽の中で、麹の立てるフツフツという音に耳を傾けて醗酵という営みの過程を知るスタンスは、教師が生徒の営みとしての学びの過程を考えるスタンスと底流で何ら変わるところはありません。柳瀬の質的調査に関しての論考は、質的調査はどのような研究スタンスの元に、どのようなデータがどのように扱われ、どのように取り組んでい

くものかを概観しています。ナラティブやライフ・ヒストリーといった形式の背景的意味を探ってみて下さい。

　過程・営みには、大きく3つの検討すべきポイントがあると思います。1つは過程の中でそこに関わるあらゆる人が手にする「経験」。2つ目は学習者が行い、教師が関わる学びという営みのプロセスが展開する「文脈」です。それは空間的な場だけでなく、そこで共有されている価値の集合としての文化、そしてその文化が経てきた、あるいは個々の人々が営んできた生活の歴史をも包摂した概念です。3つ目は、学習を「関係」として捉える視点です。まずは、文脈の下位概念についてさらにどのような視点があるのか、少し詳しく見てみましょう。

3.1. 経験

　経験を学びの資源にするという考えはアメリカの教育思想家であるJohn Deweyに遡ります。あらかじめ用意された知識(Contents)を学びの最終目標とするのではなく、学びの過程の中、つまり経験に働きかけを行う中で自律的に学ぼうというものです。Deweyは伝統的教育があまりにも過去に拘泥しすぎている点に言及した後に続けて次のように言います。

> …我々は今や、過去の業績と現在の問題との間にある経験の内部に実際に存在する関連性を発見するという問題にゆきつく…。
> 　　　　　　　　　　　　　　　　　　　　　　　（デューイ，2004: 28）

> その経験が未来により望ましい経験をもたらすことができるよう促すためには、直接的な快適さをはるかに超えた種類の経験が求められることになる。このような経験を整えることこそ、教育者に課せられた仕事なのである。
> 　　　　　　　　　　　　　　　　　　　　　　　（デューイ，2004: 34）

　ここには経験が学びの資源であり、それは個として存在しているのではなく、連続的に未来へとつながる性質を持つものであることが示唆されています。つまり経験が過去と現在を結びつける学びの資源として考える立場で

は、過程を意識することは必然的な行為になると言わざるを得ません。デューイ(2004: 53)はさらに、人間の経験は社会的なものであり、触れ合いとコミュニケーションを伴うと言っています。経験は連続的かつ相互作用的であることによって時間的、空間的さらに言えば歴史的かつ社会的な側面を持っているということでもあります。これは人間の学びを文化・社会・歴史的な視点から考えるヴィゴツキーにもつながっていく考え方と言えます。

経験主義では、経験から意味を取り出す作業が学びの重要な要素であることがわかりますが、教師の日常に照らすとどういう意味を持つでしょうか。我々は日々教室で授業を行います。その日行う授業の計画を頭に入れて50分とか90分の時間の中で計画したことを生徒とのやりとりの中で展開していきます。途中で生徒の理解はどうなのか評価も行いながら、修正や変更を加えながら教え、次の授業への繋がりを作って終わります。この50分や90分はその前後も含めて個々に異なる1つずつの経験として存在します。この経験は、ふり返って考えることをしなければ、すぐに忘却の彼方に消えていくことでしょう。しかし、この経験にふり返りを行うならば、特に一定の視点でシステマティックなふり返りを行うならば、この経験は突如光を放ちつつ今まで見えていなかった様々な情報を語り始めることでしょう。

このふり返り、つまり経験を記述し意味を取り出す過程がリフレクションであり、それを構造化された教師の成長のためのリサーチ法に発展させたのが、アクション・リサーチ(詳しくは横溝の章を参照)です。今井は授業研究者としての立場を明らかにして授業の克明な記録から実践者にアプローチし、また吉田や坂本は研究者と教師との関係が、ティーチングを共有する中で変化して行く様をインタビューや交換されたメールを元に議論しています。関わった教師のティーチングに対する見方、考え方が相互作用的に変化していく様は、目の前で織物が織られていくように見えてきます。

本書ではまたリフレクティブ・プラクティスやEP(Exploratory Practice)が、実践に対する理解を深めつつ教師の成長につながる授業研究法として紹介されています。こういった授業研究法は、仮説の設定の有無、目的を明確な授業の変化におくか否か、それとも授業の理解を深めることにおくか等のスタンスで差がありますが、「過程」を研究の中心に置く点では共通してい

るのではないかと思います。

3.2. 文脈

　学習における文脈(context)の重要性についてはっきりと述べるのは社会文化的アプローチです。学習は社会的に行われるものだとするヴィゴツキーの学習論に端を発して発展してきた考え方です。学習が個人内部で行われるものではなく、人との関わりを基本とした社会的なものととらえると、学習が行われる場、あるいは学習者が生活する場、価値観といったあらゆるものが視点に入ってきます。文脈の背景には、生活を営む共同体としてのコミュニティ、規範などの制度や力関係、共有される価値観の母体としての文化、「今ここ」にいたるまでの長い時間の流れを刻みこんだ過程としての歴史の存在などのあらゆる状況的要件があると考えます。またそういった要素は決して固定的なものではなく、対話が話し手と聞き手との相互作用で醸成されるように、常に変化する可能性を持ち、また変化が継続するものと考えます。英語嫌いな生徒がいれば、どこかで嫌いになった経験(歴史、力関係)があるかもしれませんし、その経験を共有して受け入れてやることによってその生徒の英語に対する姿勢は変わるかもしれません。成績に変化はないかもしれませんが、今の先生に理解してもらったことによって生徒の中に何かの変化が起きたとするならば、それこそは学びの種(新たな経験)が蒔かれた瞬間かもしれません。歴史や文脈理解の大切さは教師においても例外ではありません。文脈は個人を取りまく状況から、地域社会、さらには社会全体まで拡がります。

　院生で、ジャーナルに授業の目標として「生徒を褒めること」というのを挙げた学生(M先生)がいました。どうして褒めることなのと尋ねますと、中学校で教えるM先生は、自分はどうしても生徒を褒めるのが苦手だと言います。インタビューを進めていく過程で明らかになってきたのは、小学校の時に勉強を頑張ったけれどお母さんにちっとも褒めてもらえなかった経験を話されました。M先生は、それでもお母さんに褒めてもらいたくて一生懸命頑張ったそうですが、やはり「こうすれば、もっと点がとれたのに」というような言葉しか返ってこなかったそうです。そのうちに、人に褒めても

らっても逆にそれを疑っている自分に気がついたそうです。

　これをすぐに因果的にとらえることはできませんが、教師の成長を考える時に、歩んできた一人の人間としての歴史をふり返ることは、自分を理解する上で大きな鍵を持つのだと再認識できます。自分の行動規範や英語教師としての価値観（teacher belief）がどのようにできてきたのかを明確に言葉にしてみることは、成長のためのスタートラインに立つ私自身が一人の教師としてせねばならないということです。個々の教師である我々は、良くも悪くもそれぞれの歴史を持った存在であるわけで、その歴史性に意識を致すことは、自分の教室における意思決定の基盤を知る上でとても大切なこととしてとらえることができるでしょう。ナラティブやライフ・ヒストリーが語られる理由はこういうところにもあるということでしょう。

　本書では吉田、今井、坂本の論考で研究者が未知の実践の場に参与者と入って実践に関わる過程で自分が「いた」領域を超えていく過程とその過程で起こる自身の認識と理解の変化が書かれています。そこには実践者としての教師や生徒、研究者がそれぞれに作用をしながら、互いの関係が変化する中で実に様々な学びが行われている様子が活写されています。

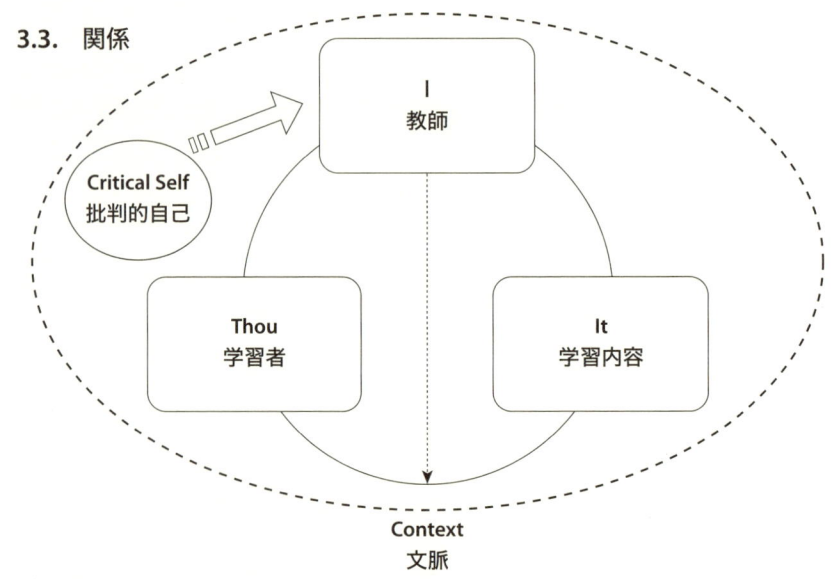

3.3. 関係

図2　I–Thou–It Model[2] (Rodgers, 2002 based on the concept by Hawkins, 1967)

学習を関係としてとらえる視点は、要素還元主義ではとらえられない教育の多様性を分析する1つの強力な道具になります。吉田の論考ではエンゲストロムの活動理論が紹介されています。エンゲストロムの活動システムモデルでは主体から対象へ向かう学習が、道具やルール、共同体、分業といった様々な要素の相互的な媒介によってなされることが説明されますし、その働きかけの関係が活動の展開過程として明らかにされます。1つの学びが、個人の枠に収まり切れないものであること、そして、いかに様々な要素がダイナミックに関わりあいながら主体である自分の中に構築されるかは、社会文化的アプローチの視点を取り入れることで関係というフレームの中で目に見える形で説明できるようになります。

　他に、教師・学習者・学習内容の比較的閉じられた関係を表すモデルとして、Hawkins(1967)のI, Thou, Itを三角形の平面図に表したRodgers(2002)のモデルがあります。教師が生徒を教えつつ(I ⇔ Thou)、生徒が学習内容をどのように学ぶか(Thou ⇔ It)が見えます。IとItを結ぶ部分は教師の提示の仕方、教え方とも取れますし、教師の内容に関する知識とも取れるでしょう。左図に示したものはリフレクションの関わりを説明するために、筆者がCritical Selfを加えたものです。I, Thou, Itに対して、全体としてふり返りを行うもう1つの自分の存在です。このように、学習を構成的、社会的、文化的なものととらえる立場では、学習に関わる主体と媒介物との関係をとらえていくことによって、常に変化する学習過程をより精密かつダイナミックにとらえることが可能になるのです。皆さんも、自らが置かれる文脈での学びをうまく説明できるモデルを考えられることをお薦めします。実践する教師こそがその文脈をもっともよく知る存在なのですから。

4. 最後に

　教師の成長のための研究は、大学などに籍を置く研究者の手から実践家の手に研究の主導権を移すものでもあります。実践家はもはや研究される対象ではなく、自らが実践を過程の中で分析し、よりよい理解を試み、それを自らの言葉で語り始めるのです。その向うに、学習者に対するより豊かな貢献

がある、それこそが実践家によるティーチャー・リサーチではないかと思います。

　本書の執筆者たちが志したのはそういう授業研究の道行きですが、探索の旅はまだ途についたばかりです。しかし、我々が日々なす一つひとつの授業経験を見つめなおす時、そこに明日からのティーチングが豊かになるための実践家の研究の入り口があると思うのです。デューイが著書『経験と教育』の中で引用しているテニスンの詩の一説を引用して筆を置きたいと思います。（デューイ：47）

　　…すべての経験は縁門、その門を通して、
　　未踏の世界が仄かに見え、その境界は、遠く彼方に消えゆく、
　　永遠に、永遠に、私が進みゆくにつれて。
　　　　　　　　　　　　　　　　　　（テニスン「ユリシーズ」より）

参考文献

Dewey, J. (1938) Experience and education, Kappa Delta Pi. (市村尚久訳 (2004) 『経験と教育』講談社)

Hawkins, D. (1967) I-thou-it. *In The Informed Vision: Essays and Learning and Human Nature*. New Jersey: Agathon Press, pp. 48-62.

Rodgers, C. (2002) Defining reflection: Another look at John Dewey and reflective thinking. *Teachers College Record*, 74(4): pp. 842-866.

Schön, D. (1983) *The Reflective Practitioner: How professionals Think in Action*. Basic Books.

注）

1　Schönにこんな言葉があります。実証主義の合理性に合わせるのでなく、不確かで安定せず個々が異なる状況に適用しうるエピステモロジーを求めようというのです。Let us search, instead, for an epistemology of practice implicit in the artistic, intuitive processes which some practitioners do bring to situations of uncertainty, instability, uniqueness, and value conflict. (1983: 49)

2　Rodgers(2002)のモデルに玉井が「批判的自己(Critical self)」をつけ加えたもの。周囲の楕円は Rodgers が Hawkins の概念に"Context(文脈)"を加えたものである。

索 引

A
Allwright ……… 7, 142, 235, 236, 239, 295–297, 299
ALT …… 45–50, 54–58, 60–64, 67, 70–73, 272, 274
analysis ……………………………… 147
attitude ……………………………… 149, 150
autonomy …………………………… 155
awareness …………………………… 149, 150

C
Carless ……………………………… 48, 72
CELTA ……………………………… 46
convenient ALT …………………… 6, 71

D
description ………………………… 147
Dewey ……………… 123, 144, 161, 180

E
Engeström ………………………… 302, 306
Exploratory Practice（EP）（探究的実践）
 ……………………… 139, 295, 296

F
Freeman …………………… 22, 41, 149

G
Gattegno …………………………… 129, 160
good ALT …………………………… 71, 72
GTA ………………………………… 52

H
Hawkins …………………………… 333

I
I, Thou, It ………………………… 333
intelligent action ………………… 147
interaction ………………………… 177
interpretation …………………… 147
IRE ………………………………… 244, 245

J
JET ………………………………… 284
JETプログラム …………………… 58
JTE ……………… 61, 63, 272, 273, 276

K
KASA ……………… 146, 148, 149, 160
knowledge（知識）………… 148, 150

L
lesson objectives ………………… 180
LPP ………………………………… 70

N
Norton ……………………………… 39

O
observation（観察）……………… 129

P
post-class reflection …………… 155, 180

Q
quality of life …………………… 142

R
reflection（内省）………………… 129

reflection in action ······················ 158
reflection on action ······················ 158
Rodgers ································ 123, 161
Rogoff ······································· 6, 27

S
Schön ··· 161
skill ····································· 149, 150
Strauss & Corbin ··························· 43

T
teacher belief（教師観）··········· 143, 144
teacher-researcher ········· 6, 12, 22, 32, 34, 38-40, 41
teaching objective ················ 154, 180
TESOL ··· 46
time management（時間の管理）····· 154
TT ··········· 46-49, 53, 54, 56, 59, 60, 62, 70, 72
Tuomi-Gröhn ······························· 306

W
Wenger ·· 69

あ
アイデンティティ（identity）········ 6, 12, 39-42, 69, 70
アクシャル・コーディング··············· 51
アクション・リサーチ··· 6, 7, 14, 233-236, 261, 295
「新しい子ども像」の発見 ··············· 292
宛先 ································ 252, 254, 255
あり方 ··· 230
アンテナ ····································· 204

い
いいクラス ··································· 211
家に帰って寝るだけ ······················ 224
生き生き感 ··································· 319
息遣い ··· 319

石黒広昭 ···························· 300, 301, 303
一般性 ··· 321
一般的ルール ······························· 322
異文化間の衝突 ····························· 62
インタビュー ································· 27
インタラクション ························· 159

う
ヴィゴツキー ······················ 135, 299-301
ウェンガー ······························· 68, 69
うまくゆくはず ···························· 206

え
英語活動 ··· 8
英語教育指導分析 ························· 145
英語教育達人セミナー ··················· 193
エピソード ··································· 321
エンゲストローム ···················· 299, 301

お
オートノミー ······························· 120
オープン・コーディング ················· 51
追っかけ ····································· 198

か
外国語活動 ··································· 269
解釈 ···································· 147, 151
解釈的 ··· 312
科学化 ·· 5
学習者中心 ··································· 160
学習者中心主義 ········· 119, 129, 146, 162
学習目標（learning objectives）········ 153
仮説 ············· 86, 87, 89, 93, 95, 96, 97, 98
仮説検証 ····································· 225
仮説―検証型 AR ········ 85, 88, 93-99, 101
仮説検証型の研究 ························· 295
課題探究型 AR ········· 6, 85, 89, 93-97, 99, 101, 102, 108
活動システム ······················· 300-306
活動理論 ··················· 8, 299, 302, 303, 306

過程	134
仮定法化	227
カテゴリー	51, 52, 54
カラン	150
関係性	68–73
間主観的	320
官製研修	192
関与研究	8, 299

き

記述	147, 151
既製服	205
帰属意識	279
客観主義	320
客観性	5
キャラ	223
教育実習生	216
教育的（pedagogical）側面	48
教室生活	262
教室生活の質（Quality of Classroom Life）	7, 236, 237, 239, 296
教室生活の理解	246, 261
教師としての学び（learning）	19
教師としての学びに対する所有感（ownership of teacher-learning）	19
教師の成長	75–77, 80, 84, 108, 109, 111, 112
共創型対話	83, 84
協働	66, 80–82
協働学習（collaborative learning）	128
協働性	65
協働的 AR	107, 108

く

久保野雅史	220
グラウンディッド・セオリー・アプローチ	6, 17, 51, 57

け

経験	129, 134, 151
経験学習	160
経験主義	123, 128, 129
経験的学習	146
形成的フィールドワーク	298
研究	220
言語化	201
現象学	320

こ

高次精神機能	300
構成概念化	203
声	8, 254, 255
コーディング	17, 52
国際理解教育	12–15, 36
子ども中心主義	279, 304
懇親会	200

さ

西條剛央	52
サイレント・ウェイ	129, 150, 160
佐伯胖	70
サブカテゴリー	51, 52
参加	69
参加の構造	61
参与観察	297, 299
参与的観察	271

し

支援的（logistical）側面	48
思考の枠組み（epistemology）	4
自己教育力	6, 77, 78, 80,
自己研修型教師	76, 77, 80, 103
自己肯定感	214
自主セミナー	7
実証主義	320
実証主義的	139, 312
実証主義的研究方法	140
実証的研究方法	134
実践共同体	69
実践的思考様式	237, 238

実践の共同体（community of practice）… 6
実践のコミュニティ……………… 72
質的研究………………………… 8
質的研究方法………………… 51, 297
指導上の目標（Teaching objectives）… 153
指導助言者………267, 268, 270, 275, 306
事務局………………………… 200
ジャーナル……………… 23-25, 41, 151
ジャーナル・ライティング………… 7, 23
社会的アプローチ………………… 331
社会的な介入……………………… 303
社会文化的アプローチ………… 236, 299
社会文化理論……………………… 135
十全参加（full participation）…… 69
周辺的（peripheral）……………… 69
主観性…………………………… 271
授業実践報告会……102, 103, 105-107, 110
儒教文化………………………… 152
守・破・離……………………… 210
小学校英語活動……… 246, 247, 250, 252
ショーン（Schön）……………… 135, 226
職場……………………………… 215
所属感（membership）…………… 40
事例……………………………… 321
事例研究………………………… 227
心理的道具……………………… 300

す
スクラップ……………………… 226
ストリーライン…………………… 51

せ
正統的周辺参加（Legitimate Peripheral participation, LPP）……………… 68
正統的な参加者…………………… 72
生徒指導………………………… 197
切片化…………………………… 51
セレクティブ・コーディング……… 51

そ
想像力…………………………… 322
想像力を解放……………………… 214
育てたい生徒像……………… 59, 62

た
ダイアグラム（相関図）…………… 51
大学院…………………………… 221
対人的（interpersonal）側面……… 48
第二言語習得研究………………… 222
第二言語としての英語（ESL）教育…… 2
代理経験………………………… 272
他者の世界……………………… 321
田尻悟郎………………………… 199
多声的エスノグラフィー（multi-vocal ethnography）……………… 238, 243
立ち位置（positioning）………… 272
達セミ…………………………… 193
探究的実践（Exploratory Practice）… 7, 236
単純な因果的考察………………… 225

ち
力関係…………………………… 331
注文服…………………………… 205
チョムスキー…………………… 198

つ
つかみ…………………………… 194

て
ティーチャー・リサーチ………… 139
ティーム・ティーチング…… 6, 11, 13, 17, 18, 22, 26, 38, 45, 47, 48, 53-55, 57, 58, 61, 63, 68, 70, 72, 272
ディスコース………… 5, 8, 9, 61, 297
デューイ……………… 121, 123, 134, 138

と
當眞千賀子…………………… 298, 299
同僚……………………… 27, 30, 38, 67

同僚教師·················· 64, 66, 67, 70
同僚性················ 6, 80-82, 296, 297

な
内省······ 7, 80, 81, 84, 85, 89-91, 93, 97-99, 101, 108
内省的実践家··············· 9, 76, 77, 80
ナラティブ・アプローチ················ 5
何でも学····················· 222

に
日本人教師の役割················· 62
二律背反の図式·················· 310

は
媒介的······················ 300
媒介物······················ 299
バフーチン···················· 135
判断力·················· 209, 322
批判的······················ 312

ひ
非批評的（non-evaluative）な対話
········ 81, 84, 101-103, 105, 107, 110

ふ
フィードバック·············· 126, 216
フィールドワーク研究·············· 204
複雑な関係性と相互作用············· 225
複雑なフィールド················ 311
物理的道具···················· 300
普遍性······················ 321
ふり返り····················· 129
ブルーナー··················· 227
プロジェクト················ 18, 19
プロジェクト型·········· 15, 33, 42, 43
プロジェクト型の授業·············· 14
プロジェクト活動·············· 20, 273
文化······················· 331
文化的衝突···················· 59

文化の衝突···················· 61
分析······················· 147
文脈··················· 127, 331

へ
変化·················· 134, 139, 140, 147

ほ
「他の条件が同じならば」という前提
························· 225
戈木クレイグヒル················ 43

ま
蒔田守····················· 213
学びに対する所有感
（ownership of learning）······· 21
学びの共同体··················· 14
魔法の呪文··················· 210

み
みる・きく··················· 299

め
メソドロジー··················· 310
メタ意識····················· 215
メンター
········· 7, 27, 29, 30, 38, 39, 110, 111, 172, 175
メンターシップ············ 34-36, 39
メンタリング·················· 109

も
物語···················· 227, 317
物語モード··················· 317
問題解決··········· 233, 235, 261, 264

や
役割················· 40, 62, 64, 65
山住勝広················ 300-302
やり方····················· 230

よ
より深い理解 …………………… 140

ら
ラーニングセンター …………… 284, 285

り
理解 ……… 7, 139, 142, 235, 237, 239, 240, 243, 262, 296
リーダーシップ ………………… 217
リフレクション ………………… 18
リフレクティブ・プラクティス …… 6, 7
量的研究 ………………………… 8

理
理論的サンプリング …………… 57, 58
理論的飽和状態 ………………… 57, 58

れ
レイブ …………………………… 68, 69
レヴィン ……………… 133, 134, 138
歴史 ……………………………… 331
レシピ …………………………… 311

ろ
ロジャース ……………………… 150
ロッド ………………………… 182, 185
論理実証モード ………………… 317

執筆者紹介（ABC 順）

今井裕之（いまい　ひろゆき）
兵庫教育大学大学院学校教育研究科　准教授
『HOPE―中高生のための英語スピーキングテスト』（2007）教育出版．（共編著）
「英語授業者の声―VTR再生法による授業観・英語学習観の質的データ分析」『英語教育研究』（2001）関西英語教育学会．（共著）

松野哲也（まつの　てつや）
兵庫県立姫路別所高等学校　主幹教諭
Development of teaching methodology by better understanding of self through intensive reflective practice. (2006) 神戸市外国語大学大学院修士論文．

小関静枝（おぜき　しずえ）
兵庫県立明石南高等学校　教諭

坂本南美（さかもと　なみ）
兵庫県立大学附属中学校　教諭
Sakamoto, Nami. A Qualitative Inquiry into Teachers' Professional Growth in Project-based English Language Lessons. (2007) 兵庫教育大学大学院修士論文．
「活動に合わせてドアを開けよう―大規模校の『移動型英語教室』」『英語教育』（2008）12月号．

玉井　健（たまい　けん）
神戸市外国語大学　教授
「リフレクティブ・プラクティスと教師の成長」『英語教育』（2009）3月号：pp.10 -12. 大修館書店．
「シャドーイングと外国語学習」小寺茂明・吉田晴世（編著）『スペシャリストによる英語教育の理論と応用』（2008）第8章，pp.109-127．松柏社．

津村正之（つむら　まさゆき）
神戸市立本山南中学校　教諭
A Qualitative Study on Team Teaching Practice in Japanese EFL Classrooms: How Do JTEs Facilitate ALT's Full Participation in Team Teaching? (2007) 兵庫教育大学大学院修士論文．

山本真理（やまもと　まり）
兵庫県立北須磨高等学校　教諭（執筆時は、兵庫県立兵庫工業高等学校　教諭）
Teacher's changes and students' development through reflective practice.（2005）神戸市外国語大学大学院修士論文.
「生徒と共に授業をつくる―教室からコミュニティへ」『英語教育』（2007）12月号：pp.14～16．大修館書店．

柳瀬陽介（やなせ　ようすけ）
広島大学大学院教育学研究科　准教授
『第二言語コミュニケーション力に関する理論的考察―英語教育内容への指針』（2006）溪水社．
「学校英語教育の見通し」大津由紀雄（編著）『危機に立つ日本の英語教育』（2009）慶應義塾大学出版会．

横溝紳一郎（よこみぞ　しんいちろう）
佐賀大学留学生センター　教授
『成長する教師のための日本語教育ガイドブック上・下巻』（2005）ひつじ書房．（共著）
『日本語教師の成長と自己研修：新たな教師研修ストラテジーの可能性をめざして』（2006）凡人社．（共著）
『日本語教師のためのアクション・リサーチ』（2000）凡人社．

吉田達弘（よしだ　たつひろ）
兵庫教育大学学校教育研究科　准教授
『HOPE―中高生のためのスピーキングテスト』（2007）教育出版．（共編著）
「第6章第4節新しい評価」三浦省五・深澤清治（編著）『新しい学びを拓く英語科授業の理論と実践』（2009）ミネルヴァ書房．

リフレクティブな英語教育をめざして
教師の語りが拓く授業研究

発行	2009年10月1日　初版1刷
定価	2600円＋税
編者	©吉田達弘・玉井健・横溝紳一郎・今井裕之・柳瀬陽介
発行者	松本 功
装丁者	上田真未
印刷製本所	株式会社シナノ
発行所	株式会社 ひつじ書房
	〒112-0011 東京都文京区千石2-1-2 大和ビル2F
	Tel.03-5319-4916 Fax.03-5319-4917
	郵便振替 00120-8-142852
	toiawase@hituzi.co.jp　http://www.hituzi.co.jp

ISBN 978-4-89476-447-7　C3080

造本には充分注意しておりますが、落丁・乱丁などがございましたら、小社かお買上げ書店にておとりかえいたします。ご意見、ご感想など、小社までお寄せ下されば幸いです。

言語人類学から見た英語教育
綾部保志編　綾部保志・小山亘・榎本剛士著　2,600円＋税　978-4-89476-445-3

ことばに魅せられて
対話篇
　　大津由紀雄著　1,600円＋税　978-4-89476-377-7

ことばの宇宙への旅立ち
10代からの言語学
大津由紀雄編　1,500円＋税　978-4-89476-393-7

ことばの宇宙への旅立ち2
10代からの言語学
大津由紀雄編　1,600円＋税　978-4-89476-429-3